Paul Frischauer wurde 1898 geboren und starb 1977. Er studierte Geschichte und Staatswissenschaften und war in den zwanziger Jahren in Wien, Berlin, London und Paris als Journalist tätig. Zu Beginn des Zweiten Weltkriegs war er Berater der BBC, später Berater des brasilianischen Präsidenten Vargas und nach dem Krieg Vizepräsident der Inter Science Foundation, New York. In viele Sprachen übersetzt, wurden seine kulturhistorischen Bücher zu Bestsellern. Der österreichische Bundespräsident verlieh Paul Frischauer ehrenhalber den Titel Professor.

Gottfried Lischke, geboren 1938, Professor für primäre und sekundäre Sozialisation am Psychologischen Institut der Freien Universität Berlin; Arbeitsschwerpunkt: Integration biologischer und historischer Forschungsstrategien und -ergebnisse in die Psychologie. Diese Neuausgabe wurde von ihm durchgesehen und mit einer editorischen Notiz versehen.

Außerdem sind erschienen:

Weltgeschichte der Erotik, Band I (Band 77181)
Weltgeschichte der Erotik, Band III (Band 77183)

Von Gottfried Lischke und Angelika Tramitz ist erschienen:

Weltgeschichte der Erotik, Band IV (Band 77142)

Dieses Buch wurde auf chlor- und säurefreiem Papier gedruckt.

Aktualisierte und ergänzte Neuausgabe November 1995
Droemersche Verlagsanstalt Th. Knaur Nachf., München
Dieses Buch ist im Knaur Taschenbuchverlag bereits unter der Bandnummer 3348 erschienen.

Umschlaggestaltung Adolf Bachmann, Reischach
Umschlagfoto AKG, Berlin
Satz, Druck und Bindung Ebner Ulm
Printed in Germany
ISBN 3-426-77182-9

5 4 3 2 1

Paul Frischauer

Weltgeschichte der Erotik
(Band II)

Von Rom bis zum Rokoko

Mit über 100 Abbildungen

Knaur

Inhalt

Zeittafel

63 v. d. Z.–14 n. d. Z. Augustus (Octavian)
55 v. d. Z.–40 n. d. Z. Seneca
um 50 v. d. Z.–15 v. d. Z. Properz
*42 v. d. Z.–37 n. d. Z.*Tiberius
27 v. d. Z. Octavian wird Imperator Cäsar Augustus
14 v. d. Z.–33 n. d. Z. Agrippina d. Ä. (Mutter Caligulas u.d. jüngeren Agrippina, der Mutter Neros)
um 13 v. d. Z.–23 n. d. Z. Drusus
10 v. d. Z.–54 n. d. Z. Claudius
3 v. d. Z.–69 n. d. Z. Galba
9 n. d. Z.–79 Vespasian
12–41 Caligula
14 Tiberius wird Kaiser, Seianus Befehlshaber der Prätorianer
15–69 Vitellius
25–48 Messalina
31–65 Poppaea Sabina
32–69 Otho
37–68 Nero
37–41 Caligula Kaiser
38–102 Martial
39–81 Titus
41–45 Britannicus
41–54 Claudius Kaiser
54–68 Nero Kaiser
um 55–um 120 Tacitus
58–138 Juvenal
61–113 Plinius der Jüngere
64 Brand von Rom; Neronische Christenverfolgung
68–69 Galba Kaiser
69 Otho und Vitellius Kaiser
69–79 Vespasian Kaiser
70 Zerstörung Jerusalems
79–81 Titus Kaiser
81–96 Domitian Kaiser
1. Hälfte 2. Jh. Sueton

1 »Der Gipfel des Lasters«

Rom zur Kaiserzeit

». . . Jegliches Laster erreichte den Gipfel.« So schrieb der römische Dichter Juvenal, und er sagte voraus, »die Nachwelt werde den heutigen Sitten nichts Neues hinzufügen können«. Er war abgestoßen von der geschlechtlichen Hemmungslosigkeit seiner Zeitgenossen, besonders der Frauen, die vergessen oder vielleicht sogar niemals gelernt hätten, was Schamhaftigkeit bedeute. Wie Properz ein Jahrhundert vor ihm spottete er: »Wozu errichten wir für die Mädchen Tempel der Keuschheit, wenn sich jedes römische Mädchen jedem Mann zur Lust gibt?« Aber sei es zu verwundern, daß selbst die sittsamsten Frauen von sinnlichem Verlangen bedrängt würden, wenn die Wände der Häuser mit unzüchtigen Bildern bemalt seien, die den Genuß der Liebesfreuden lehrten und durch verlockende Anschaulichkeit zu munterer Nachahmung anregten? Nicht nur in Malereien, auch an Gebrauchsgegenständen aller Art waren geschlechtliche Sinnbilder zur Schau gestellt: Parfumflaschen und Lampen, dem Priapus nachgeformt; Vasen und Schalen, die auf Phallus-Füßen standen und mit eindeutigen Szenen aus dem Geschlechtsleben verziert waren; Becher aus Silber und Gold, deren kunstvolle Ziselierung die Trinkenden zum Liebesrausch anregen sollte; Tische, deren Platten von erregten Satyrn getragen wurden, und vor den Toren der Häuser auf dem Sockel unter der Büste des Besitzers seine unverhüllt dargestellten Geschlechtsteile.
Rom, der Mittelpunkt des durch die Pax Romana befriedeten Weltreichs, war im ersten Jahrhundert unserer Zeitrechnung der »Sündenpfuhl der Welt«. Nahezu eine Million Plebejer, die ihr ärmliches Dasein in der Enge von Mietskasernen und

Notquartieren fristeten, waren lüsterne Zaungäste der Vornehmen und Reichen, die sich ihren lebenslustigen Neigungen so unbekümmert ergaben, als seien die kaiserlichen Dekrete gegen Unzucht und unsittlichen Lebenswandel nur der Form halber erlassen worden, nur um den Schein des Anstandes, nicht aber den Anstand zu wahren. Die strengen Sittengesetze stellten den außerehelichen Geschlechtsverkehr unter Strafe. Sie verboten den Ehebruch und verwiesen die Ehemänner, die ihre Lust nicht in den Ehebetten befriedigen konnten oder wollten, in die Lupanare. Aber welcher Mann brachte den habgierigen Wirten der Hurenkneipen freiwillig sein Geld, wenn er kostenlos willige Liebe bei den Schwestern und Freundinnen seiner Ehefrau oder bei Nachbarinnen zu finden vermochte? Er konnte seinen Trieb auch, wenn ihm der Sinn danach stand, in gleichgeschlechtlichen Vereinigungen stillen, die weder gesetzlich untersagt waren noch als unschicklich galten.

Wohl versuchten die Behörden, die immer weiter um sich greifende Sittenlosigkeit Roms durch den Einsatz von »delatores« einzudämmen, von amtlichen »Angebern«; doch das hatte nur Aussicht auf Erfolg, wenn es sich um zahlungskräftige Sünder oder Sünderinnen handelte. Für die Delatores, die mit einem Viertel des beschlagnahmten Vermögens der Verurteilten bezahlt wurden, lohnte es sich nicht, arme oder besitzlose »Sittenverbrecher« zu denunzieren. Überdies waren die »überführenden« Beweise nicht leicht zu erbringen, denn nach dem geltenden Recht war nur schuldig, wer auf frischer Tat ertappt wurde – und die Liebenden sorgten für Heimlichkeit. Mehr noch: Die Sittengesetze zu umgehen oder zu mißachten wurde zum allgemeinen Brauch, als die Ausschweifungen auch der römischen Kaiser und ihrer Angehörigen so offenkundig geworden waren, daß sie dem Volk nicht mehr verheimlicht werden konnten. Das schlechte Beispiel der Cäsaren, die doch den Anspruch erhoben, als Götter verherr-

licht zu werden, entwertete nicht nur den Begriff der überlieferten guten Sitten, sondern auch den Glauben, auf dem sie begründet waren.
Augustus, der Adoptivsohn des vergöttlichten Julius Cäsar, war noch zu seinen Lebzeiten vom Senat als »Sohn Gottes« anerkannt worden. Nach seinem Tod wurde er als »Jupiter auf Erden« angebetet, seine Witwe Livia, die seine Liebschaften so nachsichtig hingenommen hatte, wie Juno verehrt. Sie blieb die »Domina Roms«, die Herrin des Weltreichs, auch nachdem Tiberius, ihr von Augustus adoptierter Sohn aus erster Ehe, Alleinherrscher geworden war. Als »Mutter der Macht« erachtete es Livia für ihr Vorrecht und ihre Pflicht, den Leumund der römischen Frauen zu überwachen. Aber die Aufsicht der in der behüteten Abgeschiedenheit ihrer Hofhaltung wie eine Gottheit im Tempel thronenden Domina beschränkte sich lediglich auf die Ehefrauen und Töchter der hochgestellten Persönlichkeiten und Würdenträger, die in ihren Gesichtskreis kamen. Außerhalb der Mauern ihres Palastes machte sich ihr läuternder Einfluß nur dann bemerkbar, wenn sie sittliche Verfehlungen und unzüchtige Ausschreitungen, von denen sie Kenntnis bekam, auf das strengste bestrafte.
Die sinnenfreudigen Römer und Römerinnen jedoch schreckte das nicht ab. Die meisten Tempel blieben Stätten unverdächtiger Zusammenkünfte von Liebespaaren, die, von geldgierigen Priestern beschützt, vor peinlichen Überraschungen bewahrt wurden. Sogar die alljährlichen Feiern der Bona Dea, der Guten Göttin der Fruchtbarkeit und des Gedeihens, an denen Männer nicht teilnehmen durften, wurden sowohl von als Frauen verkleideten Männern mißbraucht, die ihren Geliebten (wie einst Clodius der Gattin Julius Cäsars) nahe sein wollten, als auch von männlichen Anhängern der gleichgeschlechtlichen Liebe, die in Weiberkleidern der Guten Göttin auf ihre Art huldigten. Solcher übermütiger

»Ein langer Aufenthalt in Rom gab mir Gelegenheit, mit größter Sorgfalt die prachtvollen Sammlungen antiker Kunstdenkmäler zu studieren, die in den Palästen der Großen zusammengetragen sind. Zu meiner Überraschung fand ich darunter sehr viele ..., auf denen wir jene skandalösen Orgien der ersten Cäsaren abgebildet sehen, die von den zeitgenössischen Autoren mit so kräftigen Strichen gekennzeichnet sind.« So schrieb Hancarville in seinen »Monuments de la Vie privée des Douze Césars« (Capri-Nancy 1780). Kein Wort davon stimmte. Alle Motive der abgebildeten Gemmen hatte sich Pierre François Hugues (so der wahre Name) selbst ausgedacht. Hier Augustus beim Liebesspiel mit der Frau des sich schlafend stellenden Maecenas.

Verunglimpfungen der weiblichen Ehre und mutwilliger Verhöhnungen der »Vätersitte« machten sich, wie von zeitgenössischen Berichterstattern angenommen wurde, nur durch Rang und Reichtum bevorrechtete Männer schuldig. Die allerdings erklärten, sich nicht ungehöriger verhalten zu haben als die »Mänaden des Priapus«, die üblichen Teilnehmerinnen an den Feiern der Bona Dea, die sich »tribadischen Lüsten hingäben«, auch wenn der Keuschheit geweihte Vestalinnen anwesend seien. Gegen diese geschlechtlichen Orgien unter dem Deckmantel gottesdienstlicher Bräuche wurden keine öffentlichen Anklagen erhoben. Die hohe Stellung der Sünder war ein sicherer Schutz gegen die Delatores, die ihre Anzeigen »mangels überführender Beweise« mit dem Leben hätten bezahlen müssen, wie auch gegen die kaiserlichen Behörden, die selbst nach erfolgten Anzeigen nur einzugreifen gewagt hätten, wenn die »Majestät« des Herrschers verletzt oder der Ruf eines Mitglieds seiner engsten Familie geschädigt worden wäre.
Tiberius, verbittert und menschenfeindlich, war nur dann für die Anwendung des »Majestäts-Gesetzes«, wenn das Andenken oder die Statuen seines Vorgängers Augustus geschmäht wurden. Was gegen ihn selbst vorgebracht wurde, das sollte, so wünschte er, nicht in gerichtlichen Verfahren erörtert werden. Er fürchtete die »fama«, den Klatsch, der immer einen üblen Nachgeschmack hinterlasse, und er vermied es, sich sittliche Verfehlungen zuschulden kommen zu lassen, die der Öffentlichkeit als Tatsachen hätten bekannt werden können. Dennoch gelang es ihm nicht, die Gerüchte von Anstößigem zu unterdrücken, die über ihn in Umlauf gesetzt wurden.
Tiberius konnte es nicht verwinden, daß er von seiner Mutter und von seinem Adoptivvater gezwungen worden war, seine glückliche erste Ehe zu lösen und die unglückliche Ehe mit Julia, der liebesfreudigen Tochter des Augustus, zu schließen. Nach der Scheidung von Julia nach ihrer Verbannung ergab

er sich so maßlos dem Trunk, daß ihn böse Zungen nicht Tiberius nannten, sondern »Biberius«, den Trinker. Auch wurde ihm nachgesagt, daß er an Frauen keine Freude mehr finde und sich widernatürlichen Lastern ergebe. Und es hieß weiter, er veranstalte in seiner Villa auf der Insel Capri in einem mit Polsterbänken eingerichteten Saal Orgien, die im Volksmund als »spintriae« bezeichnet wurden, als Gruppenbegattungen, durch deren Anblick verbrauchte Sinne gereizt werden könnten: In Räumen, die mit Vergrößerungsspiegeln ausgestattet waren, sahen verlebte Genußsüchtige dem wollüstigen Schauspiel zu, ohne selbst daran teilzunehmen. Tiberius ließ sich, wie der Historiker Sueton erzählt, geschlechtlich erregen durch den Anblick von Mädchen und Männern, die, »zu dreien verbunden, Unzucht trieben«. Er hielt sich, so wird weiter berichtet, durch diese Spintrien für seine durch geschlechtliche Unfähigkeit erzwungene Enthaltsamkeit schadlos und ließ »auch in den Wäldern und Parkanlagen seiner Villa da und dort der Venus geweihte Plätze einrichten, wo in Grotten und Felshöhlen junge Menschen beiderlei Geschlechts, als Pane und Nymphen verkleidet, zur Liebeslust einluden«. Deshalb nannte ihn auch schon alle Welt mit einem Wortspiel über den Namen der Insel »Caprinëus«, was zugleich »Mann von Capri« und »alter Bock« bedeutete.
Es war in Rom allgemein bekannt, daß Tiberius eine häßliche Jugend erlebt hatte. Jetzt – so raunte die Fama – wollte er schöne, junge Menschen um sich, doch wollte er sie nur sehen, nicht aber von ihnen gesehen werden, da er sich der aussatzähnlichen Flechten schämte, die sein Gesicht entstellten. Sueton berichtet auch, daß Tiberius Knaben, die er seine »Fischlein« zu nennen pflegte, habe abrichten lassen, ihm beim Baden zwischen den Beinen hindurchzuschwimmen, dort zu spielen, ihn zu lecken und zu beißen; und kräftige, aber noch nicht entwöhnte Kinder habe er an seinem Glied wie an der Mutterbrust saugen lassen; sein Schlafzimmer

»Orgie des Kaisers Tiberius mit drei Frauen«, eine spätere Wiedergabe nach Hancarville.

aber sei mit Bildern und Plastiken geschmückt gewesen, die schlüpfrige Szenen darstellten, um alle Arten des Geschlechtsverkehrs vor Augen zu haben und nach Wunsch von seinen Lieblingssklaven und -sklavinnen nachahmen zu lassen.

Was man sich vom ungezügelten Lebenswandel des »göttlichen Tiberius« erzählte, der abwegige Gelüste erfinden mußte, da er die Lust am Leben nicht fand, war nur allzu geeignet, die Römer und Römerinnen auch die letzten Maßstäbe von Gut und Böse, von Erlaubt und Verboten verlieren zu lassen. Bedroht durch seine hemmungslose Willkür, die ihnen jene Rechtssicherheit nahm, die sie unter Augustus gewonnen zu haben glaubten, lebten sie ganz dem »carpe diem«, der Jagd nach dem Genuß jedes Tages, der der letzte sein konnte, und verfolgten zugleich ängstlich besorgt, was die Machthaber taten, die jederzeit ihr Schicksal beeinflussen konnten.

Tiberius haßte die ihm von seiner Mutter zugeschanzte Herrschaft, der er sein Eheglück hatte opfern müssen. Cäsarenwürde und Feldherrnruhm wollte er Drusus vererben, seinem einzigen Sohn aus erster Ehe, obwohl er wußte, daß Drusus ein oberflächlicher unverbesserlicher Lüstling war, der nur seiner Sinnlichkeit lebte.

Tiberius glaubte, auch Seianus, einem seiner persönlichen Freunde, vertrauen zu können und ernannte ihn zum Präfekten der Prätorianer-Garde, deren Quartiere er zu seinem persönlichen Schutz nach Rom in die Nähe seines Palastes verlegte. Durch den Einsatz dieser auserlesenen Truppe war seine Macht in der Hauptstadt gesichert, sofern er der Loyalität ihres Befehlshabers sicher war. Seianus war der erste Präfekt der Prätorianer, der sich nicht als Beschützer, sondern als »Herr des Herrschers« verhielt, um sein Nachfolger werden zu können. Als Drusus, der Sohn des Tiberius, plötzlich starb, zweifelte niemand außer dem verzweifelten Vater daran, daß Seianus den natürlichen Erben vergiftet habe.

Tiberius schloß sich auf Capri von der Umwelt ab und lebte seinen lasterhaften Zerstreuungen. Er umgab sich allerdings auch, wie sogar seine bösartigsten Kritiker überliefert haben, mit »Griechen, mit Männern von wissenschaftlicher Bildung«. Er hatte sich nur zurückgezogen, nicht abgedankt. Aber er gab Seianus dadurch freie Hand, daß er ihn als alleiniges Sprachrohr seiner Herrschaft benützte. Was der Präfekt der Prätorianer sagte oder tat, geschah »im Namen des Tiberius«. Kein Senator wagte zu widersprechen, alle fürchteten die Gewalttätigkeit des Seianus. Er wurde allmächtig, als Livia starb, und verleumdete Agrippina, die jüngste Tochter Julias aus ihrer Ehe mit Agrippa, also die Stieftochter des Tiberius, und ihren ältesten Sohn, nach der Herrschaft zu streben. Sie wurden verbannt und begingen Selbstmord. Als nun Tiberius einen jüngeren Sohn Agrippinas, Gaius, in einem Brief an den Senat als seinen Nachfolger empfahl, hielt Seianus die Zeit für gekommen, Tiberius zu ermorden und selbst die Macht zu ergreifen.

Gewarnt wurde Tiberius von Antonia. Aus seiner Lethargie erwacht, schlug er mit eiserner Hand zu und verübte in seiner Enttäuschung über den Vertrauensbruch des Seianus und in seinem an Verfolgungswahn grenzenden Mißtrauen noch grausamere Gewaltakte, als ihm die Gerüchte zur Last gelegt hatten. Er befahl dem Senat die Verurteilung des Seianus und die Ausrottung seiner Familie. Seianus hatte auch eine kaum herangewachsene Tochter. Da es gesetzlich verboten war, eine Jungfrau hinzurichten, verfügte Tiberius, daß diese Tochter entjungfert und dann wie ihr Vater erwürgt werde. Wer mit Seianus verwandt, befreundet oder ihm verbunden war, mußte dies mit dem Leben bezahlen. Durch dieses sein erbarmungsloses Blutgericht und die blindwütige Rache verwandelte Tiberius, der zunächst wie Augustus bestrebt schien, das Römische Reich als ein von republikanischen Grundsätzen geleiteter Machthaber zu verwalten, die Herrschaft eines »Princeps des Senats« in eine unbeschränkte Diktatur, die sich auf die Prätorianer-Garde und die Legionen stützte. So wurde er erst als alter Mann, wenige Jahre bevor er von einem seiner Höflinge mit einem Kissen erstickt wurde, der erste römische Kaiser. Als das Volk von Rom von seinem Tod erfuhr, jubelten die Plebejer: »In den Tiber mit Tiberius!«

In Trauerkleidung hinter der Leiche des Tiberius einherschreitend, wurde sein Großneffe Gaius Cäsar Germanicus in

Rom von einer dicht gedrängten, frohgestimmten Menge mit den Zurufen »Unser Stern, unser Hühnchen, unser Püppchen, unser Kindchen« begrüßt. Gaius war schon in den Heerlagern seines Vaters so populär gewesen, daß die Legionäre ihm zärtlich »caligula«, »Stiefelchen«, zugerufen hatten, wenn sie ihn als Kind in »caligae«, den weichen Halbstiefeln der Legionäre, zu sehen bekommen hatten. Er behielt den freundlichen Spitznamen auch als Kaiser bei. Niemand, mit Ausnahme des Tiberius, der ihn adoptiert und zu Ausschweifungen angehalten hatte, kannte seine wahre Natur. Tiberius sagte böse, er erziehe dem römischen Volk eine Natter: Gaius lebe zu seinem und aller Verderben.
Schon die äußere Erscheinung Caligulas wirkte abstoßend. Er war hochgewachsen, sein Leib außergewöhnlich feist und behaart »wie bei einer Ziege«, Hals und Schenkel dagegen sehr dünn. Er hatte die Gewohnheit, sein eingefallenes Gesicht mit der breiten Stirn, die nur von spärlichen Haaren umrahmt war, im Spiegel zu betrachten und durch »alle möglichen schrecklichen und fürchterlichen Grimassen« zu entstellen. Trotz seiner schwachen Gesundheit war Caligula leidenschaftlich bemüht, sich als Fechter und Wagenlenker hervorzutun. Auch als Sänger und Tänzer wollte er bewundert werden; wenn er als Zuschauer im Theater saß, begleitete er die auftretenden Schauspieler mit seiner Stimme und ahmte ihre Gebärden lobend oder tadelnd nach. Es heißt, er sei oft von epileptischen Anfällen heimgesucht worden und habe bisweilen wegen einer plötzlichen Schwäche kaum gehen, stehen oder sich so weit zusammennehmen können, daß er sich aufrecht zu halten vermochte. Auch an Schlaflosigkeit und an Zuständen geistiger Verwirrung habe er gelitten, verursacht durch ein Übermaß an Liebestränken. Noch zu Lebzeiten des Tiberius besuchte Caligula, »durch Perücken und lange Kleider unkenntlich gemacht«, Kneipen und übelberüchtigte Häuser. Sein größtes Vergnügen aber sei es gewesen, Hin-

richtungen und Folterungen von zum Tode Verurteilten beizuwohnen.
Sueton berichtet, Caligula habe mit all seinen Schwestern Unzucht getrieben. Sein Liebling sei Drusilla gewesen, die er schon als Knabe verführt habe; wenn er einen Eid ablegte, schwor er bei der »Gottheit der Drusilla«. Mit ihr, die er nach ihrem frühen Tode als »Allgöttin« Panthea verehren ließ, hatte er, ganz wie die Pharaonen Ägyptens, eine Geschwisterehe führen wollen. Seine anderen Schwestern verkuppelte er nach der Art der Spintrien an seine Lustknaben. Caligula war wiederholt verheiratet, manchmal nur für einige Tage, wie mit Livia Orestilla, die er von ihrem Hochzeitsfest mit dem vornehmen Gaius Piso kurzerhand wegführen ließ, um sie zur Frau zu nehmen, und später verbannte, weil sie mit dem ihr bereits angetrauten Gatten den Verkehr wiederaufgenommen hatte. Nur Cäsonia konnte Caligula halten; »sie besaß eine ungehemmte Genußsucht und war restlos der Ausschweifung ergeben«. Er liebte es, sie seinen Freunden nackt zu zeigen, und war glücklich, als sie ihm eine Tochter gebar, die er stolz als sein Kind anerkannte, da sie schon mit den ersten Nägeln, die ihr gewachsen waren, versuchte, Gesicht und Augen mit ihr spielender Kinder zu zerkratzen. Obwohl Caligula in seiner aberwitzigen Leidenschaft zu Cäsonia so weit ging, daß er sich mit der Absicht trug, sie foltern zu lassen, um aus ihr herauszubringen, warum er sie so maßlos liebe, unterhielt er eine nicht minder leidenschaftliche Beziehung zu der Prostituierten Pyrallis, zwang aber gelegentlich auch vornehme Frauen, die er mit ihren Gatten zum Essen einlud, mit ihm zu schlafen. Dann »lobte oder tadelte er die Beschämten vor allen Gästen, indem er die Vorzüge oder Mängel ihres Körpers und ihres Benehmens beim Geschlechtsverkehr aufzählte«. Um seine Macht darzutun, küßte er den Hals der Frauen, die er besaß, mit den Worten: »Dieser schöne Kopf wird fallen, sobald ich es befehle.«

»Gemme« von Hancarville: Vor der Herme des Priapus rechts zwischen zwei Jünglingen der »zweigeschlechtliche göttliche« Caligula.

Caligula konnte seine bedenkenlose Willkür, die er damit begründete, daß ihm »alles gegen alle erlaubt sei«, nur durch unausgesetzte Einschüchterungen aufrechterhalten. Seine Grausamkeit und seine Rachsucht waren so gefürchtet, daß ihm selbst die einflußreichsten Senatoren nicht zu widersprechen wagten, und dies um so weniger, als er keinen Anstand nahm, Widerspenstige heimlich ermorden und dann verkünden zu lassen, sie hätten Selbstmord begangen. Gern ließ er auch Senatoren, denen er »den Herrn zeigen wollte«, in der purpurgesäumten Tunica neben seinem Wagen einherrennen, während er mit ihnen sprach, oder sie, nur mit einem Lendenschurz bekleidet, zu seinen Füßen kauern, während er aß. Das Schicksal eines Quästors, dessen Name ihm im Zusammenhang mit einer Verschwörung genannt worden war und den er lediglich auf den vagen Verdacht hin öffentlich hatte entkleiden und auspeitschen lassen, war für die verschreckten Würdenträger Grund genug, sich seinen Wünschen zu fügen. Aber auch das half nicht immer. Wenn Caligula die Laune überkam, ließ er geachtete Männer brandmarken und verurteilte sie zu Zwangsarbeit in den Bergwerken, zum Straßenbau oder zum Kampf mit Löwen oder Bären im Zirkus. Einen römischen Ritter, der den wilden Tieren vorgeworfen wurde, sich aber mit lauter Stimme als unschuldig bezeichnete, ließ er aus der Arena führen, ihm die Zunge abschneiden und dann wieder hineinführen. Caligulas Wahlspruch war: »Mögen sie mich hassen, wenn sie mich nur fürchten!« Was immer er sagte, was immer er tat – es waren Äußerungen des Wahnsinns: Als die Plebs bei den Wagenrennen im Zirkus andere Fahrer begünstigte als er, rief Caligula wütend: »Hätte doch dieses römische Volk nur einen einzigen Hals!« Wenn er Männern mit starkem Haarwuchs begegnete, ließ er ihnen den Hinterkopf kahl rasieren, damit sie kahlköpfig aussähen wie er; gleichzeitig liebte er es aber, mit lockigen Jünglingen »schändlichen Verkehr zu haben«. Valerius Catullus, ein junger Mann aus Senatoren-Geschlecht, beklagte sich laut darüber, von Caligula geschändet und durch den Verkehr vollständig geschwächt worden zu sein.

Caligulas Verschwendungssucht übertraf alles bisher Dagewesene: »Er badete in warmem und kaltem Parfum, trank die wertvollsten Perlen, in Essig aufgelöst . . . Er ließ prunkvolle Schiffe bauen, in denen es Bäder, Säulenhallen, Speisesäle und Gärten gab und deren Heck mit Edelsteinen geschmückt war.« Als der Staatsschatz, den ihm Tiberius hinterlassen hatte, nicht ausreichte, seine verschwenderischen Ausgaben zu decken, beschlagnahmte Caligula unter falschen Verdächtigungen die Vermögen reicher Männer und erfand neue Steuern, um seine leeren Kassen zu füllen. Sogar die Dirnen mußten »pro Tag den Ertrag eines Beischlafes abliefern«. Dieser gesetzlichen Verordnung wurde ein Dekret beigegeben, das auch frühere Dirnen und Kuppler, ja sogar inzwischen schon verheiratete Personen verpflichtete, die Abgaben rückwirkend zu leisten. Die Besteuerung der Prostitution erwies sich als so ergiebig, daß sich Caligula als Bordellwirt selbständig machte: Er richtete in seinem Palast ein Lupanar ein, in dem sich in »der Würde des Ortes entsprechend ausgestatteten Kammern vornehme verheiratete Frauen und frei geborene Knaben zahlungsfähigen Besuchern zum Geschlechtsverkehr anbieten mußten.« Er schickte Ausrufer auf die Märkte und in die Tempel, um junge und alte Männer zur Befriedigung ihrer Lüste zu ermuntern. Den so angeworbenen Kunden des kaiserlichen Bordells wurde die Zahlung gestundet, wenn sie bereit waren, Zinsen zu zahlen. Die Liste ihrer Namen wurde »ehrenhalber« öffentlich angeschlagen mit dem Hinweis, daß sie das Ihre dazu beigetragen hatten, »die Einkünfte des Kaisers zu mehren«. Da Caligula es auch liebte, mit vollen Händen Gold- und Silbermünzen unter das Volk zu streuen, genügten ihm weder die außerordentlichen Steuern, die er erhob, noch die außerordentlichen Einnahmequellen, die er erschlossen hatte. So führte er einen neuen Brauch ein: persönliche Geschenke an den Kaiser, die er persönlich in Empfang nahm. Wer freiwillig nicht genug gab, den zwang Caligula zur Freigebigkeit. Reiche Männer wurden – ob sie wollten oder nicht – aufgefordert, an Auktionen teilzunehmen, bei denen er in eigener Person Sklavinnen, Sklaven und Gladiatoren zum Kauf anbot, die Preise selbst hinauflizitierte, harmlose Anwesende mit vollem Namen aufrief und zur Zahlung des Höchstpreises anhielt, auch wenn sie nicht mitgeboten hatten.

In den letzten Jahren seiner Herrschaft wünschte Caligula nicht nur als ein Gott, sondern auch als eine Göttin angebetet zu werden. Er zeigte sich der Öffentlichkeit in bunt bestickten, mit Edelsteinen besetzten Mänteln, mit goldenem Bart, den Blitz-Dreizack Jupiters oder den Schlangenstab Merkurs in Händen, oder als Venus, in Seide und mit funkelndem Schmuck. Wer an seiner zweigeschlechtlichen Göttlichkeit auch nur im mindesten zweifelte, wurde der Gotteslästerung und überdies des Verbrechens der Majestätsbeleidigung schuldig befunden. Caligula behauptete auch, daß Luna, die

Mondgöttin, ihn in den Vollmondnächten »zu Umarmung und Beilager besuche«. Einem Vertrauten stellte er die Fangfrage, ob dieser denn die Göttin des Mondes nicht gesehen habe. Der um sein Leben Besorgte erwiderte geistesgegenwärtig: »Nein, denn nur Götter vermögen einander zu sehen.«

Incitatus, das Lieblingspferd des Caligula, hatte einen Stall aus Marmor, eine Futterkrippe aus Elfenbein, purpurne Dekken, Geschmeide aus Edelsteinen und einen eigenen Palast, damit die im Namen des Pferdes eingeladenen Gäste würdig empfangen und bewirtet werden konnten. Caligula äußerte sogar die Absicht, Incitatus zum Konsul zu erheben. Es kam nicht dazu. Ein Offizier der Prätorianer-Garde, den Caligula als »schwachen Weichling« beschimpft, ihm als Losungswort des Tages »Priapus« genannt und ihm mit unzüchtiger Bewegung die Hand zum Kusse gereicht hatte, erschlug ihn, während er sich im geheimen Gang eines Theaters mit vornehmen Knaben unterhielt. Die persönliche Leibwache Caligulas kam zu spät. Sie tötete wohl einige an dem Mordanschlag unbeteiligte Senatoren, konnte aber nicht verhindern, daß Cäsonia, Caligulas Frau, von einem Offizier der Prätorianer mit dem Schwert durchbohrt und daß seine kleine Tochter gegen eine Wand geschmettert wurde. Der neunundzwanzigjährige Kaiser hatte in der kurzen Zeit seiner uneingeschränkten Machtvollkommenheit eine so tückische Schreckensherrschaft geführt, daß die Nachricht von seinem Tod in Rom nicht sofort Glauben fand. Die Senatoren und das Volk hatten Angst, Caligula könnte das Gerücht seiner Ermordung erfunden und verbreitet haben, um so die wahre Gesinnung der Römer ihm gegenüber zu erfahren.

Auch sein Onkel Claudius, den Caligula nur am Leben gelassen hatte, um sich über ihn lustig zu machen und ihn erniedrigen zu können, wollte nicht glauben, daß sein kaiserlicher Quälgeist nicht mehr lebte. Er verbarg sich im Palast und war

Daß Hancarvilles Abbildungen nicht reine Erfindung waren, sondern daß es in Rom durchaus solche eindeutigen Darstellungen gegeben hat, zeigen auch Bordellmarken wie diese hier.

peinlich berührt, als die Prätorianer ihn aus seinem Versteck hervorholten und zum Imperator ausriefen, ganz einfach deshalb, weil er der einzige noch lebende männliche Angehörige des Kaiserhauses war. Fünfzig Jahre alt, hatte er von Kindheit an als »ungeschliffenes Monstrum« gegolten. Sogar seine wohlmeinende Mutter pflegte zu sagen, wenn sie die hoffnungslose Albernheit eines Menschen besonders herausstreichen wollte, dieser Dummkopf sei ein »noch größerer Narr als mein Sohn Claudius«, der von der Natur nicht vollendet, sondern nur begonnen worden sei.
Der von seiner erlauchten Familie als schwachsinniger Krüppel verspottete, von den Prätorianern erwählte Kaiser tat vom ersten Tag seiner Erhebung an das Klügste, was er tun konnte: Er bezog die Linie des geringsten Widerstands. Er bestach die Garden, nicht nur die Offiziere, sondern auch die Mannschaften, mit großzügigen Geldgeschenken. Solange sie ihn beschützten, durfte er hoffen, am Leben bleiben und auch als Kaiser so gut leben zu können, wie er es als Privatmann gewohnt gewesen war. Claudius wollte nicht als Gott verehrt, sondern als Mensch nach Tunlichkeit in Ruhe gelassen werden, um seinen kleinen Freuden und bescheidenen Lüsten ungestört frönen zu können. Die kleinen Freuden, das waren seine historischen Studien. Er liebte es aber auch, gute Weine zu trinken und reichlich zu essen. Nie verließ er den Speisesaal, ohne sich vollgegessen und vollgetrunken zu haben, weshalb man ihm gleich nachher, während er auf dem Rükken liegend mit offenem Munde schlief, eine Feder in den Rachen einführte, um seinen Magen zu erleichtern. Seine Schlichtheit, die er vermutlich aus schüchterner Ängstlichkeit übertrieb, machte ihn so beliebt, daß ihm seine Unbeholfenheit nachgesehen wurde und seine Schwäche als Nachsicht galt. Seine Bemühungen, den überlieferten römischen Glauben wieder zu verstärkter Geltung zu bringen, erschöpften sich in der Wiederherstellung und Ausschmückung der ver-

Ein »Paar« römischer Öllampen, die eine mit der Darstellung einer Vulva, die zweite mit der eines Penis. Staatliche Antikensammlungen München.

nachlässigten Tempel nicht nur in Rom, sondern auch in Sizilien, wo er einen alten, baufälligen Tempel der Venus auf Kosten der römischen Staatskasse wiederaufbauen ließ.
Die Anbetung der Liebesgöttin erschien dem auf sein eigenes Wohlbefinden bedachten Kaiser als der bedeutsamste Got-

tesdienst. Sueton berichtet über ihn: »Für Frauen hatte er eine zügellose Leidenschaft, verkehrte aber gar nicht mit Männern.« Diese Leidenschaft nahm die römischen Frauen für Claudius ein. Er war ein Ehemann nach ihrem Geschmack, und das um so mehr, als er im eigenen Haus die Einhaltung der Sittengesetze nicht überwachte. Von seinen beiden ersten Ehefrauen hatte er sich frühzeitig scheiden lassen, von der ersten »wegen kleiner Zwistigkeiten«, von der zweiten, »weil sie einen ausschweifenden Lebenswandel führte«. Der dritten Frau aber, die er zwei Jahre vor seiner überraschenden Erhebung zum Kaiser geheiratet hatte, der um mehr als drei Jahrzehnte jüngeren Valeria Messalina, deren Ausschweifungen sprichwörtlich wurden, war er willenlos hörig.

Messalina war nicht schön. Aber ihre den Kaiser so erregende Liebesbedürftigkeit ersetzte die Reize, die Claudius nicht an ihr vermißte. Seine durch Kinderlähmung geschwächte Gesundheit machte es ihm unmöglich, ihrem Verlangen zu genügen. Sie hatte ihm zwei Kinder geboren, einen Sohn, dem er erst nach seinem Bruder den Namen Germanicus gab und dann, sich selbst zu Ehren, Britannicus nannte, und eine Tochter Octavia. Damit begnügte er sich, ja, er gestattete Messalina nicht nur Liebesbeziehungen zu anderen Männern, sondern befahl diesen sogar, wenn sie sich unzugänglich zeigten, ihr zu Willen zu sein. Aber die um ihrer körperlichen Vorzüge willen erkorenen Männer genügten ihrer Unersättlichkeit noch nicht. Sie wollte nicht nur begehren, sie wollte auch begehrt werden: Sie verkleidete sich und gab sich als Prostituierte in einem Lupanar, dessen Wirt sie mit leistungsfähigen Kunden versorgen mußte, den Meistbietenden hin.

Claudius, dem als Censor die Überwachung der Sittengesetze oblag, schritt gegen Messalina erst ein, als sie sich seine Abwesenheit zunutze machte und »in aller Form« die Feierlichkeiten der Vermählung mit einem kräftigen jungen Mann namens Gaius Silius vollzog, den sie anstelle ihres Mannes zum Kaiser erheben wollte. Narcissus, der vertrauteste Freigelassene des unverdrossen geduldigen Ehemannes, setzte seinen Herrn von dieser offenen Verschwörung in Kenntnis. Claudius hatte Messalina alle Ehebrüche gestattet, aber daß sie, ohne sich von ihm scheiden zu lassen, eine Ehe geschlossen hatte, die sein Leben gefährden mußte, nahm er nicht hin. Er vertraute sich eilig dem Schutz der Prätorianer-Garden an und befahl, Gaius Silius und alle Liebhaber der Messalina, die er kannte, zu töten. Die Kaiserin floh in die für sie konfiszierten Gärten des Lucullus, überzeugt, daß Claudius ihr verzeihen werde. Narcissus aber, der die Macht Messalinas über den Kaiser kannte und für sein eigenes Leben und für sein Vermögen fürchtete, kam der Langmut des Kaisers zuvor. Er ließ Messalina erschlagen. Claudius war so erschüttert, daß er den Prätorianern verkündete, es sei ihr Recht, ihn zu töten, wenn er sich noch einmal verheiraten sollte.

Wenn Claudius sich nicht an ein Gelöbnis hielt, leugnete er, es jemals gemacht zu haben. Diese Gewohnheit des Kaisers war den Prätorianern bekannt, die es ihm nur übelgenommen hätten, wenn er ein Versprechen rückgängig gemacht hätte, das ihnen zugute gekommen wäre. So machte es den Garden Spaß, daß Claudius schon kurz nach dem Tod Messalinas von seiner Absicht sprach, sich abermals zu verheiraten. Noch allerdings war er unschlüssig, ob er Paetina, seine erste Frau, von der er sich nur wegen geringfügiger Zwistigkeiten hatte scheiden lassen, zu seiner neuen Kaiserin machen sollte, oder Lollia Paulina, eine der geschiedenen Frauen Caligulas. Paetina hatte ihm eine wohlgeratene Tochter geboren, Lollia war überaus reizvoll und unermeßlich reich. Aber während Claudius noch hin und her überlegte, erlag er der Verführung durch seine junge Nichte

Vierzehn Kränze weiht Messalina dem Priap, jeden Kranz für den Sieg in einem »Liebesgefecht«. Spätere Umzeichnung eines Bildes von Hancarville.

Agrippina, eine Schwester Caligulas, die »ihn ungeniert küssen durfte und manche Gelegenheit zu Liebkosungen hatte«. Claudius war überzeugt, daß ihn Agrippina um seiner Männlichkeit willen allen anderen Männern vorzog, auch denen, mit denen sie schon verheiratet gewesen war. Da er sie begehrte, wollte er sie zur Frau, und so veranlaßte er den Senat, ihn gegen den Brauch zu zwingen, die so nahe Blutsverwandte zu heiraten. Der Senat gehorchte dem Kaiser und der Kaiser dem Senat. Claudius feierte Hochzeit mit seiner Nichte und knüpfte einige Jahre später die Familienbande mit Agrippina noch enger, indem er Nero, ihren Sohn aus erster Ehe mit Gnaeus Domitius, adoptierte und mit Octavia, seiner Tochter mit Messalina, vermählte.

Der natürliche Erbe des Claudius, sein Sohn Britannicus, hatte sich so gesund und kräftig entwickelt, daß selbst Claudius zweifelte, sein leiblicher Vater zu sein. Doch als es sich nicht mehr verhehlen ließ, daß Agrippina ihm allmählich alle Macht aus den Händen nahm, beschloß er, Britannicus als seinen alleinigen Erben einzusetzen und so Agrippinas Plan hinsichtlich Neros Zukunft zu vereiteln.

Claudius hatte allen Grund, mißtrauisch zu sein. Niemand war vor Agrippina sicher. Wenn sie es für zu gewagt hielt, Gewalt anzuwenden, benützte sie Gift. Das Lieblingsgericht des Kaisers waren Pilze. Agrippina ließ es kredenzen. Ob es Giftpilze waren, ob der Eunuch Halotus, der dem Kaiser die Speisen vorzusetzen und vorzukosten hatte, das Gift in die Speise träufelte, oder ob Agrippina selbst es war, ist nicht überliefert. Zu ihrem Schreck wirkte das Gift nicht so, wie sie es erwartet hatte. Es hieß, infolge der Trunkenheit des Kaisers oder wegen eines Durchfalls sei die Wirkung abgeschwächt worden. Er habe zwar während der ganzen Nacht furchtbare Schmerzen ausgestanden, aber alles erbrochen, so daß von einem eilig herbeigeholten Arzt, der ein Vertrauter Agrippinas war, ein neuer Mordversuch unternommen wer-

den mußte, indem der Hals des Kaisers mit einem rasch wirkenden Gift bestrichen und ihm überdies durch ein Klistier Gift in die Därme getrieben wurde.
Der Tod des Claudius wurde von Agrippina so lange geheimgehalten, bis sie alle Maßnahmen hatte treffen können, um Nero die Nachfolge unbestritten zu sichern. Damit der Eindruck entstand, daß der Vergiftete tatsächlich noch am Leben sei, bekam der Leichnam Umschläge und wurde in Dekken gehüllt, während Agrippina die leiblichen Kinder des Kaisers tröstete und öffentlich verkünden ließ, es gehe Claudius bereits wieder besser. Für die Genesung des Kaisers seien, so befahl sie, in den Tempeln Opfer darzubringen; außerdem ließ sie Komödianten in den Palast rufen, angeblich um den Kranken aufzuheitern.
Endlich war es soweit: Aus dem Palast trat Nero, vom Präfekten der Prätorianer-Garde begleitet, und wurde von den Prätorianern, nachdem er ihnen den Tod des Claudius bekanntgegeben und nach dem Vorbild seines Adoptivvaters reiche Geldspenden versprochen hatte, als Imperator begrüßt. Da die Prätorianer die Erhebung Neros zum Kaiser durch Zuruf kundgetan hatten, erklärte sich der Senat mit der Anerkennung einverstanden und beschloß, Claudius zum Gott zu erklären. Nero bemerkte später, daß Pilze eine Götterspeise sein müßten, da Claudius durch Pilze zum Gott geworden sei.
Die Fähigkeit, spöttische Bemerkungen schlagfertig zu formulieren, verdankte Nero seinem Erzieher Lucius Annaeus Seneca. Die Gelehrigkeit des Schülers schien die Wahl der ehrgeizigen Mutter zu rechtfertigen. Nero wurde ein gewandter Redner und dichtete klingende Verse. Und nach seiner Ausrufung zum Kaiser benahm er sich dem Senat gegenüber so bescheiden, daß sein erstes Auftreten einer Huldigung für die ehrwürdige Ratsversammlung gleichkam.
Rom atmete auf. Unter der Herrschaft des jungen Kaisers, für

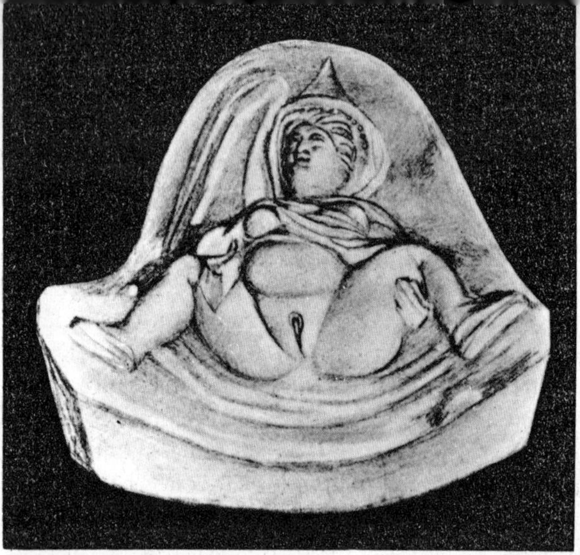

Willig sich darbietende Frau. Tonform aus der römischen Kaiserzeit, ausgegraben in Ägypten.

den ein gütiger Philosoph und ein maßvoller Militär, der Präfekt der Prätorianer-Garde Burrus, die Staatsangelegenheiten betreuten, würde nun endlich wieder eine geruhsame Zeit anbrechen können. Man hoffte dies um so mehr, als es schien, daß die willkürlich gewalttätigen Einmischungen Agrippinas nicht mehr zu befürchten seien. Denn die Mutter des Kaisers zog sich, nachdem sie ihrem Sohn den Thron zugeschanzt hatte, scheinbar gutwillig und freiwillig von den Regierungsgeschäften zurück, obwohl sie auf den Münzen ihr Bildnis neben das Neros hatte prägen lassen, so als sei sie seine anerkannte Mitregentin. War Caligulas unbarmherzige Schwester einsichtig geworden? Geriet sie ihrem Sohn nach, der dem Wohlergehen des Reiches zu leben schien? Nur wenige Eingeweihte wußten, was sich im kaiserlichen Palast zugetragen hatte. In den »acta diurna«, den »Tagesnachrichten«, die auf den öffentlichen Plätzen Roms angeschlagen wurden, stand zu lesen, daß Britannicus, der bei der Thronfolge übergangene Sohn des Claudius und der Messalina, einer tückischen Krankheit erlegen sei. Erst viel später erfuhr die Öffentlichkeit, daß die »tückische Krankheit« das Gift gewesen war, das Nero seinem Stiefbruder hatte verabreichen lassen, als Agrippina gedroht hatte, sie werde Britannicus an Neros Stelle setzen, wenn Burrus und Seneca ihr nicht freie Hand ließen.

Agrippina hatte sich vergeblich gegen ihre Entmachtung gewehrt, obwohl sie das Spiel der beiden Vertrauten ihres Sohnes durchschaute, die von ihr selbst an die Macht gebracht worden waren, um sie durch die beiden ausüben zu können: Burrus und Seneca hatten ihr den Sohn, der sie öffentlich als »die beste Mutter« gepriesen hatte, entfremdet. Sie hatten ihn ermutigt, »die große Süßigkeit der Laster« zu genießen und seinen Trieben keinen Zwang aufzuerlegen. Seine Eheschließung mit Octavia war ein Staatsakt gewesen. Nero langweilte sich mit der Tochter Messalinas, die ihrer zuchtlos-triebhaften Mutter nicht nachgeraten war. Er suchte und fand die sinnlichen Freuden, die ihm das Ehebett versagte, außerhalb des kaiserlichen Palastes. Um kein Aufsehen zu erregen und um nicht in Verruf zu geraten, verkleidete sich Nero, sobald es dunkel wurde, »nahm rasch eine Mütze oder Kappe« und trieb sich, von ausgelassenen Freunden begleitet, auf den Straßen der Stadt, in Lupanaren und Kneipen herum. Es machte der vom jungen Kaiser angeführten Horde Spaß, harmlose Bürger, die von einem Gelage heimkehrten, anzupöbeln, zu verprügeln und in Kloaken zu tauchen. Oder Nero und seine Begleiter plünderten Verkaufsstände, raubten Läden aus und versteigerten die Beute an die Meistbietenden. Mit dem Erlös bezahlten sie die Dirnen, mit denen sie sich in den Lupanaren vergnügten.

Aber die Liebe für Geld befriedigte Nero nicht. Er fand es unterhaltsamer, sich ehrbaren Frauen »in schamloser Weise« zu nähern. Bei solchen Überfällen kam es gelegentlich zu Raufhändeln, und Nero wurde so verletzt, daß die Wunden in seinem Gesicht nicht zu übersehen waren. Aber die Abwehr, die ihm entgegengesetzt wurde, und die Gefahren, denen er ausgesetzt war, erhöhten nur den Reiz des nächtlichen Treibens. Erst nachdem Nero von einem Senator, dessen Frau er in der Dunkelheit umarmt hatte, beinahe zu Tode geprügelt worden war, gab er seine »unerkannten« Streifzüge auf. Der Senator, der sich der Gewalttätigkeit Neros handgreiflich erwehrt und ihn erst, nachdem er ihn erkannt hatte, um Verzeihung gebeten hatte, wurde zum Selbstmord gezwungen, mit der Begründung, daß er dem jungen Kaiser durch die Prügel Schimpf angetan und sich damit gegen das Majestätsgesetz vergangen habe. Das war Neros erster Skandal, der nicht vertuscht werden konnte. Da alle Welt nun von seinen Ausschreitungen wußte, zog er es vor, sich seinen Ausschweifungen nicht mehr nur heimlich hinzugeben. Er ließ sich von Offizieren der Prätorianer-Garde und von Gladiatoren begleiten, die zu den Waffen griffen, wenn die frechen Hände des Kaisers Widerstand fanden.

Nero, der so überzeugt war von der unwiderstehlichen Wirkung seiner Anziehungskraft auf Frauen und Männer, hatte schwächliche, magere Beine und Arme und einen aufgeblähten Bauch, wie Caligula und Claudius. Sein gedunsenes Gesicht war jedoch von lockigem gelblichem Haar umrahmt, das er selbst als »golden« bezeichnete. In seiner grenzenlosen Eitelkeit meinte er, alle Frauen und Männer müßten ihm geschlechtlich verfallen sein. So war er außer sich, als sich ihm Poppaea Sabina, die reiche Frau eines hohen Würdenträgers, versagte, obwohl sie allein lebte, nachdem er ihren Mann durch die Ernennung zum Statthalter einer Provinz aus Rom entfernt hatte. Tacitus berichtet von Poppaea, daß sie alles besessen habe, »nur keine ehrbare Gesinnung« – wohl aber spielte sie die ehrbare Frau, die es ablehnte, Neros Geliebte zu

Ein Fund aus dem Rheinland: Der Mann mit der mächtigen Nase hat zwei überdimensional große Glieder. Mit der Rechten zieht er die Frau zu sich heran, die das gleiche mit ihm tut. Die 23 cm hohe Gruppe befindet sich im Rheinischen Landesmuseum Trier.

werden: Trotz aller Drohungen war sie nur willens, ihm zu gehören, wenn er sich von Octavia scheiden lasse und sie zur Kaiserin mache. Dazu wäre Nero auch ohne weiteres bereit gewesen, wenn sich nicht seine Mutter, »die beste Mutter«, dagegen gestellt hätte. Über Agrippinas Willen aber konnte er sich nicht ohne weiteres hinwegsetzen. Doch Poppaea wußte, wie sie vorzugehen hatte: Sie verspottete Nero als »unmännlichen Muttersohn«, den eine Frau wie sie nicht zum Manne haben wolle, und machte sich so lange über den Kaiser lustig, bis er sich entschloß, »die beste Mutter«, die seinen Wünschen im Wege stand, aus der Welt zu schaffen. Der Versuch, Agrippina zu vergiften, schlug fehl. Die geübte Giftmischerin hatte sich durch Gegengift gesichert. Deshalb wandte sich Nero an den Freigelassenen Anicetus, der, wie er wußte, Agrippina haßte. Anicetus riet ihm, er solle ein Schiff bauen lassen, von dem man einen Teil auf hoher See künstlich loslösen und mit diesem die Ahnungslose ins Meer versenken könne. Der mit Sorgfalt vorbereitete Anschlag gelang. Aber Agrippina, die am Vorabend an einem Gastmahl ihres Sohnes teilgenommen hatte und von ihm zum Abschied mit besonderer Innigkeit umarmt worden war, entkam dem vorgetäuschten Unfall schwimmend. Zudem stellte sie sich so, als wisse sie nicht, wer ihr nach dem Leben getrachtet habe. Nero, der befürchtete, seine Mutter werde sich nun an den Senat, die Legionen und das Volk von Rom um Schutz gegen ihn wenden, befahl Burrus und Seneca zu sich. Beide Berater erkannten die Gefahr. Dennoch wies Burrus den Vorschlag Neros, den Prätorianern den Befehl zur Ermordung Agrippinas zu geben, mit der Erklärung zurück, die Garden seien durch ihren Treueid dem gesamten Kaiserhaus verpflichtet; vor allem aber würden sie im Andenken an Germanicus dessen Tochter kein Leid antun. Wieder bot sich Anicetus an, den Auftrag zu übernehmen. Er führte die Mörder in Agrippinas Villa. Sie wehrte sich nicht gegen die Männer, die ihr

Bett umstellten. Ihnen den Schoß entgegenhaltend, rief sie: »Stoßt in den Leib.«
Nero, der sich vom Tod seiner Mutter überzeugen wollte, sagte beim Anblick ihres nackten Leichnams nachdenklich: »Ich wußte gar nicht, daß ich eine so schöne Mutter hatte.« Trauer jedoch zeigte er nicht im geringsten, denn nun konnte er ja Octavia ungehindert verstoßen und Poppaea zu seiner Kaiserin machen. Als aber das Volk die Bildsäulen, die er seiner neuen Frau zu Ehren hatte aufstellen lassen, umstürzte und die Bildsäulen der Octavia mit Blumen bekränzte, bestand Poppaea darauf, auch die Ehre ihrer Vorgängerin zu schänden. Auch dazu war Nero bereit: Der Mörder seiner Mutter wurde von ihm gedungen, sich des Ehebruches mit Octavia schuldig zu bekennen. Die auf eine Felseninsel verbannte Tochter und Gattin eines Kaisers wurde bald darauf von Henkern, die Nero auf Poppaeas Wunsch ausgeschickt hatte, ermordet. Der Senat, dem kundgetan wurde, Octavia habe eine Verschwörung gegen Nero geplant, dankte in einer feierlichen Sitzung den Göttern, daß sie das Leben des Kaisers erhalten hätten.
Das römische Volk erfuhr nur durch Gerüchte, was sich in der kaiserlichen Familie zugetragen hatte, und die Gerüchte widersprachen einander. Das Ansehen Senecas, dem nachgesagt wurde, er habe dem Kaiser zuliebe die Ermordung Agrippinas als Selbstmord erklärt, blieb unerschüttert, obwohl er von einem ehemaligen Freund der Messalina öffentlich als Heuchler, Ehebrecher und Habgieriger angegriffen worden war, der zwar den Reichtum in Wort und Schrift schmähe, sich selbst aber maßlos bereichere. Daß der zum allmächtigen Staatsmann gewordene Philosoph es für unter seiner Würde hielt, sich zu rechtfertigen oder zu rächen, wurde ihm hoch angerechnet. Zeigte er sich nicht durch sein Schweigen über alle Anschuldigungen und Verleumdungen erhaben? Die Plebs führte es auf Neros Erziehung durch Se-

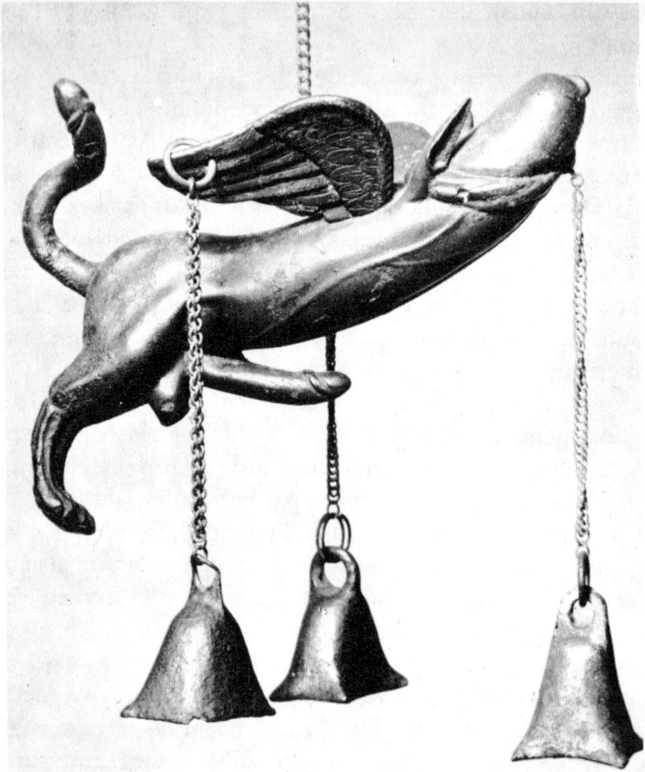

Der Phallus als Zimmerschmuck. Die 14 cm lange Bronzefigur ist im Besitz des Rheinischen Landesmuseums Trier.

neca zurück, daß der erhabene Zögling des Philosophen die volkstümlichen Künste und sportlichen Spiele nicht nur förderte, sondern auch persönlich ausübte. Nero war ein leidenschaftlicher Wagenlenker und hatte den Ehrgeiz, »wie ein berufsmäßiger Sänger zur Harfe zu singen«. Um die Resonanz seiner Stimmbänder zu erhöhen, »übte er, auf dem Rücken liegend, eine Bleiplatte auf der Brust«, enthielt sich aller der

Stimme schädlichen Speisen und reinigte seinen Körper »durch Klistiere und Erbrechen«. Auch als Maler und Bildhauer versuchte er sich; von seinen künstlerischen Fähigkeiten war er so überzeugt, daß er einen mutigen Astrologen, der ihm düster voraussagte, er werde den Thron verlieren, nicht hinrichten ließ, sondern ihm lachend erwiderte, dann werde er seinen Lebensunterhalt eben als Künstler verdienen. Diese Behauptung wollte Nero unter Beweis stellen, indem er öffentlich als Harfenspieler auftrat. Das Volk, das schon seine Kunstfertigkeit als Wagenlenker bewundert hatte, applaudierte dem Kaiser um so begeisterter, als er durch die Einführung der »ludi iuvenales«, der »Spiele für die Jugend«, zur allgemeinen Lustbarkeit beigetragen hatte. Daß nicht nur Nero sich auf der Bühne und in der Arena produzierte, sondern auch die Angehörigen vornehmer Familien dazu anhielt, steigerte seine Popularität.

Seneca, den seine Neider beschuldigt hatten, er habe die künstlerischen Leistungen seines kaiserlichen Schülers spöttisch herabgesetzt, war klug genug, einer gefährlichen Wendung der Dinge vorzubeugen: Er bat Nero um die Entlassung aus seinen Diensten und bot ihm das gewaltige Vermögen, das er angehäuft hatte, als Geschenk an. Nero bedankte sich bei seinem Lehrer, der ihm »Klarheit des Denkens, Entschlußkraft und Bildung« vermittelt habe, und erklärte: »Es ist mir peinlich, aussprechen zu müssen, daß es Freigelassene gibt, die noch reicher sind als du, ja es treibt mir geradezu die Schamröte ins Gesicht.« Er nahm das Geschenk nicht an, ließ es aber zu, daß Seneca von nun an »ein zurückgezogenes Leben« führte, ganz seinen philosophischen Studien hingegeben.

Nero war nicht in Rom, als die große Feuersbrunst ausbrach, der zwei Drittel der Stadt zum Opfer fielen. Aber Sueton berichtet, der Kaiser habe die Brandstiftung befohlen »unter dem Vorwand, die Häßlichkeit der alten Gebäude und die

Enge und Gewundenheit der Straßen beleidigten sein Auge«. Nero kehrte eilig ins brennende Rom zurück und betrachtete das sechs Tage und sieben Nächte wütende Feuer vom Turm des Maecenas aus, »erfreut durch die Schönheit der Flammen«. Er hatte dazu ein Theaterkostüm angezogen und sang, sich selbst auf der Harfe begleitend, seine eigene Dichtung über den »Fall Trojas«. Als das Schreien der Tausende, die aus ihren zusammengestürzten Häusern entkommen waren und durch die Straßen irrten, seine gehobene Stimmung störte, befahl er in einer Regung von Menschlichkeit, den Obdachlosen die vom Feuer verschont gebliebenen öffentlichen Gebäude und kaiserlichen Gärten als Asyl zur Verfügung zu stellen, sandte die Prätorianer aus, um Lebensmittel einzuholen und beklagte mit den Klagenden die Verheerung Roms. Die Schuld an dem Brand schob Nero auf die »wegen ihrer Schandtaten verhaßten Menschen, die das Volk Christianer nannte ...«

Was Nero für die Römer, die der Brand um ihre Häuser und Wohnungen gebracht hatte, an Wiedergutmachung leistete, war bei weitem nicht so großartig wie der Neubau seines eigenen Palastes, der durch die Feuersbrunst zerstört worden war. Die gewaltigen Beträge, die er brauchte, um ein »Goldenes Haus« für sich und ein »gesünderes, sicheres und schöneres Rom« zu erbauen, erhielt er von den Bürgern der Städte des ganzen Römischen Reiches, die er zu »freiwilligen Beiträgen« zwang.

Nero, der bei der Einweihung des Goldenen Hauses gesagt hatte, er könne jetzt endlich anfangen, wie ein Mensch zu wohnen, versuchte vergeblich, wie ein Gott zu leben. Das einzige Kind, das ihm Poppaea geschenkt hatte, war kurz nach der Geburt gestorben. Er hatte der kleinen Tochter zwar durch den Senat die Göttlichkeit zuerkennen lassen, aber Poppaea, die abermals von ihm schwanger geworden war, in einem Anfall von Jähzorn durch einen Fußtritt so schwer ver-

Eine Orgie des Nero mit Lustknaben und einer Frau. Spätere Nachzeichnung einer »Gemme« in Hancarvilles »Bildern aus dem Privatleben der römischen Cäsaren«.

letzt, daß sie, mit »seinem göttlichen Samen im Leib«, einer Fehlgeburt erlegen war. Die leidenschaftliche Liebe zu der Frau, deren Laune er die »beste Mutter« geopfert hatte und die nun selbst tot war, ließ Nero nicht zur Ruhe kommen. Er, der sich selbst zur Gottheit erhoben hatte, erkannte, daß er machtlos war wie alle Götter, die er beschuldigte, ihn im

Stich gelassen zu haben. Nach dem Tode Agrippinas hatte er dem Kult der Kybele, der »Großen Mutter«, gehuldigt. In seiner hilflosen Verzweiflung besuchte er jetzt ihren Tempel und besudelte das Standbild der Göttin mit Urin. Nur noch von einem einzigen Gedanken war er besessen: Er wollte Poppaea wieder zum Leben erwecken. Und wenn ihm kein himmlischer Gott dazu verhalf, so würde er selbst es können. Und in seinem Wahn konnte er es tatsächlich: Er begegnete einem jungen Mann namens Sporus, der Poppaea so ähnlich sah, daß er ihn für die »Wiedergeburt seiner verstorbenen Frau« hielt. Als er sich davon überzeugt hatte, daß Sporus ein Mann und keine Frau war, unternahm er es, ihn »in ein Wesen weiblichen Geschlechts zu verwandeln«. Er ließ Sporus kastrieren, im roten Brautschleier und im feierlichen Hochzeitszug unter großem Geleit in seinen Palast führen und »behandelte ihn wie seine Gattin« – mit dem Erfolg, daß in Rom eine bösartige Scherzfrage die Runde machte: Wäre es um die Menschheit nicht besser bestellt, wenn Neros Vater Domitius nur eine solche »Frau« gehabt hätte?
Sporus, angetan wie eine Kaiserin und in einer Sänfte getragen, mußte Nero auf allen Wegen begleiten und wurde von ihm in aller Öffentlichkeit immer wieder zärtlich geküßt. Doch damit noch nicht genug: Es hieß auch, der Kaiser habe unter seine, in einem eigenen Trakt des Goldenen Hauses untergebrachten Konkubinen auch eine Dirne aufgenommen, die seiner Mutter überraschend ähnlich sei. Und immer schlimmer wurde es. Sueton berichtet, Nero habe seinen eigenen Leib so sehr preisgegeben, daß kaum ein Körperteil an ihm nicht befleckt gewesen sei. »Er ersann eine neue Art von Vergnügen: Mit dem Fell wilder Tiere bekleidet, stürzte er aus einem Käfig, vergnügte sich mit den Schamteilen von Männern und Frauen, die an Pfähle gebunden waren, und ließ sich dann selbst, wenn er genug gewütet hatte, von seinem Freigelassenen Doryphorus zur ›Strecke bringen‹. Wenn

Kaiser Nero läßt sich von seinem Freigelassenen Doryphorus »zur Strecke bringen«. Stich aus Hancarville.

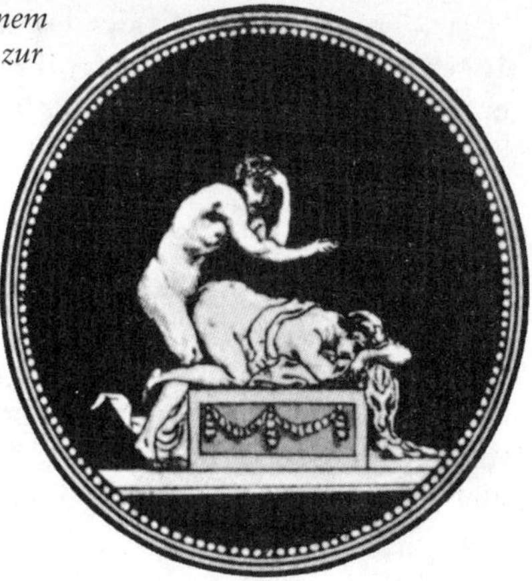

er sich mit diesem wie mit dem Sporus vereinigte, ahmte er das Geschrei und Gestöhne vergewaltigter Jungfrauen nach.« Und ergänzend schrieb Sueton: Von verschiedenen Leuten habe er erfahren, Nero sei fest überzeugt gewesen, daß kein Mensch keusch oder an irgendeinem Körperteil rein sei ... Aus dem gleichen Grund habe er solchen, die ihre Unkeuschheit vor ihm bekannten, auch andere Vergehen verziehen.

Am nachsichtigsten war Nero mit seinem Freund Gaius Petronius, der sich zu jeder Unkeuschheit bekannte und ihn um keine andere Gunst bat als die, an seinen Zerstreuungen teilhaben zu dürfen. Es ist aber kaum anzunehmen, daß Petronius die hemmungslose Mordlust Neros in den letzten Jahren seiner Herrschaft guthieß oder gar empfahl – ebensowenig wie Seneca, der den Kaiserpalast mied (er nannte diesen ein »triste ergastulum«, einen »traurigen Kerker für Sklaven«) und sich ganz und gar der Niederschrift seiner philosophischen Gedanken widmete, die in der Erkenntnis gipfelten, daß Weisheit Lebenskunst sei. Nicht die Lust, sondern die Tugend sei der Weg zur Glückseligkeit ... Auch Petronius vertrieb sich die Zeit mit der Feder. Weder Philosoph noch Moralist wie Seneca, machte es ihm lediglich Spaß, die Sitten der Zeit zu beschreiben, in der er lebte und unter der er selbst nicht litt, da er die Überlegenheit hatte, über sie spotten zu können.

Beiden Freunden, dem Philosophen und dem Lebenskünstler, neidete Nero ihre geistige Unabhängigkeit. Er ließ sich nur allzu gern von Tigellinus, der einer Verschwörung von Senatoren und hochgestellten Würdenträgern auf die Spur gekommen zu sein behauptete, überzeugen, daß Seneca mitschuldig sei, und sandte einen Tribunen zu Seneca mit dem Befehl, sich gegen die Anklage zu rechtfertigen. Seneca erwiderte, er sei an der Politik nicht mehr interessiert und habe nichts anderes im Sinn, als seine »schwache und närrische« Gesundheit zu pflegen. Als der Tribun dem Kaiser berichtete, daß Seneca keinerlei Zeichen der Sorge gezeigt habe, sondern »in Wort und Blick einen heiteren, aufrechten und festen Geist«, befahl ihm der Kaiser: »Kehre zurück und sag ihm, er solle sterben.«

Kurze Zeit bevor Seneca dieses Todesurteil »in ruhiger Gefaßtheit« aufnahm, hatte er in einem Brief den Selbstmord als die wünschenswerteste Art gepriesen, das Leben zu beendigen, wenn es eine Last sei: »Mein Hunger ist gestillt, ich sehe dem Tod ruhig entgegen ... Ich habe genug gelebt.« Er ließ sich die Adern öffnen und bat um einen Schierlingsbecher, um den Tod mit Sicherheit zu finden. Auch Senecas beide Brüder und sein Neffe Lucanus, auf dessen Gedichte Nero eifersüchtig war, erhielten den Befehl, Selbstmord zu begehen. »Ein Messerchen genügt, den Weg zu bahnen zu jener hochherrlichen Freiheit, ein einziger Schnitt sichert uns die sorgenlose Ruhe ...« hatte Seneca geschrieben. Petronius, der erfahren hatte, daß Tigellinus einen seiner Sklaven bestochen habe, Anzeige gegen ihn zu erstatten, kam dem Todesurteil Neros zuvor.

Der Tod seiner Freunde berührte Nero ebensowenig wie der Tod seiner Feinde, die er hinrichten ließ oder denen er befahl, sich das Leben zu nehmen. Sein Blutgericht, dem alle Senatoren zum Opfer fielen, die er auch nur im entferntesten einer Verschwörung verdächtigte, regte ihn vielmehr zu künstlerischen Leistungen an. Auch in Griechenland, bei den Olympischen Spielen, wollte er als Sänger und Harfenspieler glänzen und sich als Athlet bei Wettbewerben hervortun. Nach Rom zurückgekehrt, veranstaltete er einen Triumphzug, um dem Volk die mehr als tausendachthundert Preise zu zeigen, die ihm bei den Spielen zuerkannt worden waren.
Während seiner Abwesenheit hatten sich Vindex, der Statthalter Galliens, und Galba, der Befehlshaber der römischen Heere in Spanien, verbündet. Der Senat vergewisserte sich, daß die Prätorianer bereit waren, Nero fallen zu lassen. Galba wurde zum Kaiser ausgerufen. Nero floh mit Sporus und drei Begleitern. Er hatte Gift bei sich. Aber er brachte es nicht über sich, es zu schlucken. Es erschien ihm besser, sich im Tiber zu ertränken. Doch auch dazu fehlte ihm der Mut. Er suchte Zuflucht im Landhaus seines Freigelassenen Phaon, der bald die Nachricht erhielt, Nero sei zum Staatsfeind erklärt worden und werde »nach Brauch der Vorfahren« bestraft. Als ihm Phaon den Brauch der Vorfahren erklärte, daß nämlich der Verurteilte, nackt mit dem Hals in eine Gabel gespannt, mit Ruten zu Tode gepeitscht werde, wollte sich Nero einen Dolch in die Brust stoßen. Aber die Spitze war zu scharf. Er jammerte: »Was für ein Künstler geht mit mir zugrunde!«, forderte Sporus auf, die Totenklage anzustimmen und schalt sich selbst mit den Worten: »Mein Betragen ist entehrend schimpflich.« Erst als Nero Pferde nahen hörte, wußte er, daß es keine Rettung mehr gab. Er zitierte einen Vers aus der Ilias: »Schnell einhertrabender Rosse Gestampf umtönt mir die Ohren«, dann legte er den Dolch an den Hals. Ein Sklave half ihm zustoßen.

»Die Aufzeichnung aller Scheußlichkeiten Neros«, die Petronius vor seinem Tode dem Kaiser gesandt hatte, ging verloren. Über die Zeiten hinaus aber sind Bruchstücke der Schriften des »arbiter elegantiarum« erhalten geblieben: Fragmente des in der Form eines Romans verfaßten »Satiricon«, dessen Inhalt ein wenn auch verzerrtes Sittenbild seines Zeitalters ist. Der Erzähler der Handlung ist nicht Petronius, das »Satiricon« kein Selbstbekenntnis. Petronius läßt einen Griechen namens Encolpius mit unverblümten Worten und in eindeutigen Szenen über seine persönlichen Erlebnisse berichten. Dieser Herumtreiber, der sich in den höchsten und niedrigsten Schichten der Gesellschaft mit unverschämter Gelassenheit zurechtfand, hatte seine abenteuerliche Wanderschaft begonnen, nachdem er in einem Heiligtum des Gottes Priapus einer lasterhaften Feier beigewohnt hatte, ohne eingeladen gewesen zu sein. Nun verfolgt ihn der Zorn des lüsternen Gottes auf allen Wegen und Irrwegen. Encolpius ist leidenschaftlich verliebt in den Knaben Giton. Aber auch Ascyltus, ein Vagabund wie er, dessen Bekanntschaft Encolpius in einem Lupanar gemacht hat, begehrt Giton. Sie schwärmen für den geliebten Knaben, sie streiten um ihn, sie genießen seine Gunst und feiern Orgien mit ihm und einer Priesterin des Priapus, die ihnen in ungehemmter Sinnlichkeit nachgestellt hat. Die beiden Männer und der Knabe, die »ein jeder nach Gelegenheit Beute zu unserer gemeinschaftlichen Kasse machen«, scheuen vor keiner Unzucht zurück. Encolpius predigt das Laster in der Überzeugung, daß alle Menschen ebenso verworfen seien wie er und in seiner Lage, ebenso wie er, ehebrechen, gleichgeschlechtliche Liebe treiben, lügen und betrügen würden.

Die von der Neigung zum rücksichtslos Bösen, von den Trieben zu allen Lüsten und zu jeder Lüsternheit besessenen Kumpane werden Gäste des reichen Trimalchio, eines Freigelassenen, dessen Bekanntschaft sie beim Ballspiel machen.

Was für eine bedeutende Persönlichkeit dieser in einen Scharlachmantel gekleidete Mann ist, erkennen sie bald, denn er hat einen verschnittenen Sklaven bei sich, der ihm einen silbernen Topf anbietet, damit er seine Notdurft standesgemäß verrichten könne, worauf er sich die Hände mit Wasser besprengen läßt und die Finger in den Haaren eines hübschen Knaben trocknet. Für jede Verrichtung des Trimalchio gibt es sorgfältig aufmerksame Bedienung: im heißen Bad kühlende Salben, feine wollene Tücher zum Abreiben und nicht leinene wie für gewöhnliche Badende. Eine Sänfte, vor der vier prächtig geputzte Läufer einherschreiten und in der sein Liebling, ein triefäugiger Junge, dem Trimalchio mit einer kleinen Flöte zärtliche Weisen ins Ohr bläst, befördert ihn in seinen Palast. Encolpius und seine Gefährten folgen an die Pforte, an deren Pfeiler ein Täfelchen angeschlagen ist mit der Aufschrift: »Der Sklave, der ohne Erlaubnis seines Herrn hinausgeht, soll mit hundert Hieben bestraft werden.«
So wie Trimalchio waren alle Freigelassenen, die die dunklen Geschäfte Neros besorgten, seine üblen Streiche durch falsche Aussagen deckten. So waren die hohen Herren, in deren schäbiger Gesellschaft sich Nero als Gott fühlte, über alle Menschen erhaben. So waren die Tischgenossen des vornehmen Gaius Petronius, der durch die Geburt und von Geburt an die Kunst des Lebensgenusses und feinen Geschmacks in sich aufgenommen hatte und wußte, daß diese vom Kaiser begünstigten Emporkömmlinge vergeblich versuchten, es ihm gleichzutun oder ihm gleichzukommen. Freigelassene würden es nie erlernen, Herren zu sein. Sie würden nie vergessen, daß sie Sklaven gewesen und ausgepeitscht worden waren, wann immer es ihren Herren gefiel. Sie konnten mit ihrem unredlich errafften Reichtum prahlen, sich mit ihrer Macht brüsten – in ihrem Innern aber blieben sie ohnmächtig arm.
Die handelnden Personen des »Satiricon«, deren Eigenschaf-

ten und Gewohnheiten von Petronius um der Wirkung willen übertrieben geschildert werden, hatten nicht nur in der Phantasie des Lebenskünstlers gelebt. Er hatte sie in der Wirklichkeit beobachtet, sie nachgezeichnet und sich ihrer bedient, um darzutun, welche Sorte Menschen die Lebensart seiner vergehenden Welt nachahmten. Nicht nur das Stadtbild Roms war durch die Feuersbrunst verändert worden – die gesellschaftlichen Umschichtungen, die dem Wiederaufbau folgten, veränderten auch die Sitten. Bald nach dem unrühmlichen Tod Neros erwies es sich, daß Rom wohl noch die Hauptstadt des gewaltigen Reiches war, nicht aber mehr das unbestrittene Zentrum seiner Macht, auch wenn Neros Nachfolger im Prunk der kaiserlichen Paläste residierten. Die Berufung auf die göttliche Abstammung der Machthaber beeindruckte weder das römische Volk noch die Legionen, die in der Mehrzahl in den entlegenen Provinzen rekrutiert wurden und stationiert waren. Daran mußte als erster Servius Galba glauben, der seine Herkunft auf Jupiter zurückführte, von den Prätorianern jedoch kurzerhand niedergemacht wurde, als der Senator Marcus Otho sie freigebiger beschenkte. Otho blieb fünfundneunzig Tage Kaiser. Er wurde von dem Feldherrn Aullus Vitellius entthront und beging Selbstmord. Der neue Kaiser Vitellius aber überließ seinem Freigelassenen Asciatus, der schon seine Privatgeschäfte geführt hatte, die Regierungsgeschäfte und ermöglichte es ihm dadurch, in wenigen Monaten einer der reichsten Männer des Reiches zu werden, kein Wunder also, daß Vitellius der militärischen Überlegenheit des Heerführers, den Titus Flavius Vespasianus, sein Rivale im Kampf um den Thron, gegen ihn ausgesandt hatte, nicht gewachsen war.
Nur ein kleiner Teil des Publikums solcher Machtkämpfe, die mit der Erhebung siegreicher und der Entthronung gedemütigter und nur allzuoft ermordeter Kaiser endigten, entstammte der eingesessenen Plebs. Durch den unaufhörlichen

Gemälde an der Wand des Speisezimmers im Garten der Casa dell'Efebo, Pompeji, Via dell'Abondanza.

Zustrom von unternehmungslustigen, nach Broterwerb suchenden Bürgern aus den Provinzen war Rom ein unübersichtliches Sammelsurium von Abkömmlingen der verschiedenen Volksstämme geworden, die man in die Grenzen des Römischen Reiches einbezogen hatte. Es gab mehr Fremde in der Stadt als gebürtige Römer, überdies mehr Sklaven als Freie. Da sich die Sklaven in ihrer äußeren Erscheinung nicht oder kaum von den freien Erwerbstätigen und Arbeitern unterschieden, wurde wiederholt erwogen, die Sklaven durch besondere Merkmale ihrer Tracht kenntlich zu machen. Aber die Besorgnis, daß sie sich dadurch ihrer zahlenmäßigen Überlegenheit bewußt werden könnten, hielt die Behörden von solchen Maßnahmen ab. So kam es, daß sich auf den Straßen und Plätzen Roms oft mehr Sklaven als Freie aufhielten. Meist waren sie sogar besser genährt und gepflegter gekleidet als die Färber, Messerschmiede, Schlosser und die

Verkäufer, die in den offenen Läden ihre Waren feilhielten. Und Haussklaven, als Diener, Köche, Haarkünstler, Schreiber und Musikanten in wohlhabenden Familien tätig, wurden von ihren Besitzern geradezu als unersetzlich wertvoller Besitz behütet. Wenn sie ihre Pflichten zufriedenstellend erfüllten, genossen sie alle Freiheiten, mit Ausnahme der Freiheit.

Der Unterschied zwischen Freien und Unfreien machte sich in der Bevölkerung Roms nicht so bemerkbar wie die Unterschiede zwischen Reichen und Armen. »Die allerhöchste Majestät des Reichtums« gewann an Ansehen, während das Ansehen des Ranges zu verblassen begann. Wer reich war, gehörte zu den »honestiores«. Er war ein gemachter Mann, der zumeist auch durch ein Amt oder eine Würde ausgezeichnet wurde. Nur wohlhabende Männer konnten Senatoren oder Ritter werden. Wer nicht den Nachweis eines entsprechenden Vermögens erbringen konnte, den zählte man den »humiliores« zu, den »Niedrigen«. Und wer ganz arm war, wurde mit den anderen Armen, den »tenuiores«, den »Geringen«, gering geschätzt. Die »tenuiores« bezeichnete man auch als »proletarii« – das waren jene Plebejer, die dem Staat lediglich »proles« zu bieten hatten, nur Nachkommenschaft und sonst nichts.

Auch den ärmsten der armen freien römischen Bürger konnte jedoch der Besuch der öffentlichen Bäder nicht verwehrt werden, der allen Sklaven versagt war. Schon für eine kleine Kupfermünze, die selbst für mittellose »Niedrige« erschwinglich war, konnten sie in den zahlreichen Thermen, den mit heißem Wasser gespeisten Anlagen – wie sie auch Nero für sechzehnhundert gleichzeitig Badende erbaut und mit Marmorsäulen ausgestattet hatte –, mit vornehmen »honestiores« und gutsituierten »humiliores« die Bäder genießen, sich wie die Reichsten mit frei zur Verfügung stehenden Ölen einsalben lassen und in den Palästren, den mit allem Ge-

Frohe und friedliche
Weihnachtstage
und für das neue Jahr
die besten Wünsche!

Robert und Gertrude Landauer

Unsere Telefonnummer wird ab 1.1.1998 auf **716 36** geändert!

Ein Tännlein aus dem Walde,
und sei es noch so klein,
mit seinen grünen Zweigen
soll unsere Freude sein!
Es stand in Schnee und Eise
in klarer Winterluft;
nun bringt's in unsre Stuben
den frischen Waldesduft.
Wir wollen schön es schmücken
mit Stern und Flittergold,
mit Äpfeln und mit Nüssen
und Lichtlein wunderhold.
Und sinkt die Weihnacht nieder,
dann gibt es lichten Schein,
das leuchtet Alt und Jungen
ins Herz hinein.

Albert Sergel

rät versehenen Sälen für Leibesübungen, an sportlichen Übungen teilnehmen. Im »caldarium«, im Heißluftraum, und im »frigidarium«, dem Kaltbad, konnte ein Armer ebenso genußvoll schwitzen und sich angenehm abkühlen wie ein Reicher. In den Thermen gab es also keinen Standesunterschied. In den Morgenstunden standen sie allen Frauen offen, am Nachmittag den Männern. Die Trennung der Geschlechter wurde anfänglich sorgsam beachtet, um geschlechtlichen Annäherungen vorzubeugen. Später aber, als das gemeinsame Baden von Frauen und Männern in den öffentlichen Bädern gestattet wurde, zeigte sich, daß die erlaubte Entblößung der Geschlechter in den Thermen keine Zunahme unsittlicher Beziehungen mit sich brachte: Die Nacktheit im Bad war kein zusätzlicher Anreiz für die Mehrzahl der römischen Frauen und Männer, die sich, den alten und neuen Sittengesetzen zum Trotz, den Freuden des Geschlechts nach Belieben ergaben. Dennoch galten Frauen, die keinen Anstand nahmen, sich in den Thermen vor fremden Männern zu entkleiden, nicht als anständige Frauen. Es hieß, sie seien auf der Suche nach Liebhabern und Abenteuern.
Seit die Prostitution besteuert war, hatte man die Lupanare aus der Stadt verbannt. Nur außerhalb der Mauern und nur bei Nacht konnten die Männer ihren Trieb in öffentlichen Freudenhäusern befriedigen. Deshalb mieteten die Hurenwirte, die ihre Vergnügungsstätten erst nach Einbruch der Dunkelheit öffnen durften, für ihre anziehendsten »meretrices« luxuriös eingerichtete Wohnungen im Innern der Stadt. Natürlich blieben sie beteiligt am Ertrag, nicht anders als die Geschäftsleute am Einkommen ihrer Sklaven, die sie selbständig als Unternehmer tätig sein ließen, um das für Ankauf und Ausbildung aufgewandte Geld zu verzinsen. Es war üblich, daß solche Sklaven der Sklavinnen nach kurzer Bewährungsfrist freigelassen wurden, wenn sie ihren Besitzern den festgelegten Anteil auf Lebenszeit vertraglich zusicherten.

Bei den Gelagen der Reichen sorgten nackte Tänzerinnen und maskierte Schauspieler, Akrobaten, Zwerge und Possenreißer, deren Zoten gar nicht derb genug sein konnten, für die Unterhaltung der Gäste.

Nicht das Eigentum und der Besitz galten, sondern das Geld, das sie einbrachten.

Die Ehen der »honestiores« und der wohlhabenden »humiliores« wurden nach wie vor aus politischen oder wirtschaftlichen Gründen geschlossen. Hatte ein Mädchen das neunzehnte Lebensjahr unverheiratet vollendet, galt es bereits als überreif; es mußte, wenn es nicht »übrigbleiben« sollte, mit allen Mitteln an den Mann gebracht werden. Mit der Hochzeit aber war der Sitte Genüge getan. Was nachher geschah, war den Eltern ebenso gleichgültig wie dem Ehemann, der seinen Vorteil aus der Eheschließung gezogen hatte. Viele Frauen, die sich ihrer geschlechtlichen Unabhängigkeit in der Ehe erfreuten, wünschten auch wirtschaftlich unabhängig zu sein.

Die zunehmende Gleichberechtigung des weiblichen Geschlechts im täglichen Leben war rechtlich nicht gewährleistet. Auch Frauen, die sich in ihren Berufen hervorgetan, die sich außerordentliche Fähigkeiten und Kenntnisse angeeignet hatten, waren zu öffentlichen Ämtern nicht zugelassen. Aber sie beeinflußten immer wieder die Machthaber, die ihrerseits sich der Frauen zur Beeinflussung der Massen bedienten und deshalb die Freiheiten nicht beschränkten, die die Frauen durch die Auflockerung der Sitten gewonnen hatten. Und besonders in den gehobenen Kreisen der römischen Gesellschaft machte sich eine höhere Einschätzung der Frauen bemerkbar. Die Willkür der Alleinherrschaft verminderte sich auch während der Regierung des Titus Flavius Vespasianus nur unwesentlich. Der vernünftige und rechtschaffene Kaiser, der die Bedürfnisanstalten Roms mit der Erklärung: »Geld stinkt nicht« besteuerte und auf dem Sterbebett spottete: »Weh mir, ich glaube, ich werde ein Gott«, verfügte Gewaltmaßnahmen nur im Interesse Roms. Er war kein Frauenverächter, aber keineswegs so ausschweifend wie sein Sohn und Nachfolger Titus, der Jerusalem zerstörte, aber eine jüdische Prinzessin zur Geliebten nahm und als »Liebling der Menschheit« gefeiert wurde, obwohl er als Feldherr mit der Grausamkeit seiner Kriegsführung und seiner rücksichtslosen Hemmungslosigkeit gegenüber dem weiblichen Geschlecht geprahlt hatte. Kaiser Titus liebte es, sein gutes Herz anzupreisen und Gnade walten zu lassen. Er vergab auch seinem jüngeren Bruder Domitian, der sich gegen ihn verschworen hatte, und bot ihm an, die Herrschaft mit ihm zu teilen und sein Nachfolger zu werden. Zum Dank für die Großzügigkeit ließ ihm Domitian Schneepackungen verabreichen, als Titus an einer Erkältung erkrankte, und verkürzte so die Zeitspanne zur Nachfolge. Domitian war der erste römische Kaiser, der sich von den Untertanen, die ihm nahen durften, als »unser Herr und Gott« ansprechen ließ. Er empfing seine Besucher auf einem Thron sitzend. Sie mußten seine Knie umfassen, bevor sie zu ihm aufblicken durften. Nicht nur sich selbst erhob er zum Gott, sondern auch seinen Vater, der noch mit dem letzten Atemzug die Göttlichkeit eines Menschen verhöhnt hatte, und seinen Bruder, dessen Menschlichkeit er verachtet hatte, und Göttinnen wurden seine Frau Domitia, die ihm mit einem Schauspieler Hörner aufgesetzt hatte, und seine Schwestern, die sich nur durch Unkeuschheit auszeichneten. Sie alle waren die nach seinem Familiennamen Flavius benannten »Flavischen Gottheiten«, die von eigenen Priestern betreut wurden. Sie sollten Opfer empfangen; sein eigener Kopf aber, den Domitian an Statuen öffentlich anbringen ließ, mußte angebetet werden. Die Juden und Christen, die sich vor und nach der Zerstörung Jerusalems in Rom angesiedelt hatten und ihm die Anbetung verweigerten, ließ Domitian hinrichten. Unter den hingerichteten Christen befand sich sein eigener Neffe ...

Domitian, der von seinen Haussklaven ermordet wurde, war ein Feind aller Religionen gewesen, die nicht seiner Verherrlichung gedient hatten. Aber auch die Philosophen hatte er aus Rom verbannt, eines jedoch unterlassen: den satirischen Dichtern das Wort zu verbieten, deren spöttischen Schilderungen die Nachwelt das Sittenbild des ausgehenden ersten Jahrhunderts unserer Zeitrechnung verdankt. Die üppige Pracht der Paläste und das satte Wohlleben in den Häusern der Reichen, die sich den Luxus eigener Thermen leisteten, schildern diese Kritiker des römischen Gesellschaftslebens ebensowenig wie die duftenden Gärten, die die Paläste umgaben oder auf den flachen Dächern der Häuser in köstlich geschmückten, mit Erde gefüllten Steinbehältern improvisiert wurden. Der eleganten Bequemlichkeit der von Säulengängen umgebenen Innenhöfe, der mit Statuen geschmückten Vorhallen, des Aufwands der marmornen Speisesäle und der kosigen, parfumierten Schlafzimmer wird nur am Rande Erwähnung getan, wenn die unerbittlichen und doch nur allzuoft als Bittsteller kommenden, die unbestechlichen und doch immer wieder bestochenen Satiriker kein Blatt vor den Mund

Der spätere Kaiser Otho – er war es nur ein Vierteljahr lang – vergnügt sich im Beisein seines Freundes Nero mit einer Alten. Von Hancarville für seine »Bilder aus dem Privatleben der römischen Cäsaren« erfundene »Gemme«.

nahmen und den Schmutz und Gestank, die schäbige Dürftigkeit und erbärmliche Entbehrung der Behausungen der »Niedrigen« und »Geringen« aufzeigten.

Die in wallende Gewänder aus farbiger, mit Gold- und Silberfäden bestickter Seide gekleideten Gattinnen oder Töchter von »honestiores« setzten sich dem Gedränge auf den Straßen nicht aus. Sie ließen sich in Sänften von Haus zu Haus, zu Gastmählern, ins Theater und in den Circus tragen und bedankten sich gnädig für die Huldigung der Menge, der die der Sänfte voranschreitenden Sklaven mit lauter Stimme Namen und Rang der erlauchten Insassin bekanntgaben. Die »acclamatio«, der Beifall, galt nicht so sehr den Reizen der sich auf solche Weise öffentlich zur Schau Stellenden als der Kostbarkeit ihrer Aufmachung, dem Glitzern des Schmuckes und dem farbigen Schmelz der Stoffe, für die fabelhafte Preise bezahlt werden mußten. Das stolzierende Prahlen mit maßlo-

sem Reichtum wurde von den Plebejern keineswegs abgelehnt – im Gegenteil, es war populär: Den Leuten machte es Spaß zu wissen, daß in der goldenen Schale, die sie zu sehen bekamen, ein fauler Kern steckte. Die häuslichen Skandale und die unsauberen Liebesaffären, in die beinahe alle Ehefrauen angesehener Männer verwickelt waren, hatten die meisten so in Verruf gebracht, daß man die Frauen mit gutem Ruf an den Fingern beider Hände abzählen konnte. Noch mehr in Verruf aber standen die Männer, die, mit duftender Perücke auf dem Kopf, in seidener Tunica und farbenfreudigen Mänteln einherschritten und sich durch Ausrufer Platz machen ließen. Sie waren dafür berüchtigt, daß sie nach hübschen Knaben Ausschau hielten, um sie für Stunden zu mieten oder ihren Vätern abzukaufen. Der Markt für die gleichgeschlechtliche Liebe war nicht so geregelt wie die weibliche Prostitution. Die Homosexualität wurde weder durch Gesetze noch durch Steuereinhebung gefördert; sie war zur Gewohnheit geworden und wurde ohne Hemmung genossen.
Die gleichgeschlechtliche Liebe schloß die Liebe des starken zum schwachen Geschlecht ebensowenig aus wie die gleichgeschlechtliche Liebe von Frauen ihr Verlangen nach Männern. In welcher Form der Geschlechtstrieb befriedigt wurde, war nicht wesentlich, wenn er nur überhaupt befriedigt wurde. Trotz der geschlechtlichen Freizügigkeit, die nach den erhaltenen Berichten und den Fragmenten von anstößigen, »Priapeia« genannten Liedern allgemein gewesen zu sein scheint, machten die Satiriker die geschlechtliche Zügellosigkeit zum Thema ihrer Spottgedichte.
Marcus Valerius Martialis, ein in Spanien geborener Dichter, der es vorgezogen hatte, Verse anstatt als Rechtsgelehrter Ränke zu schmieden, brüstete sich: »Jede Seite strotzt bei mir von Schlüpfrigem«, und »Jede Seite von mir schmeckt nach den Menschen allein«. Es war ein übler Geschmack, den Martial so erfolgreich verbreitete, daß das unverblümt Ordi-

näre und Obszöne seiner Epigramme auch in den höchsten Kreisen Anklang fand. Er nannte nicht nur die männlichen und weiblichen Geschlechtsteile mit ihren gebräuchlichen Namen, er erfand auch neue Bezeichnungen oder sammelte volkstümliche, unzüchtige Redensarten, um sie seiner geschliffenen und gepflegten Sprache wie selbstverständlich anzupassen.
Martial lebte in allen Schichten der römischen Gesellschaft. Den Unrat seiner unanständigen Aussprüche holte er sich in Lupanaren und Weinschenken, um ihn seinen gezierten und sich zierenden hochgestellten Freunden und Freundinnen unverschämt unter die Nase zu reiben. Er kannte sie gut genug, um zu wissen, daß sie sich ekelerregt abwenden, in Wirklichkeit aber fasziniert sein würden von der Gosse und den dunklen Gestalten, die er in seinen Gedichten schilderte. Er schrieb, ironisch auf die gespielte Schamhaftigkeit edler Bräute anspielend: »Zwar wird Lucretia rot und legt mein Buch zur Seite, aber nur, wenn Brutus dabei ist. Geht Brutus fort, dann liest sie ...« Als er sein Alter nahen fühlte, zog es ihn von Rom fort. Diese Stadt war keine Zuflucht für einen verbrauchten Wüstling. Martial verkaufte ein Lobgedicht, um das Reisegeld nach Spanien bezahlen zu können. Dort erwartete ihn die bescheidene Sicherheit einer kleinen Villa, die eine gütige Gönnerin ihm geschenkt hatte. Als die Nachricht von Martials Tod nach Rom gelangte, schrieb der jüngere Plinius, der ihn persönlich gekannt hatte: »... Er war ein Mann von Geist ... als Schriftsteller von großem Witz und beißender Galle, aber von gleich großer Lauterkeit des Herzens ...«
Einige Jahrzehnte nach Martial kam Decimus Junius Juvenalis, der Sohn eines reichen Freigelassenen aus Latium, nach Rom, wie Martial mit der Absicht, Rechtsgelehrter zu werden. Er war so empört über die sinnlichen Ausschweifungen, die offene Schamlosigkeit der Römer und Römerinnen, daß

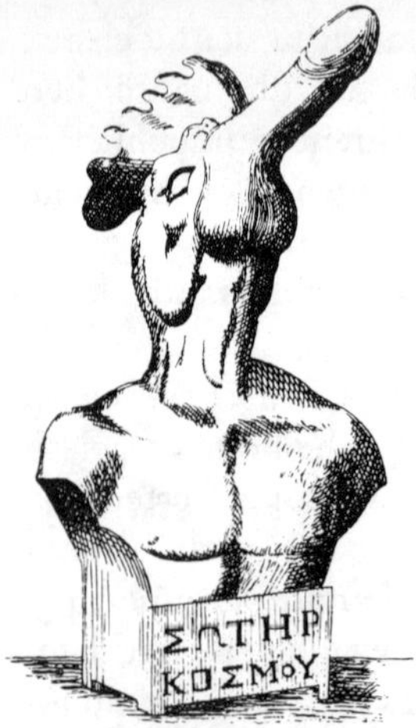

Der Hahn galt in der Antike als Lichtkünder, der auch das Böse abwehrt. In den Geheimlehren der Gnosis erscheint Abraxas, der Herr der übersinnlichen Welt, mit einem Hahnenkopf. Hier ist der »Retter der Welt« (so die Bedeutung des griechischen Wortes »Soter kosmou«) als Hahn mit phallischem Schnabel dargestellt. Bronze aus den Vatikanischen Museen, Rom.

er alle seine Kräfte und Fähigkeiten der Entlarvung und Beschreibung ihrer Verworfenheit widmete. Juvenal schrieb seine Satiren nicht wie Martial, um Geld zu verdienen, sondern um seiner Entrüstung Luft zu machen. An dem Treiben, das er kritisierte, war er nicht beteiligt. Er machte keine Bekenntnisse seiner eigenen Leidenschaften und Laster. Seine Zeitgenossen warnen wollte er, sie auf den rechten Weg führen, indem er die Unsittlichkeit aufdeckte und den leitenden Grundsatz seines Lebens unter das Volk brachte: »Man muß darum beten, daß in einem gesunden Körper ein gesunder Geist wohnt.«

Juvenal verdammte die »ludi scaenici«, die mimischen Auftritte von Schauspielern, die mehr durch Gebärden als durch Worte Charaktere darstellten und sie zum Gespött der Zuschauer machten. Tragödien und Komödien hatten der Posse des Mimus und den Zerrbildern der Pantomime weichen müssen. Die Handlungen und Dialoge der Theaterstücke konnten mit den aufregenden Ereignissen der Wagenrennen, Tierhetzen und Gladiatorenkämpfe nicht konkurrieren.

Kurzgefaßte Episoden, die als lebende Bilder die Unzulänglichkeiten der Mitmenschen kopierten und übertrieben und auf Tagesereignisse Bezug nahmen, wurden so populär, daß die Schauspieler des Mimus und der Pantomime zu Volkslieblingen wurden. Doch der Beruf der Komödianten gewann dadurch nicht bürgerliche Geltung. Die Schauspieler blieben ehrlos, wenn sie auch vom Publikum verehrt wurden, die Gunst hochgestellter Persönlichkeiten gewannen und so hoch bezahlt wurden, daß sie sich freikaufen konnten. Es hieß auch, daß beliebte Schauspieler bevorzugte Liebhaber vornehmer Frauen wurden und daß sich Domitia, die zur Gottheit erhobene Gattin des Kaisers Domitian, mit dem Schauspieler Paris vergessen habe. Juvenal, der sich in einer Satire zu einer Anzüglichkeit auf den Seitensprung der Kaiserin hinreißen ließ, soll für diese Unvorsichtigkeit mit der Verbannung aus Rom bestraft worden sein. Als er nach der Ermordung Domitians, der den Schauspieler Paris hatte ermorden lassen, nach Rom zurückkehrte, gab er seiner Geringschätzung für die »Spiele« ungehemmt Ausdruck. Er wetterte nicht nur gegen die Schauspielerinnen, die sich auf offener Bühne völlig entkleideten und in »unanständigen Tänzen« produzierten, sondern auch gegen die Frauen, die in der Gesellschaft von Männern solchen »entwürdigenden Darbietungen« zusahen.

Von den römischen Frauen hatte er eine so schlechte Meinung, daß er einen Freund, den er als Postumus ansprach, warnte: »Bist du bei Trost, mein Freund, du denkst an Heirat? Es gibt doch Stricke genug und Fenster, so hoch gelegen, daß dich der Schwindel erfaßt, wenn du hinuntersiehst! Du hast die Tiberbrücke so nahe und bequem zum Ersäufen! Gefällt dir von allen Arten, dein Leben zu verkürzen, keine andere als heiraten? Warum legst du dir nicht lieber einen Knaben ins Bett? Der fängt nicht mitten in der Nacht ein Gezänk an. Nichts ist so schlimm wie die römischen Frauen.«

Links die Gußform für eine Medaille mit galanter Szene, gefunden in Orange und jetzt im Musée Archéologique von Nimes (Durchmesser 55 Zentimeter), oben eine Gemme, die den wegen seiner »niedrigsten und gemeinsten Ausschweifungen« berüchtigten Kaiser Elagabal (Heliogabal, 218–222) mit einem menschlichen »Zweiergespann« zeigt.

Die Verurteilung der römischen Frauen durch Juvenal hatte auf seine Zeitgenossen allerdings keine unmittelbare Wirkung. Die Leser seiner Satiren hatten sich entweder damit abgefunden, daß die Frauen in ihrem Wunsch nach Gleichberechtigung den hemmungslosen Lebenswandel der Männer nachahmten, oder sich vergewissert, daß doch nicht alle, zumindest nicht ihre eigenen Frauen, so leichtfertig und zuchtlos waren, wie Juvenal sie charakterisiert hatte. Jedoch sowohl die einen als auch die anderen erkannten und bestätigten die Richtigkeit seiner Feststellung: »Das Verderben der Sitten, ein Feind viel schlimmer als Krieg, beherrscht und rächt den von uns bezwungenen Erdkreis. Jegliche Art von

Verbrechen und Wollust stellte sich ein, seit Rom nicht mehr arm ist.« Die Lust zu leben, der durch die geltende Moral keine Schranken gesetzt waren, tobte sich aus. Aber der Verfall der römischen Sitten, »das Laster, das den Gipfel erreichte«, war, wie schon Seneca erklärt hatte, »nicht dem Zeitalter eigentümlich, sondern den Menschen«.

Zeittafel

7(?) v. d. Z.–30(?) n. d. Z. Jesus Christus
um 10 n. d. Z.–64(67?) Paulus
30–108 Musonius Rufus
64(67?) Märtyrertod Petri in Rom
64–67 Neronische Christenverfolgung
96 Zweite Christenverfolgung (Domitian)
ab 112 Dritte Christenverfolgung (Trajan)
um 120–um 180 Lukian
um 160–um 225 Tertullian
um 205–258 Cyprian von Karthago
um 240–316 Diocletian (284–305 Kaiser)
um 256–336 Arius
285–337 Konstantin d. Gr. (306 Kaiser)
um 311–382 Ulfila (Wulfila)
314–355 Papst Silvester I.
325 Konzil von Nicaea
330 Byzantion wird Nea Roma (Konstantinopel)
331–363 Julian Apostata (360 Kaiser)
337–361 Konstantius II. Kaiser
um 339–397 Ambrosius
347–395 Theodosius I. (379 Kaiser)
um 347–um 420 Hieronymus
354–430 Augustinus
366–384 Papst Damasus I.
391 Christentum Staatsreligion
391–410 Alarich Westgotenkönig
440–461 Papst Leo der Große
466–751 Merowinger Frankenkönige
473–526 Theoderich d. Gr. König der Ostgoten
482–565 Justinian I. (527 Kaiser)
um 495–um 565 Prokop
um 497–548 Theodora
529 Codex Justinianus
552–553 Teja, letzter König der Ostgoten
567–597 Fredegunde Westgotenkönigin

2 »Die Eingangspforte des Dämons«

Frühes Christentum und Byzanz

Die Schuld an dem Aufruhr der Sitten, die Rom zur sinnesfreudigsten und lebenslustigsten Stadt des Erdkreises werden ließ, wurde von den zeitgenössischen Moralisten den Frauen zugeschoben. Ihr freudespendender Schoß wurde in derber Deutlichkeit als »Eingangspforte des Dämons« angeprangert. Es fanden sich nur wenige Verteidiger des weiblichen Geschlechts, die erklärten, daß die zuchtlosen Frauen ohne die Ermunterung durch die Männer und ohne deren eifriges Dazutun nicht unzüchtig sein könnten. Ohne Ehebrecher gäbe es keine Ehebrecherinnen, ohne Verführer keine Verführte. So forderte der Philosoph Musonius Rufus von den Männern, sie selbst sollten sich an die geschlechtliche Moral halten, die sie von den Frauen verlangten. Nur wenn die Männer mit gutem Beispiel vorangingen, könne der hemmungslosen Liebeslust der Frauen ein Ende gesetzt werden. Solange nur Männer entschieden, was »ehrsames Leben« bedeute, und den Frauen nicht die Möglichkeit gegeben werde, ihrerseits zu untersuchen und zu erforschen, was gut und böse sei, könne den Ausschweifungen nicht Einhalt geboten werden. Die Bemühungen des Musonius Rufus und gleichgesinnter Philosophen, den römischen Frauen durch Erziehung zur Gleichberechtigung zu verhelfen, scheiterten nicht nur am Widerstand der Männer, die ihre Vorrechte (etwa das Konkubinat) nicht aufzugeben bereit waren, sondern auch am Widerstreben der Frauen, die zwar nichts dagegen hatten, sich philosophisch bilden zu lassen, aber nicht willens waren, den vergnüglichen Freiheiten, die ihr tägliches und nächtliches Leben so erfreulich machten, freiwillig zu entsagen. Ihr Rückzug zu den guten Sitten auf dem »Weg der Tugend«

wäre einer unterwürfigen Niederlage im Kampf der Geschlechter gleichgekommen, dem einseitigen Verzicht der Frauen auf ihre zum Brauch gewordene Unabhängigkeit im Geschlechtsleben, die nur noch den Männern vorbehalten gewesen wäre.

Das Aufgeben der lockeren Vergnügungen und abwechslungsreichen Zerstreuungen, die von der Philosophie als unsittlich und unwürdig gekennzeichnet wurden, da sie zwar zur Lust, doch nicht zur Glückseligkeit führten, erschien den Frauen, die sich keine wie immer geartete Gegenleistung der Männer versprachen, sinn- und zwecklos.

Diejenigen römischen Ehefrauen, die sich den Luxus philosophischer Betrachtungen leisten konnten, zogen den Luxus ihrer Lebensführung dem Spiel mit Gedanken vor, das die Unbekümmertheit ihrer Liebesfreuden gefährdete. Sie empfingen und besuchten ihre Liebhaber, sie veranstalteten Gelage und applaudierten mit der gleichen Selbstverständlichkeit wie die Männer den Pantomimen im Theater, den Gladiatoren in der Arena und den Tierhetzen im Circus. Sie wetteiferten miteinander in der Kostbarkeit der Kleidung, in der Köstlichkeit des Schmuckes und der Anzahl der Liebschaften, die sie sich streitig machten. Sie vertrieben sich die Zeit mit Würfelspielen und Intrigen, durch die sie sich ihre Ehemänner und Liebhaber gefügig erhielten. Sie genossen die Sorglosigkeit, die sie ererbt und erheiratet hatten, ohne sich Sorgen über ihre vom Schicksal minderbegünstigten Geschlechtsgenossinnen zu machen. Solange sie ihre Männer beherrschten, die in Amt und Würden das Imperium Romanum beherrschten, hatten sie weder Grund noch Anlaß, eine Veränderung der Sitten zu wünschen. Die römischen Ehefrauen fühlten sich auch nicht zurückgesetzt, obwohl ihre Gleichberechtigung nicht durch Gesetz gewährleistet war. Die Ehegesetze waren nicht starr; sie konnten umgangen werden durch zusätzliche Verträge oder ergänzende Bestimmungen, die diesen oder jenen Ausweg ermöglichten. So konnte sich eine Ehefrau, die jedes Jahr drei Nächte außerhalb des ehelichen Haushalts verbrachte und sich in diesen drei Nächten keine Verfehlungen gegen die eheliche Treue zuschulden kommen ließ, das unbeschränkte Verfügungsrecht über ihr Eigentum, mit Ausnahme der Mitgift, bewahren. Der Ehebruch des Mannes wurde wohl als bedeutungsloses Vergehen beurteilt, während überführte Ehebrecherinnen von ihren Vätern bestraft oder von den Gerichten zur Verbannung oder zu empfindlichen Geldstrafen verurteilt werden konnten. Aber welcher betrogene Ehemann von Rang und Stand nahm es auf sich, gegen die Regel zu handeln und sich dadurch lächerlich zu machen? Für gewöhnlich genügte eine in barer Münze gezahlte Entschädigung für die Verletzung der eheherrlichen Gewalt. Der etwaigen Anschuldigung, daß eine Schwängerung infolge Ehebruchs die Beständigkeit der Erbschaftsgesetze gefährde, entzogen sich erfahrene Frauen durch Empfängnisverhütung. Gegen intime Maßnahmen, die dazu verhalfen, daß die Bequemlichkeit und das Wohlleben der Frauen durch Kindersegen nicht beeinträchtigt wurde, waren die Gesetzgeber machtlos, die eine Ehefrau, die ein Kind abtrieb, so bestraft wissen wollten, als hätte sie einen Ehebruch begangen. Wo es keine Kläger gab, da gab es auch keine Richter.

Die Lebensführung der gehobenen Stände, der »honestiores« und der wohlhabenden »humiliores«, war nicht durch das Gesetz bestimmt, sondern durch den Brauch. Was die »tenuiores« taten und wie sie lebten, entzog sich der Aufmerksamkeit der kaiserlichen Behörden, die ihrer Sorgepflicht für die Plebs zu genügen glaubten, wenn sie darauf sahen, daß die »proletarii« und ihre Kinder nicht Hungers starben. Die Sittengesetze, die das gesellschaftliche Leben der Römer und Römerinnen beeinflussen und regeln sollten, waren für die oberen Schichten der Bevölkerung erlassen worden. Sie blie-

Eine römische Dame bringt dem Priapus ein Trankopfer dar. Diese »Gemme« ist ebenfalls der Phantasie Hancarvilles entsprungen. Sie stammt aus seinem zweiten Werk, den »Monuments du Culte secret des Dames romaines«, erschienen Capri (= Nancy) 1784.

ben noch lange in Geltung, ohne ernst genommen zu werden, während sich bereits in den unteren Schichten der Bevölkerung ein vollkommener Wandel der Sitten vollzogen hatte. Nicht die Macht der Kaiser und ihrer Würdenträger, nicht Reichtum oder Waffengewalt veränderten die Lebensgewohnheiten und Bräuche im Römischen Reich, sondern ein verachteter, verfolgter Glaube, der neue Werte setzte und die Menschen veränderte.

Die ersten Christen waren Juden. Sie hielten an ihrer Zugehörigkeit zum »Auserwählten Volk« fest, nicht nur, weil sie als Kinder Israels geboren und entsprechend den Geboten und Vorschriften Mosis und der Propheten erzogen worden waren, sondern auch weil Jesus Christus selbst verkündet hatte: »Ihr sollt nicht wähnen, daß ich gekommen bin, das Gesetz oder die Propheten aufzulösen; ich bin nicht gekommen aufzulösen, sondern zu erfüllen.« Nach seinen eigenen Worten war die Thora, das mosaische Gesetz, »das Wort des Herrn«. Und er hatte erklärt: »Es ist aber leichter, daß Himmel und Erde vergehen, denn daß ein Tüttel am Gesetz falle.« Die sittlichen Vorschriften, die Moses den Nachkommen Abrahams

auferlegt hatte, waren also das Fundament für die Lebensgewohnheiten und Bräuche der frühen Christen, die sich zu dem neuen Glauben bekannten. Er beruhte auf der Prophezeiung des alten Glaubens, daß ein Messias kommen, die Menschheit erlösen und das Reich Gottes erschließen werde. Erst als die Vorsteher der jüdischen Gemeinden den Aposteln und Jüngern Christi verboten, ihre »Irrlehre«, die »Lästerworte wider Mose und wider Gott«, zu predigen, und sie aus den Synagogen wiesen, gründeten die Christen eigene Gemeinden, deren religiöse Zusammenkunftsorte sie »ecclesia« nannten – so hießen bei den Griechen die Volksversammlungen.
Die vorerst in den östlichen und südöstlichen Provinzen des Römischen Reiches entstandenen christlichen Gemeinden verständigten sich miteinander in der »koiné«, der aus dem Griechischen abgewandelten Volkssprache des östlichen Mittelmeerraumes. In ihr wurde der Messias der Juden als der »Gesalbte« bezeichnet – als Christus. Das sittliche Verhalten der Männer und Frauen, die sich zum christlichen Gottesdienst in den »ecclesiae«, zumeist kleinen, abgeschlossenen Räumen bescheidener Häuser, trafen, wich anfänglich nur ganz unwesentlich von den überlieferten Bräuchen ab.
Der Apostel Simon Petrus, der als »Bewahrer des Schlüssels zum Himmel«, als Stellvertreter Christi auf Erden die Heilsbotschaft von der Erlösung der sündigen Menschheit durch den Leidenstod des Heilands und seiner Auferstehung verbreitete, wurde durch eine himmlische Erscheinung dazu bestimmt, nicht auf der Beschneidung von Heiden zu bestehen, die zum Christentum übertreten wollten, und sich mit der Taufe neu Bekehrter zu begnügen. Die Beschneidung war für die Christen, die die Gemeinschaft nicht als Volk, sondern nur im Geistigen suchten und fanden, bedeutungslos. Sie waren im Glauben vereint, und der Glaube bestimmte, was sie tun durften oder unterlassen mußten: Er bestimmte ihre Sitten.
Simon Petrus und andere Jünger und Apostel, die Christenge-

meinden im Römischen Reich gründeten und betreuten, waren auf ihren Fahrten von »Schwestern« begleitet. Diese Gefährtinnen und weiblichen Gehilfinnen können nur Ehefrauen im Sinne des mosaischen Gesetzes gewesen sein, von dem die frühen Anhänger des christlichen Glaubens nur dann abwichen, wenn sie es ausdrücklich betonten. Sowohl Petrus als auch Paulus, der mit seinem jüdischen Namen Saulus hieß und die Christen verfolgt hatte, bevor er sich, von Christus erleuchtet, zum Christentum bekannte und den Aposteln zugezählt wurde, waren Männer aus dem Volke: Petrus Fischer, Paulus Zeltmacher. Und ihre belehrenden und erzieherischen Worte und Schriften waren an Männer und Frauen gerichtet, die in der gleichen oder einer ähnlichen Umwelt lebten wie sie. Die Zurechtweisungen, Ermahnungen und Warnungen, durch die Paulus die von ihm beratenen frühen christlichen Gemeinden beeinflußte, vermitteln auch die Kenntnis der Lebensgewohnheiten und Bräuche, die er »im Namen des Herrn« zu verändern bestrebt war. Wer des verheißenen Gottesreiches würdig werden wollte, mußte der Lust entsagen, die Gelüste des Geschlechts und der Völlerei beherrschen, sein Herz von Selbstsucht, Grausamkeit und Wollust säubern, alle Eitelkeit ausmerzen und sich zu Demut, Sanftmut und Friedfertigkeit erziehen. Er mußte Armut und Arbeit ohne Klage auf sich nehmen, Nächstenliebe üben und alles irdische Leid ertragen. Diesen grundlegenden Satzungen entsprechen konnte nur, wer nicht der Unzucht verfiel, die, wie die Apostel warnten, zu allen anderen Sünden und Verfehlungen führte. In seinem Brief an die Korinther warnte Paulus die Gemeinde vor dem Umgang mit Lasterhaften und vor der Duldung der Ausschweifung. Er schrieb: »Es geht eine gemeine Rede, daß Hurerei unter euch ist und eine solche Hurerei, davon auch die Heiden nicht zu sagen wissen: daß einer seines Vaters Weib habe ... Ich habe euch geschrieben ... daß ihr nichts sollt zu schaffen haben mit den Huren ... Wis-

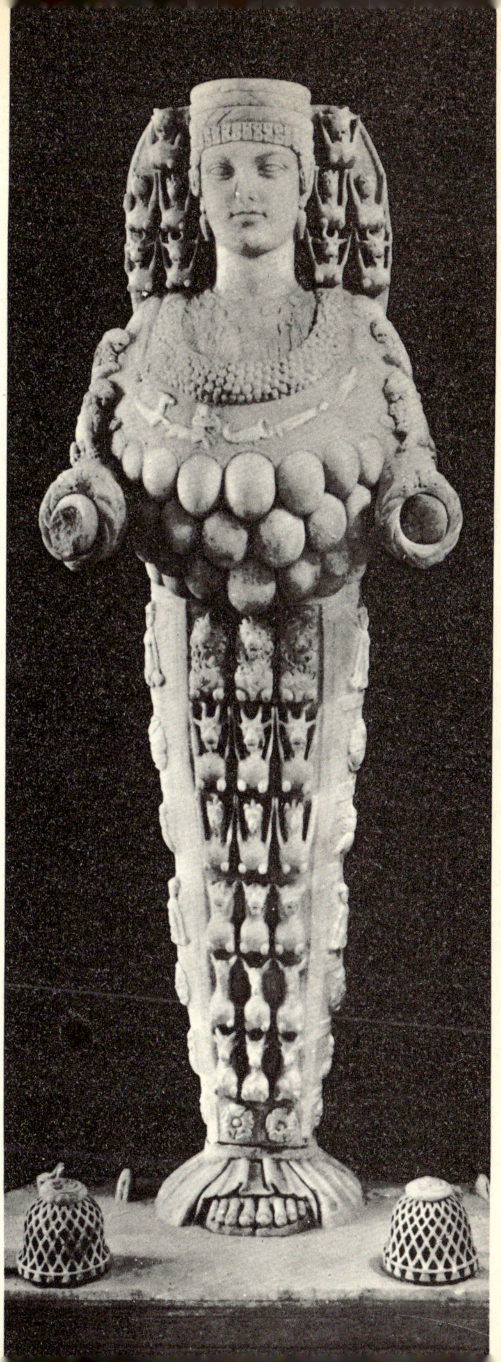

»Groß ist die Diana der Epheser!« schrie das Volk in der Stadt der Artemis, als Paulus dort das Evangelium verkündete. Hier die lebensgroße Statue der Göttin aus dem ersten Viertel des zweiten Jahrhunderts. Die Artemis von Ephesus war übrigens nicht, wie früher angenommen, »vielbrüstig«, sondern trug ein mit Eiern als Fruchtbarkeitssymbolen besetztes Brustwams.

set ihr nicht, daß, wer an der Hure hängt, der ist ein Leib mit ihr? Denn es werden die Zwei ein Fleisch sein ... Alle Sünden, die der Mensch tut, sind außer seinem Leibe. Wer aber hurt, der sündigt an seinem eigenen Leibe ...«

Die christliche Ehe, die von Männern und Frauen nur eingegangen werden sollte, wenn sie sich nicht imstande fühlten, der Fleischeslust zu entsagen, war ein Behelf gegen die Unzucht, sie war eine den natürlichen Gegebenheiten zugestandene Geschlechtsgemeinschaft, die dann aber für beide Teile bedingungslos ausschließlich sein mußte und nicht mehr gelöst werden durfte. Es war nicht so wesentlich, daß durch die körperliche Vereinigung Kindersegen entstand, sondern daß die geistige Einheit im Glauben gewährleistet war. Die doppelte Geschlechtsmoral, die den Männern gestattete, was den Frauen untersagt war, wurde von der christlichen Lehre verworfen. In geschlechtlichen Dingen sollten die Frauen gleichberechtigt mit den Männern sein. Aber das war auch die einzige Gleichberechtigung, die ihnen der neue Glaube bot. Dennoch zeigten sich besonders Frauen so empfänglich für den Glauben an den gekreuzigten Heiland, daß er von der Plebs in Rom geringschätzig als die »Religion der Frauen« abgetan wurde. Die Dirnen in den Lupanaren und die Kurtisanen, die jede Hoffnung auf ein besseres Leben auf Erden aufgegeben hatten und sich ihrer eigenen Unsittlichkeit und der Verachtung schämten, der sie sich ausgesetzt sahen, erbauten sich an dem Ausspruch Christi, mit dem er die Pharisäer gemaßregelt hatte: »Die Huren werden vor euch in das Reich Gottes eintreten.« Auch verworfene Frauen konnten durch den Glauben geläutert und der ewigen Seligkeit teilhaftig werden? Jeder sündige Mensch, der sich bekehrte und bereute!

Die Aussicht auf das Gottesreich, die Hoffnung auf das ewige Leben ließ den Frauen alles irdische Ungemach als belanglos erscheinen, sie nahmen die gesellschaftliche Erniedrigung und die Geringschätzung der Männer widerspruchslos hin und besiegelten damit das Schicksal ihrer Geschlechtsgenossinnen. In der christlichen Welt war die Frau ein Mensch zweiter Klasse. Der offene Widerstand einzelner Frauen gegen die Vor- und Oberherrschaft des Mannes erwies sich immer wieder als aussichtslos. Es blieb den Frauen, die sich gegen die Übermacht der Männer wehrten, kein anderer Ausweg, als sich durch das vom Glauben zwar verpönte, ihnen aber seit eh und je zugesprochene Mittel gegen die Männer zu behaupten: durch Verführung. Sie konnten ihre Ansprüche nur durch die Reize ihres Geschlechts durchsetzen – und so nahmen sie jede Gelegenheit wahr, die Sinnlichkeit der Männer zu wecken.

Es gab weder in Rom Verordnungen des Pontifex Maximus, des Oberpriesters der römischen Staatsreligion, oder der ihm unterstellten Priester der einzelnen Götter und Göttinnen, noch gab es in den Provinzen Gesetze, die den Anhängern eines anderen Glaubens die Ausübung ihrer Riten verboten. Die »Aedilen«, denen die Oberaufsicht über die Tempel zustand, gaben ihr »placet« zur Errichtung von Gotteshäusern, in denen Fremde ihre heimischen Gottheiten anbeten konnten. Nur eine Bedingung war an die Erlaubnis geknüpft: In den Bauten mußten der göttliche Genius des Kaisers und die Göttin Roma verehrt werden. Die Lebensgewohnheiten und Bräuche, die an die eingewanderten Kulte gebunden waren, unterlagen keiner behördlichen Beschränkung.

Im Tempel der Kybele, der »Großen Mutter«, deren geheiligte Statue Nero in ohnmächtigem Unmut besudelt hatte, fand in jedem Frühjahr das gottesdienstliche Schauspiel der verzückten Entmannung der »Galli«, der Kybele-Priester, statt, die sich vor den Augen der Gläubigen und Neugierigen in berauschter Ekstase kastrierten, so wie sich der von Kybele geliebte göttliche Attis verstümmelt hatte. Die neuaufgenommenen Galli und die Gläubigen, die sich Schnittwunden zufügten, tranken das Blut und schlugen sich in verzweifelter Trauer über den Tod des Attis an die Brust. Sie trugen sein Standbild zu Grabe, fasteten und beteten während der Nacht, um am Morgen das Fest der Wiederauferstehung des Attis geläutert begehen zu können. Es war ein fröhliches Fest. Im Namen der »Großen Mutter«, die von der jubelnden Menge als »Nostra Domina« angerufen wurde, verkündeten die Kybele-Priester: »Der Gott ist errettet, und auch für euch kommt die Stunde der Rettung.« Die »Große Mutter« war das geliebte Sinnbild der Mütterlichkeit. Nur wenige unter den Anbetern und Anbeterinnen Kybeles wußten oder dachten daran, daß die Liebe der Göttin zu Attis von geschlechtlichem Verlangen erfüllt gewesen war. Die ihr geweihten Zeremonien galten der im Frühling erwachenden Natur. Sie waren Fruchtbarkeitsriten, wie die uralten Feierlichkeiten zu Ehren des mesopotamischen Gottes Tammuz, dessen alljährlicher Wiederkehr aus der Unterwelt und dessen fröhlicher Himmelfahrt von Männern und Frauen entgegengejauchzt wurde.

Die Vorstellung von der Erneuerung der Erde, von der Überwindung des Todes durch gütige Gottheiten, die durch die Liebe immer wieder zum Leben erweckt werden, hatte sich im Glauben und Aberglauben eines Großteils der Bevölkerung des Römischen Reiches so lebendig erhalten, daß die wollüstige Ausgelassenheit der orgiastischen Teilnehmer und Teilnehmerinnen an den Feiertagen als gottesdienstlicher Brauch ebenso nachsichtig geduldet wurde wie die geschlechtliche Freizügigkeit während der römischen Saturnalien.

In den Lagerstädten und Hauptquartieren der Legionen an den Grenzen des Römischen Reiches hingegen hatten persische Priester, die zu geschlechtlicher Enthaltsamkeit und Ehelosigkeit verpflichtet waren, eine strenge Glaubenslehre verkündet, die ihre Wirksamkeit im Ursprungsland bewiesen hatte und die Legionäre so ansprach, daß sie sich dem Kult erst in unterirdischen Höhlen und dann in eigenen Gotteshäusern ergaben. Der nur von Männern angebetete Gott war Mithras, der eingeborene Sohn Ahuramazdas, des einen und einzigen Gottes, der sich Zarathustra offenbart hatte. Er war das überirdische Sinnbild des Lichts, der Wahrheit, der Reinheit und der soldatischen Ehre. In seiner leuchtenden Erscheinung hatte Mithras das Gesicht der Sonne angenommen, die den ewigen Kampf gegen die Mächte der Finsternis führte. Der Sohn des großen Gottes der Perser war in der Vorstellung der Gläubigen der erhabene Vermittler zwischen Ahuramazda und den Männern, die er begnadete. Er war der Schutzherr der Menschheit gegen Ahriman, den Herrn der Finsternis, des Übels und der Lüge – das abstoßende Ebenbild des Satans der christlichen Lehre, des heimtückischen Versuchers zur Sünde. Das erste bekannte Standbild des Mithras meißelte ein griechischer Bildhauer. Er stellte den himmlischen Jüngling auf dem Rücken eines Stieres kniend dar, wie er dem Stier einen Dolch in den Nacken stößt. Dieses Standbild und die Darstellung der »Unbesiegbaren Sonne« wurde von den Anhängern des Mithras-Kultes göttlich verehrt. In den letzten Dezembertagen jedes Jahres, zur Zeit der Wintersonnenwende, wenn die Sonne die winterlichen Mächte der Finsternis wieder zu vertreiben begann, wurde der Geburtstag des Mithras festlich begangen, und jeder siebente Tag der Woche, der Tag nach dem Sabbat der Juden, galt als der »Feiertag der Sonne«. Anläßlich der Gottesdienste erhielt Mithras an seinem Altar ein Opfer aus geweihtem Brot und Wein. Ein Glockenzeichen verkündigte, daß der Sohn Ahuramazdas das Opfer entgegengenommen hatte. Dann wurden die Gläubigen belehrt, daß sich alle Menschen nach dem Tode vor dem Richterstuhl des Mithras verantworten müßten. Diejenigen, die sich nicht im lebenslänglichen Kampf gegen das Übel in jeder Gestalt bewährt hätten, würden Ahri-

man zu ewiger Qual zugewiesen werden, die Gerechten aber zum Himmel aufsteigen können. Die Gerechten – das waren die Wahrhaftigen und die, die ihre täglichen Pflichten erfüllten. Der Glaube forderte von ihnen, daß sie sich den vorgeschriebenen Waschungen unterzogen und die heiligen Mahlzeiten zu sich nahmen. Nur wer seinen Körper reinhielt, hatte eine reine Seele. Jegliche Art von Unzucht verunreinigte den Körper. Der Geschlechtsverkehr durfte nur mit den Ehefrauen ausgeübt werden, nicht zu Befriedigung der Lust, sondern lediglich, um Kinder zu zeugen. Die moralischen Grundsätze, die der Mithraskult den Gläubigen auferlegte, bedrohten weder die bestehende Ordnung noch die Zucht der Legionen. Da die Männer die soldatische Ehre im Dienste Roms hochhielten und sowohl den Kaisern als auch der Göttin Roma die gebührende Achtung erwiesen, förderten die Befehlshaber die Verbreitung des Glaubens, der die Kampfkraft nicht beeinträchtigte und die Legionäre zur Selbstbeherrschung erzog.
In den zahlreichen Tempeln der ägyptischen Isis nahmen auch Römer und Römerinnen an den von weißgekleideten Priestern zelebrierten Handlungen zu Ehren der »Göttin der Mutterschaft, der Fruchtbarkeit und des Gewerbes« teil. Nicht alle Anwesenden unterzogen sich dem reinigenden Untertauchen in heiligem Wasser, dem vorgeschriebenen Fasten und dem Gelübde zeitweiliger geschlechtlicher Enthaltsamkeit, das die Gläubigen ablegen mußten, um des Segens der Isis würdig zu werden, die den zerstückelten Leichnam ihres Bruders und Gatten, des Gottes Osiris, zusammengefügt und sein kunstvoll ersetztes Glied mit ihrem Atem belebt hatte, um ihm Zeugungskraft zu verleihen, wenn Osiris im Leben nach dem Leben als »Gott des Todes« wieder auferstehen würde. Der mystische Glaube an Isis und Osiris und an das Weiterleben der gereinigten Seelen nach dem Tode übte eine magische Anziehungskraft auf die Plebejer aus, denn sie ver-

Eine der beliebtesten Göttinnen war noch immer Isis. Die Statuette aus Marmor (Museo Nazionale, Neapel) stammt aus ihrem Tempel in Pompeji.

dankten die Regelmäßigkeit der vor allem aus Ägypten stammenden Getreidespenden, die sie bekamen, dem Überfluß, der durch die fruchtspendende Kraft des Nilgottes Osiris entstand – er nämlich war es, der alljährlich der empfängnisbereiten Erdmutter Isis seinen Samen schenkte.

Dem Gott der Juden aber, die in der unmittelbaren Nachbarschaft der Isis-Tempel ihre Synagogen erbaut hatten, waren die Römer in keiner Weise verbunden. Wenn sich die Juden zum Gebet versammelten, taten sie nicht das geringste dazu, Andersgläubige zur Teilnahme an ihrem Gottesdienst zu bewegen. Die Juden lebten unter sich, blieben unter sich und nahmen es hin, daß sie infolge ihres Glaubens und der damit verbundenen Bräuche unbeliebt waren, weil »bei ihnen«, wie Tacitus erklärte, »alles unheilig ist, was bei uns heilig ist«. Die frühen Christen galten in der öffentlichen Meinung als Anhänger einer jüdischen Sekte, die, wenn auch nicht nach den gleichen, so doch nach ähnlichen Gesetzen lebten wie die Juden. Daß sich, wie es hieß, der Zimmermannssohn Jesus für den von den Juden schon seit Jahrhunderten abergläubisch erwarteten Messias ausgegeben hatte, war lediglich eine jüdische Angelegenheit. Dafür, daß ihn seine Anhänger als »König der Juden« bezeichnet hatten, war er von einem Gericht der römischen Besatzungsmacht mit dem Tode bestraft worden: Er hatte sich durch seine Überheblichkeit gegen das Majestätsgesetz vergangen. Wichtiger war etwas anderes: Seine Lehre verwarf die Anbetung der Kaiserstatuen und der Göttin Roma – und das widersprach den römischen Gesetzen. Es forderte die kaiserlichen Behörden zur Verfolgung der Christen heraus. Sie erhielten nicht nur kein »placet« zur Errichtung eigener Gotteshäuser, sie wurden als gemeine Verbrecher festgenommen und zum Tode verurteilt, wie schon die Apostel Petrus und Paulus zu Neros Zeit.

Die Christen, deren Sittengesetze das Verhalten eines großen Teiles der Menschheit bestimmen sollten, entwickelten ihre umwälzenden Lebensgewohnheiten und Bräuche im wahren Sinne des Wortes im Untergrund: Ihre gottesdienstlichen Zusammenkünfte in Rom hielten sie in den Katakomben ab, in unterirdischen Schächten und Gängen, die sie ausgehoben hatten, um ihre Toten so zu begraben, daß jeder Leichnam in eigener Grabstätte für die Auferstehung des Leibes am Tage des Jüngsten Gerichts bereit sei. Die Gräber waren mit sinnbildlichen Zeichnungen geschmückt: Die Taube symbolisierte die vom Gefängnis des Leibes befreite Seele, der Phönix die verjüngte Wiederauferstehung aus der Asche des Todes, Palm- und Olivenzweige waren die geheiligten Zeichen des Sieges und des Friedens. Das griechische Wort für Fisch war »ichthys«. Es bestand aus den Anfangsbuchstaben des Spruchs »Jesus Christos theu hyios soter«, das bedeutete »Jesus Christus, Sohn Gottes, Erlöser«. Die bildlichen Darstellungen dieser Anfangsbuchstaben waren nicht nur Glaubenssymbole der Gräber. Aus Speckstein geschnittene Fische galten auch als Erkennungszeichen der Christen und Christinnen, wenn sie einander begegneten. In aller Heimlichkeit fanden sich die Gläubigen in den Katakomben zum Gottesdienst ein. Sie heiligten nicht den Sabbat, wie die Juden, sondern den darauffolgenden Tag als »Tag des Herrn«. In der unterirdischen Verborgenheit vereinigten sie sich zur »agape«, dem »Liebesmahl« aus Brot und Wein, das der Vorsteher der Gemeinde segnete, der mit dem griechischen Wort »Presbyter«, Ältester, bezeichnet wurde – das Wort Priester ist daraus geworden. In der Vorstellung der Christen waren Brot und Wein der Leib und das Blut des Erlösers, den sie beim »Liebesmahl« mystisch in sich aufnahmen. Von ähnlichen Vorstellungen waren auch die Gläubigen der anderen zeitgenössischen Kulte erfüllt, die die ihren Gottheiten erbrachten Opfergaben in sinnbildlicher Erhobenheit aßen und tranken.

Die Krönung des »Liebesmahls« war der »Liebeskuß«. Für

gewöhnlich küßten Männer nur Männer und Frauen nur Frauen. Es war jedoch in manchen Gemeinden üblich, daß sich auch Männer und Frauen im Liebeskuß fanden, wenn dadurch nicht geschlechtliche Begierden geweckt wurden. Es war streng verboten, die Lippen beim Kuß zu öffnen und den Kuß beim nächsten Liebesmahl zu wiederholen, wenn lustvolle Empfindungen erregt worden waren. Die Überwindung der verbotenen Sinnlichkeit nicht nur in der körperlichen Wirklichkeit, sondern auch in den Gedanken war eine Glaubenspflicht der Christen und Christinnen, die durch den Anblick nackter Statuen, durch die offen zur Schau gestellten Bilder und Sinnbilder des Geschlechtsverkehrs sich unausgesetzt in Versuchung geführt fühlen mußten. Das Gelübde keuscher Entsagung, die sie sich freiwillig auferlegten, konnten sie nur erfüllen, wenn sie die Unzucht offenen Auges erkannten und das unwillkürliche Verlangen nach Lust als einen »Fallstrick des Satans« verwarfen. Das vom Glauben beaufsichtigte Verhalten der Gläubigen gewährleistete Verläßlichkeit auf allen Gebieten und unter allen Bedingungen. Nur selten kam es vor, daß ein Christ oder eine Christin Mitgläubige preisgaben oder verrieten, auch wenn sie selbst Verfolgungen ausgesetzt waren und ihre Verschwiegenheit mit Martern oder dem Tode bezahlen mußten. Die seelische Gemeinschaft in den einzelnen Gemeinden brachte es mit sich, daß sich die Christen armer oder kranker Glaubensgenossen in ausübender Nächstenliebe annahmen. Sie leisteten diese tätige Hilfe nach dem Grundsatz, daß jeder und jede tun und geben sollten, was in ihren Kräften stand. Die Hilfsbereitschaft untereinander festigte die Verbundenheit der einzelnen Gemeinden, die zudem in brieflicher Verbindung miteinander standen oder sich durch Boten verständigten. Sie spannten sich schon im zweiten und dritten Jahrhundert unserer Zeitrechnung wie ein Netz über das ganze Römische Reich, wurden eine unsichtbare Macht neben der Macht der römi-

schen Kaiser, die das friedliche Wachstum des Christentums blutig zu verhindern versuchten.
Da der Tod die Christen jedoch nicht erschreckte, versuchten es die Behörden mit Strafen, die ihnen das Leben zur Hölle machen sollten. Die als gläubige Christen schuldig Befundenen oder Überführten wurden zu den Galeeren verurteilt, in Bergwerke verschickt, in Ketten gelegt, gezüchtigt und gefoltert. Doch das alles war ebenso vergeblich wie der Versuch nicht nur kaiserlicher Beamter, sondern auch unabhängiger Philosophen, den Glauben an die Unsterblichkeit der Seele zu bekämpfen und das Jenseits als sinnlose Fabel zu verspotten. Weder wissenschaftliche Deutungen noch volkstümliche Kundgebungen erschütterten die Zuversicht der Christen. Das Für und Wider um die Unsterblichkeit, der aus Spott auf der einen Seite, aus inniger Gläubigkeit auf der anderen erwachsene Streit um das Fortleben nach dem Tode bewegte mit der wachsenden Verbreitung des Christentums alle Bevölkerungsschichten des Römischen Reiches, das durch die kriegerische Unrast wandernder Völker immer ernsthafter bedroht und immer häufiger von verheerenden Seuchen heimgesucht wurde. Eine unheimliche Angst vor der Ungewißheit nach dem Tode griff immer weiter um sich und fand in vielerlei Schriften beklommenen Ausdruck. War es wirklich so, daß die Seelen der Toten auf der Erde umherwandelten und den Lebenden erschienen, wann und wo sie es wollten? Gab es tatsächlich Dämonen und Gespenster? Die uralte Angst von den »Numina«, den übermenschlichen Wesen, führte dazu, daß der christliche Glaube in seiner unendlichen Tröstlichkeit von den niederen Schichten der römischen Bevölkerung geradezu aufgesogen wurde, während die Gebildeten sich besorgt in die Philosophie flüchteten, um sich eine eigene Weltanschauung zu schaffen, die Freuden des Lebens aber weiterhin so genossen wie bisher.
Weder die Unruhen an den Grenzen, die Roms Legionen zu

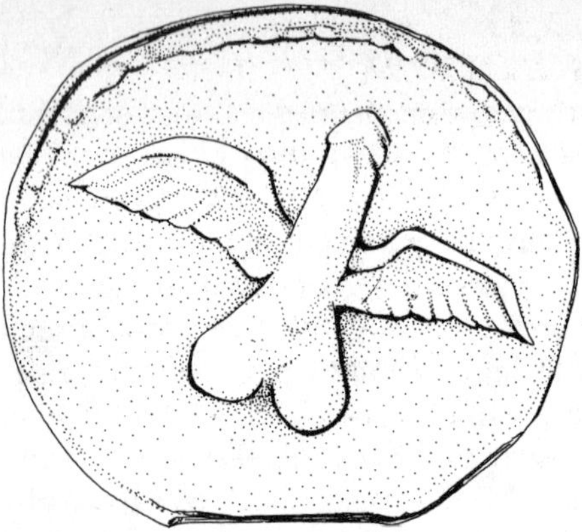

Noch immer wurden bei den Triumphzügen siegreicher Kaiser oder Feldherren Marken zum kostenlosen Besuch eines Lupanars verteilt wie diese mit einem geflügelten Phallus.

unaufhörlicher Abwehr zwangen, noch die Machtkämpfe der Kaiser, die einander die Herrschaft strittig machten, veränderten die Lebensformen Roms. Es blieb alles beim alten. Siegreiche Kaiser oder ihre Feldherren, die Angriffe zurückgeschlagen oder Gebiete erobert hatten und Rom durch ihre Anwesenheit beehrten, wurden durch Triumphzüge und die Errichtung von Triumphbögen gewürdigt. Die Gefeierten revanchierten sich mit Festlichkeiten im Circus Maximus und im neuerbauten Colosseum mit der Vorführung seltener Tiere aus aller Herren Länder, die sie gegeneinander kämpfen ließen oder gegen Männer und Frauen, die zum Tode verurteilt waren. Nach jedem Triumph wurde in den einzelnen Stadtteilen Getreide gespendet; manchmal verteilte man auch Säcke voller Silber- und Kupfermünzen, und manchmal gab es auch besondere Münzen mit Phallus-Prägung, die zum Besuch der Lupanare berechtigten. Den Christen und Christinnen war es von ihren Priestern aufs strengste verboten worden, die Amphitheater zu besuchen oder gar sich der Münzen des abscheulichen Lasters zu bedienen. Tertullian, der anläßlich der Christenverfolgung triumphierend erklärt hatte: »Je mehr wir hingemäht werden, desto mehr wächst unsere

Zahl . . . Das Blut der Christen ist Samen«, verdammte in seiner Schrift »De spectaculis« die Kämpfe in der Arena als »Kämpfe der Unmenschlichkeit gegenüber Menschen« und bezeichnete die Theater als »Bollwerke der Verworfenheit und Unanständigkeit«. Er warnte die Neugierigen und Schaulustigen vor dem letzten und endgültigen Gericht. Er verurteilte die gleichgeschlechtliche Liebe mit der Erklärung: »Ein Christ benimmt sich nur bei seiner Frau als Mann« und beschimpfte die Frauen öffentlich als »Eingangspforte des Dämons«. Die Beschwörungen und drohenden Voraussagen Tertullians und der anderen geistlichen Kämpfer für die Sittenreinheit der Christen wirkten sich so erfolgreich aus, daß ein zeitgenössischer heidnischer Lebenskünstler den Christen resigniert vorwerfen konnte: »Wir verehren die Götter mit Frohsinn, mit Gastmählern, mit Singen, Spielen und Scherzen. Ihr aber verehrt den gekreuzigten Menschen, dem die, die all dies genießen, nicht gefallen können; der die Freude verschmäht, dem das Fasten gefällt, der die sinnlichen Vergnügungen verdammt und eine traurige, unfruchtbare Keuschheit liebt.«

Das unfriedliche Nebeneinander der beiden Glaubensbekenntnisse – des heidnischen, das in der irdischen Lebensfreude Erfüllung suchte, und des christlichen, das im Himmel glückhafte Entschädigung für alle Leiden auf Erden erhoffte – erschütterte die innere Einheit des Römischen Reiches, die der Pax Romana ihre anhaltende Wirksamkeit verliehen hatte. Die »Ewige Stadt« Rom verlor immer mehr ihre Bedeutung als Mittelpunkt der Macht. In den Lagerstädten, in denen die von den Legionen ausgerufenen und vom römischen Senat nur der Form halber bestätigten Kaiser nach römischer Art residierten, wenn auch in verkleinerten Maßstäben, machte sich der Einfluß von Brauch und Sitten der bekämpften Völkerschaften immer deutlicher bemerkbar. So hatten einzelne germanische Stämme, noch bevor sie gewaltsam eingebrochen waren, durch die hilflose Nachgiebigkeit der Kaiser, die die

Männer für die Legionen anwarben und ihren Familien Land zuwiesen, festen Fuß in den römischen Provinzen gefaßt. Ihre kriegsgewohnten Häuptlinge waren zu Befehlshabern aufgerückt und halfen den ehemaligen Feinden bei der Verteidigung ihrer Grenzen gegen die Stammesgenossen jenseits der Donau und des Rheins. Die Versuche, germanische Stämme durch das Angebot der Ansiedlung innerhalb der Reichsgrenzen zu befrieden, hatten sich durchaus bewährt. Aber kaum waren tausend freiwillige Siedler mit Frau und Kindern gekommen und hatten sich niedergelassen, als schon Zehntausende aus dem Norden und Osten ungestüm nachdrängten und fruchtbaren Boden und Weideland forderten.

Mit den Lebensformen der Germanen waren die Römer schon zu Beginn des zweiten Jahrhunderts unserer Zeitrechnung durch die Schilderungen des Historikers Tacitus vertraut gemacht worden. Er hatte geschildert, was als typisches Kennzeichen aller Germanen galt – die blauen Augen, das rötlich blonde Haar (das sie rot färbten, um den Feind zu schrecken) und die hochgewachsenen Körper (die allerdings nur im Angriff besonders stark waren) –, um so die verallgemeinernde Bezeichnung »Germanen« zu erklären, die im Lateinischen »von gleichen Eltern geboren« oder »leiblich« be-

Der Bericht des Tacitus, daß die Germanen Ehebruch mit dem Tode durch Versenken im Moor bestraften, ist durch die Funde von Moorleichen in Schleswig-Holstein und Jütland bestätigt worden. Bemerkenswert an der Moorleiche eines Mädchens ist die rechts wiedergegebene Hand: Daumen, Zeige- und Mittelfinger bilden die »Feige«. Diese Gebärde gilt im Volksbrauch noch heute als obszön, als Abwehrzauber.

deutet. Er hatte die Germanen als unverbesserlich kriegerisches Volk dargestellt, das die Ruhe des Friedens nicht ertragen könne, obwohl es den Müßiggang liebe. Für die germanischen Frauen allerdings hatte Tacitus nur Achtung und Bewunderung. Er erklärte zwar, daß sie in ihrer Kleidung Unter- und Oberarme und den oberen Teil der Brust freiließen, aber doch die »Heiligkeit der Ehe« aufs strengste wahrten. Auch die Männer begnügten sich nur mit einer Frau. Tacitus berichtete: »... Den Liebesgenuß lernt der Jüngling erst spät kennen, deshalb ist seine Zeugungskraft ungeschwächt. Auch bei den Mädchen nimmt man sich mit der Verheiratung Zeit, so gleichen sie den Jünglingen an Jugendkraft ...«
Tacitus, der auch ausführte, daß man Männer, die ihren Leib durch gleichgeschlechtliche Unzucht geschändet hatten, in einem Moor oder Sumpf versenkte, wollte vermutlich die entartete Unsittlichkeit der römischen Männer und Frauen durch die Gegenüberstellung mit dem sittlichen Verhalten der Germanen vergleichen und anprangern. Die geschlechtliche Zurückhaltung, die Tacitus den germanischen Männern

und Frauen zuerkannte, wurde in seiner Zeit schon von den christlichen Frauen und Männern Roms geübt, die gerade er jedoch als »Juden« verdammte.

Die erste, unmittelbare Berührung germanischer Stämme mit dem Christentum entstand durch die Verfolgungen seitens der kaiserlichen Behörden, die alle Christengemeinden als »strafbare Gesellschaften« verboten und die Christen, die sich weigerten, den Göttern zu opfern, hinrichten ließen. Immer mehr Christen, die es nicht über sich bringen konnten, in einem staatlich anerkannten Tempel das geforderte Opfer darzubringen, vom Opferfleisch zu essen und sich darüber eine Bescheinigung ausstellen zu lassen, flohen mit ihren Familien über die Grenzen nach dem Norden.

Bevor die Germanen den vor der Christenverfolgung Geflohenen, diesen ersten, wenn auch unfreiwilligen Missionaren des Christentums, begegnet waren, hatten sie und ihre Väter einem Glauben gehuldigt, der, wie der uralte persische Glaube, vom Kampf der Gewalten des Lichts und der Finsternis beherrscht war. Die lichten Götter der Germanen, die Asen, galten als die Stützen des Himmels und der sittlichen Ordnung auf Erden. Ihre Feinde waren die düsteren, die Natur und ihre Ordnung bedrohenden Riesen. Zuerst waren diese gefährlichen Gewalten nichts anderes gewesen als die zu menschenähnlichen, wenn auch übermenschlichen Wesen verkörperten furchtbaren Naturkräfte: Flut, Eis und Schnee des Winters, Sturmwind und verzehrendes Feuer. Aber dann, durch die Einteilung in »licht« und »dunkel« in »gut« und »böse«, übertrug sich ihre Wirkung auf das Geistige und Sittliche. Die Scheidung der Götterwelt in »gut« und »böse«, in »licht« und »dunkel« hätte sich zu einem einfachen und erfreulichen Glauben entwickelt, wenn nicht auch die Asen im Kampf gegen die Reisen »schuldig« geworden wären wie die Menschen. Sie brachen die Ehe und die Treue, wurden habsüchtig und bestechlich, neidisch und eifersüchtig. Sie verüb-

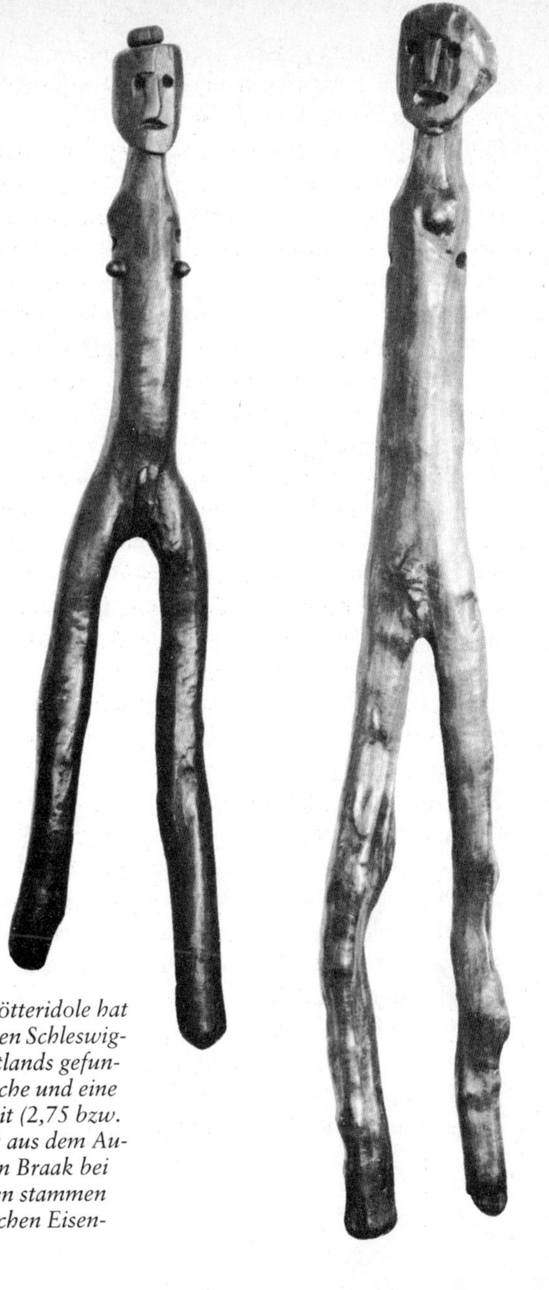

Auch hölzerne Götteridole hat man in den Mooren Schleswig-Holsteins und Jütlands gefunden. Eine männliche und eine weibliche Gottheit (2,75 bzw. 2,27 Meter hoch) aus dem Aukamper Moor von Braak bei Eutin. Die Figuren stammen aus der vorrömischen Eisenzeit.

ten Mord und Totschlag und »sie müssen dafür sühnen« – so hieß es in der zum Glauben erhobenen Sage der Germanen, die den großen, den letzten Wettkampf zwischen den Asen und den Riesen ankündigte: Eine furchtbare, unvorstellbare Auseinandersetzung, die »Götterdämmerung«, warf ihre Schatten voraus. Es war Odin, dem mächtigsten Gott der Germanen, zwar gelungen, die riesigen Ungeheuer in Fesseln zu schlagen, aber wenn sie sich wieder befreien konnten, war der Tag des großen Weltenbrandes unabwendbar.

In der Angst vor dem Ende, vor der »Götterdämmerung«, die den Menschen keine Hoffnung bot, erschien den Germanen das Gottesreich der christlichen Lehre, das allen Männern und Frauen – unbekümmert um die Art ihres Todes – offen stand, als die einzig wünschenswerte Zuflucht. Und erinnerte Christus nicht an den sterbenden und wiederauferstehenden Lichtbringer Baldur? So gaben viele den Glauben ihrer Väter auf und ließen sich um so eher zum Christentum bekehren, als ihre von den eingewanderten Christen beeinflußten Sittengesetze allmählich im wesentlichen mit den christlichen Vorschriften übereinstimmten.

Die Verschmelzung der Sitten bei den Völkern in den Grenzgebieten des Römischen Reiches vollzog sich unaufhaltsam, wie sehr sich auch die Vorkämpfer des christlichen Glaubens und der heidnischen Bekenntnisse gegen die Mischung fremdartiger Riten und Gewohnheiten stellten. So waren die Auffassungen und Auslegungen der christlichen Lehre von örtlichen Einflüssen abhängig. Doch dagegen wendeten sich die Strenggläubigen. Cyprian, der Bischof von Karthago, der die Männer seiner Gemeinde ermahnt hatte, nicht geldgierig zu sein, der den Frauen verboten hatte, sich zu schminken und den Glauben unter keinen Umständen zu verleugnen, hatte kurz vor seinem Märtyrertod durch den Ausspruch: »Außerhalb der Kirche gibt es kein Heil« betont, wie unabdingbar notwendig die Vereinheitlichung der christlichen Gemeinden für den Bestand der »katholischen«, der allumfassenden Kirche sei, um den örtlichen Glaubensspaltungen entgegenzuwirken, die durch die Verbreitung der christlichen Lehre in den einzelnen Provinzen unter den so verschiedenartigen Bevölkerungen entstanden waren und das Eindringen nichtchristlicher Gebräuche und Riten zur Folge gehabt hatten.

Die bedeutendsten Gemeinden waren in Rom und Alexandria. Sie wurden von einem »episkopos«, einem »Aufseher«, geleitet. Aber auch an der Spitze der anderen Gemeinden stand ein Aufseher, ein Bischof, der die Evangelien auslegte und über die Aufnahme von Neubekehrten entschied. Es bedurfte langwieriger und mühseliger Verhandlungen, bis dem Bischof von Rom, als dem Nachfolger des Apostels Petrus, der in Rom den Märtyrertod gestorben war, die »apostolische Vollmacht« und die »machtvolle Vorrangstellung« (so der Kirchenvater Irenäus von Lyon) zuerkannt wurde. Wenn sich grundlegende Meinungsverschiedenheiten zeigten, wurden Konzile einberufen, deren Verfügungen für die gesamte Christenheit verbindlich werden konnten, wenn sich das Konzil an die »oikumene«, die von allen Christen bewohnte Welt, wandte. Die Fragen, die zur Sprache kamen, bezogen sich nicht zuletzt auf das sittliche Verhalten der Priester. Ursprünglich war die Ehe der Geistlichen kein Hindernis zur Ausübung ihres Amtes. Eine Frau, die einen Priester vor der Weihe geheiratet hatte, blieb seine Frau; er mußte mit ihr leben und seine ehelichen Pflichten erfüllen. Wenn er aber als Unverheirateter die Weihe empfing, mußte er ehelos bleiben. Ein Christ, der zweimal verheiratet gewesen war oder eine geschiedene Frau, eine Witwe oder eine Konkubine zur Frau genommen hatte, konnte nicht Priester werden. Immer mehr Gläubige stützten sich auf die Erklärung des Apostels Paulus, daß jeder geschlechtliche Verkehr sündhaft sei, und bestanden darauf, daß die Priester ehelos leben müßten. Schließlich

verfügte der Bischof von Rom, daß diejenigen Priester, die sich verheirateten oder mit ihrer Frau zusammenlebten, ihres Amtes verlustig werden sollten. Außerhalb der Kirche, die weder die Einrichtung der Ehe noch ererbten oder rechtschaffen erworbenen Besitz als »sündhaft« verurteilen konnte, bildeten sich, vorwiegend im Osten des Römischen Reiches, Gemeinschaften von Gläubigen, die sich in einsame Wüsten zurückzogen oder in Klöstern vereinten, um, in Armut und Keuschheit lebend, der ewigen Seligkeit würdig zu werden. Die Selbstkasteiung, die sie sich auferlegten, war der persönliche Kampf jedes einzelnen und aller gegen die »libido«, die sinnliche Wollust, und gegen die »gula«, die Völlerei. Die Einsiedler und Mönche überboten einander in der Härte der

Um der Versuchung wollüstiger Begierden zu widerstehen, wie sie den heiligen Antonius quälten (links Kupferstich des 16. Jahrhunderts), entmannten sich nicht wenige Asketen »um des Himmelreichs willen« (Matth. 19,5), so der große Kirchenschriftsteller Origenes (Kupferstich aus dem »Taschenbuch für Aufklärer und Nichtaufklärer«, 1791).

Entbehrungen, die sie auf sich nahmen, um für ihr Dasein zu büßen, das durch die Sünde des Fleisches ihrer Mütter und Väter bei ihrer Zeugung entstanden war. Sie fasteten, bis sie zu Skeletten abgemagert waren und sich kaum noch aufrecht halten konnten. Viele Mönche und Einsiedler brüsteten sich damit, daß Jahre und Jahrzehnte vergangen seien, seit sie das Gesicht einer Frau erblickt hätten. Aber nicht alle konnten verführerische Träume verdrängen oder sinnliche Vorstellungen, die sie heimsuchten und um die Besinnlichkeit und um die Besinnung brachten. Die lüsternen Visionen, die sie bedrängten, waren so leibhaftig wie die Wirklichkeit, aus der sie geflüchtet waren, um nicht der Unzucht anheimzufallen. Der Geschlechtstrieb quälte sie mehr als der Hunger. Nicht wenige Einsiedler kastrierten sich, um nicht tatsächlich sündig zu werden, aber sie entgingen durch die Entmannung nicht den Begierden ihrer verstümmelten Männlichkeit. Sie sündigten im Geiste und verharrten verzweifelt in ihrer Buße, bis der Tod sie erlöste.

Das Tun dieser fanatischen Einzelgänger des Glaubens wurde von der Kirche nicht immer gebilligt. Nur wenige Klöster, in denen sie ihr eigenwilliges »Leben in der Lehre« führten, wurden als christliche Gemeinden anerkannt. Selbst die frömmsten Asketen wurden nicht immer als Priester geweiht. Das Klosterleben, das die Kirchenväter guthießen, mußte nach bestimmten Regeln geordnet sein. Die Unabhängigkeit der Einsiedler, der einzelgängerischen Mönche und Nonnen, in deren freiem Willen es stand, die Zurückgezogenheit aufzugeben oder die christliche Lehre so auszulegen, wie es ihnen richtig erschien, widersprach der nach Vereinheitlichung strebenden Kirche, die aus dem Untergrund auftauchen und sich frei entfalten konnte, seit Kaiser Konstantin das Christentum zur gesetzlich anerkannten Religion erklärt hatte.

Rom blieb die Hauptstadt des Glaubens, auch nachdem Konstantin die griechische Stadt Byzantion am Bosporus zur Hauptstadt des Römischen Reiches erhoben und als »Nova Roma« ausgebaut hatte. In Konstantinopel, dem »neuen Rom« Konstantins, das später wieder Byzanz genannt wurde, erhob sich das erste prunkvolle Kirchengebäude, das zu Ehren Christi erbaut worden war: die Hagia Sophia, die Kirche der heiligen Weisheit – als Wahrzeichen des nunmehr zu Ansehen gelangten christlichen Glaubens. Es ist nicht gewiß, ob Konstantin tatsächlich die Taufe empfangen hat und selbst Christ geworden ist. Aber er hatte sich – als siegreicher Kaiser – zum Herrn der Christenheit gemacht und die Glaubensspaltung, zu der es durch die Lehre des Priesters Arius gekommen war, zugunsten Roms entschieden. Arius hatte die vollkommene Gottheit der Person Jesu Christi in Frage

gestellt. Bei dem dadurch verursachten Streit ging es um den einen Buchstaben »i« – um die Frage nämlich, ob Christus »homoousios« oder »homoiousios« sei – Gott »gleich« oder ihm »ähnlich«. Die erbitterte Auseinandersetzung hatte weltgeschichtliche Folgen, die sich auch in der Sittengeschichte der Welt auswirken sollten. So blieben die Goten – der dem Arianismus nahestehende Bischof Ulfila hatte die Bibel in ihre Sprache übersetzt – Arianer und unterwarfen sich in Glaubensfragen nicht der Kirche Roms, deren Bischof als Nachfolger Petri das Oberhaupt der katholischen Kirche war und, wie alle Bischöfe, mit »papa – Vater« angesprochen wurde, bis er das Recht, den Titel »papa« als einziger zu führen, für sich allein beanspruchte.
Die Entscheidung des Konzils von Nicaea gegen den Arianismus, hinter der Kaiser Konstantin stand, hatte die Uneinigkeit innerhalb der christlichen Kirche um so weniger beendigt, als auch viele Bischöfe des Ostens die Oberhoheit Roms nicht anzuerkennen bereit waren und für die arianischen Lehren eintraten, um sich Rom nicht unterwerfen zu müssen. Der Glaubenszwiespalt, der nicht nur im Kaiserpalast und auf den Kanzeln der Kirchen, sondern auch in blutigen Straßenschlachten in Konstantinopel ausgetragen wurde, begünstigte ein Wiederaufflackern der heidnischen Kulte, die von den Söhnen und Nachfolgern Konstantins unter Androhung der Todesstrafe verboten worden waren.
Schon nach der Anerkennung durch Konstantin war die Kirche nicht nur eine geistliche, sondern auch eine weltliche Macht in Rom geworden. Der Bischof von Rom, der Papst, der für sich auch den altrömischen Titel »Pontifex Maximus« beanspruchte, war als Oberster Priester bevollmächtigter Verwalter des Besitzes der Kirche, der durch Spenden und Schenkungen so angewachsen war, daß die kostbare Ausstattung der Gotteshäuser aus eigenen Mitteln der Kirche bestritten werden konnte. Die köstliche Ausschmückung der Got-

teshäuser war geboten, wenn das so mühsam errungene Ansehen der Kirche behauptet werden sollte. Der Bestand der Kirche beruhte auf der Zahl der Gläubigen und – das hatte sich im Laufe der Jahrhunderte erwiesen – auf der Zahlungs- und Leistungfähigkeit der Priester, die die christlichen Armen- und Krankenhäuser betreuten. Seit nicht nur »Niedrige« oder Sklaven, die den Weg aus der Not ihres Daseins in die Tugend des Glaubens nicht so beschwerlich gefunden hatten, sondern auch Vornehme und Reiche zum Christentum bekehrt worden waren, hatte sich das Betätigungsfeld der Priester erweitert und veränderte Formen angenommen. Die Vertraulichkeit der kleinen, verborgenen Gemeinden, in denen jeder jeden kannte und jeder alles von jedem wußte, war in den nun nach Hunderttausenden zählenden Gemeinden nicht mehr gegeben: Das Wort von Mund zu Mund, die gründliche Gewissenserforschung der einzelnen Gläubigen durch den Priester, waren durch die verallgemeinernden Gebote und Lehren ersetzt worden, so daß das Einschätzen der Übertretungen und Verfehlungen nun der Beurteilung der Sündigen überlassen war, die sich zwar durch die Beichte erleichtern, aber nicht »aussprechen« konnten. Der Wesensinhalt der Sündhaftigkeit war festgelegt – aber nur in großen Zügen. Der Verschiedenartigkeit der menschlichen Natur war nicht Rechnung getragen, besonders in geschlechtlicher Hinsicht. Es stand nicht eindeutig fest, was sittlich oder unsittlich war. War es unkeusch, im ehelichen Geschlechtsverkehr Lust zu empfinden, da doch die Lustempfindung gegen die Vorschriften der Entsagung verstieß? War es unkeusch, wenn Mann und Frau, dem Triebe und dem Herzen folgend, die körperliche Vereinigung wünschten und alles dazu taten, sie durch die Eheschließung herbeizuführen, da es doch geboten war, die Versuchung zur Fleischeslust zu vermeiden und es hieß, daß die »copula carnalis«, die fleischliche Verbindung, auch wenn sie zwischen Eheleuten stattfand, ebenso sündhaft sei wie die »copula carnalis fornicatoria«, der Koitus mit einer Hure?

»Der Ungehorsam, die Ungebärdigkeit der Zeugungsglieder, ist der Beweis der Erbsünde.« Diese Feststellung half den vom Trieb Geplagten, die den Ungehorsam und die Ungebärdigkeit der Geschlechtsorgane am eigenen Leibe erlebten, nicht, sie zu beherrschen oder zu überwinden. Die Natur war stärker als die Gebote des Glaubens. Sie setzte sich durch, verlangte ihr Recht und hinterließ in den Gläubigen die Niedergeschlagenheit der Sünde, die, wenn auch bereut, immer wieder erneuert wurde und ein gemeinplätziges Sprichwort zeitigte: »Post coitum omne animal triste – Nach dem Geschlechtsvekehr ist jedes Lebewesen traurig.« Die Trauer, die von den »Sündigen« empfunden wurde, war keine Traurigkeit des Blutes, sondern eine Traurigkeit der Gedanken des im Zwiespalt von Natur und Glaubenslehre bedrängten Bewußtseins. Die unerbittliche Strenge der Gebote, die das sittliche Verhalten der Christen und Christinnen regeln sollte, wurde in der Lehre unverrückt aufrechterhalten. Doch die Gebote wurden nur von wenigen Auserlesenen befolgt, die sich im unverändert pulsierenden Leben Roms der Askese ergaben. In dem Jahrhundert von der Anerkennung des Christentums durch Konstantin bis zur Erhebung als Staatsreligion durch Theodosius waren im Nebeneinander von Heidentum und Christentum die Lebensgewohnheiten und Bräuche der so entgegengesetzten Bekenntnisse und Weltanschauungen weithin miteinander verschmolzen. Die christliche Lebensform überwog – nach außen hin. Das lebenslustige Laster ging in den Untergrund, es blühte im Verborgenen. Die Lupanare waren in Rom nicht mehr öffentlich geduldet und wurden dementsprechend nicht besteuert. Aber weder die Wirte noch ihre Huren hatten ihr einträgliches Gewerbe aufgegeben. In den Palästen der Vornehmen und Reichen, die nur selten noch den alten Senatoren-Geschlechtern ent-

stammten, hatte sich die üppige Lebensweise kaum verändert.
Im Lateran-Palast, den Kaiser Konstantin dem Bischof von Rom, Silvester I., übermacht hatte, residierten die Päpste in aufwendiger Hofhaltung. Sie zeigten sich dem Volk nur in glanzvoller Pracht während des Gottesdienstes oder wenn sie im funkelnden Ornat durch die Straßen fuhren, um angesehene »Freunde oder Freundinnen im Glauben« zu besuchen. Papst Damasus wurde von bösartigen Kritikern als »auriscalpius matronarum« bezeichnet, als »Ohrenkratzer der Matronen«, weil er vornehme Frauen überredet hatte, der Kirche reichliche Spenden zu machen. Seine priesterlichen Helfer nahmen am gesellschaftlichen Treiben teil, um das Vertrauen von Gastgebern und Gästen zu gewinnen und sie bei der Abfassung ihrer Testamente so zu beraten, daß die Kirche nicht leer ausging. Die geistlichen Würdenträger, die die schmackhafte Kost der Gelage weder verachteten noch zurückwiesen und ebenso gepflegt gekleidet und sorgfältig parfümiert waren wie alle anderen Männer, die den anwesenden Frauen »durch Augenrollen und Schmeicheleien« ihr Wohlgefallen bezeugten, wurden als »erbschleicherische Wölfe im Schafspelz« beschimpft. Man sagte ihnen nach, daß sie sich nicht nur bei Tisch, sondern auch im Bett um die Gunst reicher Frauen bemühten und daß ihre Dienstfertigkeit dem weiblichen Geschlecht gegenüber ihren gottesdienstlichen Pflichten widerspreche.
Das priesterliche Werben um das Wohlwollen der wohlhabenden römischen Frauen, deren luxuriöse Lebensweise nachsichtig beurteilt wurde, auch wenn sie sich zum Christentum bekehrt hatten, veranlaßte Hieronymus, einen Sekretär des Papstes Damasus, sich unverblümt über die ärgerniserregend lüsterne Haltlosigkeit des Klerus zu äußern. Hieronymus, der sich schon in seiner Heimat-Diözese den Tadel des Bischofs von Aquileia zugezogen hatte, weil seine

»Ungeduld mit den natürlichen Schwächen der Menschen« ungebührlich und daher unchristlich gewesen sei, predigte und schrieb, daß nur diejenigen Menschen wahre Christen seien, die, wie die asketischen Mönche, frei von Besitz, Wollust und Stolz seien. In furchtloser Unbestechlichkeit hatte er schon seinen Bischof einen unwissenden, rohen und gefühllosen Hirten gescholten, der nicht besser sei als seine sündige Herde, und seine eigene Widerstandsfähigkeit gegen die Versuchungen des Leibes als Eremit in einer Wüstenklause erprobt. Hieronymus ergab sich nur einer Sünde, seiner »Liebschaft mit der Sprache«. Er hatte sich, wie er bekannte, in jugendlichem Leichtsinn in die heidnischen Schriften so vertieft, daß er nahe daran gewesen war, »Ciceronianer« zu werden und sich nur noch mit profanen Werken zu befassen, als er den Auftrag erhielt, das Neue Testament, die in griechischer Sprache verfaßten Evangelien, ins Lateinische zu übersetzen beziehungsweise schon vorhandene Übersetzungen zu vereinheitlichen und zu verbessern. Der Ruf eines vollendeten Sprachkünstlers war ihm vorangegangen. Niemand, auch nicht der Papst, der ihn nach Rom berufen hatte, konnte ihn dazu bewegen, sich als Lebenskünstler der vornehmen Umgebung des Lateran-Palastes anzupassen. Hieronymus blieb Eremit, auch in Rom. Er trug eine braune, fadenscheinige Kutte und versagte nicht nur sich selbst jegliche Lebensfreude, er verurteilte sie auch an allen Zeitgenossen, besonders an allen Zeitgenossinnen. Die einzigen Frauen, die er gelten ließ, waren zwei adelige Erbinnen namens Marcella und Paula, die, von ihm beraten, ihr Vermögen für die Gründung von Spitälern und Klöstern spendeten und einen asketischen Lebenswandel führten. In ihren Häusern und wiederum von ihnen beraten hatte Hieronymus Gelegenheit, die Eigenschaften und Gewohnheiten der römischen Frauen zu beobachten und sie in unbarmherziger Mißbilligung zu verspotten. Er riet ihnen, »ihre christlichen Augen an denjenigen

Anstoß nehmen zu lassen, die ihre Augen und ihre Wangen mit Purpurfarbe und allerhand Schminken rot anmalen, deren gipsfarbenes Gesicht, durch allzu blendendes Weiß entstellt, an Götzenbilder erinnert ... Auch die Zahl ihrer Jahre läßt sie vergessen, daß sie alt geworden sind. Mit fremden Haaren türmen sie ihre Frisur auf ... Andere ändern ihr Gewand und ziehen Männerkleider an. Sie schämen sich ihrer natürlichen Bestimmung, Frauen zu sein ... und ziehen herausfordernd mit ihren stolz erhobenen Eunuchengesichtern umher ... Andere nehmen einen Trank ein, um sich unfruchtbar zu machen und werden so zu Mörderinnen an Ungeborenen. Es gibt auch solche, welche darauf sinnen, wie sie mit giftigen Mitteln eine Fehlgeburt herbeiführen ... Das sind die, welche zu sagen pflegen: ›Dem Reinen ist alles rein ... Warum soll ich mich der Speisen enthalten, die Gott geschaffen hat, damit wir sie genießen?‹ ...« Er höhnte über die Frauenmode: »... Der Busen wird durch Binden eingeschnürt, und durch einen reichbesetzten Gürtel zwängt man die Taille um so mehr ein ... Das Mäntelchen rutscht zuweilen nach unten, damit die glänzenden Schultern zu sehen sind; eilig bedeckt man sie wieder, als ob sie niemand sehen sollte, während sie doch absichtlich entblößt wurden.« Seine Gegner im päpstlichen Palast hielten Hieronymus vor, daß er die Frauen, die er so genau und wissend geschildert hatte, nicht unschuldigen Blickes beobachtet haben könne. Seine eigene Lüsternheit zeige sich in jedem Satz. Doch er ließ sich durch die Anfeindungen nicht einschüchtern, vielmehr klagte er die christlichen Männer an, daß sie Konkubinen in ihre Häuser nähmen anstatt in ehelicher Gemeinschaft zu leben, er verwarf ihren Einwand, daß Frauen »Agapeten« seien, unschuldige Gefährtinnen des Liebesmahls, die keine Geschlechtsgemeinschaft mit den Männern unterhielten. Er schrieb: »Wie konnte sich nur in die Kirche die Unsitte der ›Agapeten‹ einschleichen? Woher kommt diese Bezeichnung,

die nichts anderes ist als ein Deckname für unverheiratete Gattinnen? Woher diese neue Form des Konkubinats? Noch schärfer will ich mich ausdrücken. Woher diese Ein-Mann-Dirnen? Sie haben mit dem Mann Wohnung, Schlafzimmer und nicht selten das Bett gemeinsam, und mich nennen sie argwöhnisch, wenn ich dabei etwas finde!« In seinem Eifer, der Menschheit den »Pfad der Reinheit« zu weisen, wandte sich Hieronymus an die christlichen Jungfrauen mit der Warnung vor der Ehe. Wer sich die Freuden der Jungfräulichkeit bewahre, schütze sich vor den Unbilden der Schwangerschaft, vor den Schmerzen der Geburt, habe weder für Kinder noch für den Haushalt zu sorgen und sei den unvermeidlichen Qualen der ehelichen Eifersucht nicht hilflos ausgeliefert. Die Bewahrung der Keuschheit sei auch durch die härtesten Kasteiungen nicht zu hoch bezahlt. Diesen Rat befolgte Blesilla, die Tochter Paulas – eine der beiden geistigen Freundinnen des übereifrigen Hieronymus. Als Blesilla infolge der Kasteiungen starb, wurde Hieronymus beschuldigt, ihren Tod verursacht zu haben. Er verließ Rom und zog sich in ein Mönchskloster nach Bethlehem zurück, wo er in achtzehnjähriger Arbeit die Bibel aus einem hebräischen Text ins Lateinische übertrug. Seine Übersetzung wurde unter dem Ehrennamen »Vulgata«, die »allgemein Bekannte und Verbreitete«, der von der römischen Kirche anerkannte Text der Heiligen Schrift. Und jeder Kunstfreund kennt den streitbaren Kirchenlehrer als »Hieronymus im Gehäus«.
Kurz vor seinem Tode hatte Hieronymus geklagt: »Das Römertum geht seinem Ende entgegen.« Diese Prophezeiung erfüllte sich nicht in der Form, wie er sie vorauszusehen glaubte. Kaiser Theodosius, der verkündet hatte: »Wir wollen, daß alle Völker, die Unsere Milde regiert, in der Religion leben, die der heilige Apostel Petrus, wie der Glaube es sagt, den Römern übergeben hat«, verfügte in seinem Letzten Willen, daß das Römische Reich in zwei Teile aufgeteilt werde, in

ein Weströmisches und ein Oströmisches Reich. Diese letzte Verfügung des Kaisers wurde entscheidend für den Ablauf der weltgeschichtlichen Ereignisse bis in unsere Tage. Sie bestimmte die sich noch in unserer Gegenwart so verhängnisvoll auswirkende Scheidung zwischen der westlichen und der östlichen Welt. Die Verschiedenheit der Sprache der in ungleiche Hälften geteilten Bevölkerung, deren eine das weströmische Latein sprach und deren andere sich der griechischen Dialekte bediente, die im Oströmischen Reich üblich waren, hatte – ebenso wie die Verschiedenheit der gottesdienstlichen Bräuche – eine verschiedene Erziehung, verschiedene Lebensauffassungen, verschiedene Vaterlandszugehörigkeiten und auch verschiedene Sitten zur Folge.
Das äußere Geschehen auf europäischem Boden wurde durch die Kriegszüge der germanischen Völker bestimmt und hatte eine durchgreifende Umschichtung der Besitz- und Wirtschaftsverhältnisse im Weströmischen Reich zur Folge. Rom wurde erst durch den Westgoten-König Alarich, dann von den Vandalen geplündert und von den Ostgoten besetzt. Das Weströmische Reich wurde zum Tummelplatz beutelustiger und ländergieriger Stämme, die aus dem Osten und Norden sowohl in die Apenninische als auch in die Iberische Halbinsel eindrangen und sich in den gallischen Provinzen mit dort ansässigen »romanisierten« Kelten- und Germanenstämmen vermischten. So war das Weströmische Reich in der Sturmflut der Völkerwanderungen zeitweilig ein Niemandsland, dessen sich alle wandernden Völker bemächtigen konnten, während das Oströmische Reich sich in gesicherten Grenzen behaupten und seine Kräfte sammeln und mehren konnte. Das lag nicht zuletzt daran, daß die Kaiser von Konstantinopel-Byzanz es vermieden hatten, Germanenstämmen Land zur Siedlung anzubieten. Die vorsichtigen byzantinischen Staatsmänner hatten den drängenden, landhungrigen Völkern ihre Grenzen gesperrt und ihnen den Weg nach dem

Weströmischen Reich gewiesen. Der Ostgotenkönig Theoderich, der Dietrich von Bern der Heldensage, der sein Volk auf dem Boden der Apenninen-Halbinsel seßhaft machte, benahm sich keineswegs als »Barbar«, wie die Römer es befürchtet hatten. Theoderich baute Paläste in Pavia, Verona und in seiner Hauptstadt Ravenna. Er ließ Rom den Bischöfen von Rom, den Päpsten, die die Oberaufsicht über die christlichen Gemeinden im zerfallenen Weströmischen Reich, mit Ausnahme der arianischen Goten, behalten hatten. Rom war zwar als politische Macht zugrunde gegangen, aber seine Lebensformen hatten sich im wesentlichen erhalten, wenn sie auch verwildert waren. Die Römer kleideten sich in Hosen wie die Germanen, sie trugen wie diese Pelzmäntel und langes, wallendes Haar. Die Römerinnen waren ihres kostbaren Schmuckes beraubt worden und gefielen sich in den schlichten Gewändern germanischer Frauen. Die Gelage, die in den ausgeplünderten Palästen und Häusern der verarmten Reichen veranstaltet wurden, waren nicht mehr glanzvolle Zusammenkünfte unbeschwerter, sinnenfreudiger Männer und Frauen, die das Leben genießen wollten. Die Armen erhielten keine Brotspenden mehr. Es wurden nur noch selten »Spiele« veranstaltet. Aber nicht nur die Heimsuchungen hatten den Leichtsinn Roms gedämpft. Die ungezügelte Lust am Leben war einer vorsichtigen Besinnlichkeit gewichen, die durch christliche Predigten und Schriften ausgelöst worden war. Als Erwiderung auf die Anschuldigung, daß das Christentum am Unglück Roms die Schuld trage, hatte der Kirchenvater Augustinus erklärt, daß Rom nicht wegen seines neuen Glaubens bestraft worden sei, sondern wegen seiner fortgesetzten Sündhaftigkeit.

Die Verdammung der Sünde des Fleisches als Ursprung allen Übels wirkte sich um so kraftvoller aus, als die römische Kirche auch unter den gefährlichsten Umständen ihre machtvolle Stellung hatte behaupten können. Die Päpste, Bischöfe und Priester hatten sich weder von den Goten noch von den Vandalen einschüchtern lassen. Papst Leo der Große hatte die »Geißel Gottes«, Attila, den König der Hunnen, »deren Heimat der Pferderücken ist«, in einer Zusammenkunft bewogen, Rom zu schonen. In den durch die Beutezüge der Goten und Vandalen verheerten Städten und Dörfern hatte sich die Kirche der Hungernden und Kranken angenommen, die Toten begraben und die Waisen versorgt. Es war tatsächlich so, wie der Kirchenvater Ambrosius erklärt hatte: »Inmitten der Unruhe der Welt bleibt die Kirche fest und beständig. Die Wogen können sie nicht erschüttern. Während rings um sie alles in einem schrecklichen Durcheinander liegt, bietet sie den Schiffbrüchigen einen stillen Hafen, in dem sie Sicherheit finden können.« Die Sicherheit, von der Ambrosius sprach, war jedoch nicht die Sicherheit im irdischen Dasein, sondern die Zuversicht, sich durch die Einhaltung der Gebote am Tag des Jüngsten Gerichts würdig zu erweisen: Der Himmel stand nur Männern offen, die die »Eingangspforte des Dämons« vermieden, und den Frauen, die sie verschlossen gehalten hatten.

In Rom und den von germanischen Stämmen eroberten Gebieten des Weströmischen Reiches waren die Frauen zu der erniedrigten Stellung verurteilt, die schon der Apostel Petrus ihnen zugewiesen hatte. Mit wenigen Ausnahmen blieben sie den Männern untertan und in dem Verruf, Anlaß und Ursache aller Sünden zu sein – auch bei den Franken, die sich im Norden Galliens niedergelassen und jahrzehntelang gezögert hatten, sich zum Christentum zu bekehren. Das Wort Franke bedeutet »Freier«. Die Franken kennzeichneten sich selbst als »das Volk, welches das grausame Joch der Römer von sei-

»Nichts als Teufelswerk« war für den heiligen Augustinus die Wollust, die sich in Mosaiken wie diesem hier verlockend manifestierte. Fußbodenmosaik im Schlafgemach der Villa von Casale (3. bis 4. Jahrhundert).

nem Nacken schüttelte«. Der Gründer ihres Stammes, so erklärten sie, sei »Gott selbst«, und sie brüsteten sich, daß sie »tapfer in Waffen« seien, »stark im Frieden, weise im Rat, edel an Körper, strahlend in Gesundheit, hervorragend an Schönheit, kühn, schnell, abgehärtet«. Die fränkischen Männer liebten es, sich zu schmücken wie die Frauen. An ihren Gürteln waren, neben Schwert und Axt, Schere und Kamm befestigt, damit sie jederzeit die langen, in einem Schopf zusammengeknoteten und wie ein Pferdeschwanz herabhängenden Haare und die buschigen Schnurrbärte kürzen und kämmen konnten. Trotz solcher männlichen Eitelkeit waren die Franken durch das Stam-

Auch aus dem fränkischen Reich der Merowinger, in dem das romanische Gallien aufgegangen war, sind phallische Darstellungen bekannt. Hier ein merowingischer Grabstein im Rheinischen Landesmuseum Bonn.

mesgesetz angehalten, sich dem weiblichen Geschlecht nicht in unerlaubter Weise zu nähern. Es war ihnen bei Strafe sogar verboten, die Hand einer Frau in unkeuscher Absicht zu streicheln. Mehr als doppelt so hoch war die Buße, wenn der bloße Oberarm liebkost wurde. Und die zudringliche Berührung der Brüste kostete dreifaches Geld. Die geschlechtliche Achtung vor Frauen, die als mögliche Mütter vieler Männer hoch bewertet wurden, war dieser Frauen einziges Vorrecht. Wenn sie Ehebruch begingen, wurden sie mit dem Tode bestraft; die Männer hingegen gingen frei aus. Sie konnten sich auch nach Belieben von

Die Kaiserin Theodora, von deren Herkunft und Lebenswandel der Historiker Prokop so Skandalöses erzählt, hat sich auf dem großartigen Mosaik von San Vitale in Ravenna so darstellen lassen, wie sie selbst sich sah und wie sie gesehen werden wollte: als autokratische Herrscherin mit dem Heiligenschein.

ihren Frauen scheiden lassen, allerdings war ihnen die Vielweiberei nicht erlaubt. Nur die fränkischen Könige beanspruchten dieses Anrecht als außerordentliches Privileg ihres Ranges.
Die merowingischen Könige und ihre Würdenträger häuften nicht nur in ihren Palästen die erbeuteten, weströmischen Kunstschätze an, sie wollten auch nach »römischer Art« in Luxus leben und veranstalteten Gelage und Orgien nach »römischer Art«. Die Übertreibungen der Üppigkeit und Unzucht, deren sie sich schuldig machten, waren durch ihre hemmungslose Lebenslust veranlaßt, durch ihr Bedürfnis, keine Freude und kein Vergnügen zu missen. Die Könige aus dem Haus der Merowinger und ihre Großen verübten Blutschande und Hurerei mit der natürlichen Selbstverständlichkeit der Machthaber, die sich keine Schranken aufzuerlegen brauchten. Sie wurden durch die Frauen, die als rechtmäßige Ehefrauen und gelegentliche Beischläferinnen an den Schwelgereien teilnahmen, in ihrer Vergnügungssucht nicht nur bestärkt, sondern oft auch beherrscht. Am berüchtigtsten war »die schöne, die blonde, die schreckliche« Fredegunde, die als »ausgelernte Buhlerin« gefeiert wurde. Sie, die zuchtloseste Sünderin, war das Vorbild der schamlosen Genießerinnen, sie wurde aber auch den in ihrer Moral schwankenden Jungfrauen als abschreckendes Beispiel vorgehalten. Man nannte sie die »unheilige Maria des Teufels« und »die königliche Eingangspforte des Dämons«.
Als die zuchtloseste Sünderin von Byzanz brandmarkte der Historiker Prokop die Kaiserin Theodora, die Gattin Kaiser Justinians, den er als einen »Meister der Verstellung« darstellte, »in jeder Art von Betrug und Tücke bewandert«. In seiner Geheimgeschichte, den »Anekdota«, die erst nach ihrem und seinem Tod veröffentlicht wurde, hinterließ Prokop der Nachwelt einen keineswegs liebreizenden, aber von anstößigen Liebeserlebnissen strotzenden Bericht über Theo-

Ein kostbarer byzantinischer Schmuck: Die Muschel ist aus Gold getrieben und war mit vier Lapislazuli-Steinen besetzt. Inmitten der Muschel die Göttin Aphrodite. Die Kette ist Gold, unterbrochen von Lapislazuli-Steinen (Harvard University, Cambridge, Mass., USA).

dora – einen Bericht, dessen Bösartigkeit dadurch gemildert erscheint, daß Prokop erklärte, in seiner Zeit seien »so gut wie alle Frauen verderbt gewesen«. Wenn die Beschreibung ihres Lebenswandels durch Prokop auch nicht auf sie zuträfe, erscheint ihre wörtliche Wiedergabe als Zeugnis der im kaiserlichen Byzanz üblichen Unsitten angemessen. Und wenn es nicht noch andere Mädchen und Frauen von der Art Theodoras gegeben hätte, wäre seine Darstellung unglaubwürdig erschienen. Das schrieb Prokop in seinen »Anekdota«:
»Schon in der Zeit, als Theodora noch nicht zum intimen Umgang mit Männern reif war und überhaupt nicht als Frau gewertet werden konnte, ließ sie sich von moralisch Verkommenen in schamloser Weise wie ein Lustknabe mißbrauchen, sogar von den Sklaven, die ihre Herren ins Theater begleiteten und dabei die sich ihnen bietende Gelegenheit ausnützten. Auch verbrachte sie einige Zeit an einem verrufenen Ort und

gab ihren Leib widernatürlichen Ausschweifungen hin. Sobald sie zur Frau herangereift war, trat sie als Schauspielerin auf und wurde eine Hetäre der niedersten Sorte ...«

Justinian, der die prunkvolle Hofhaltung Theodoras mit allen ihren verschwenderischen Genüssen am kaiserlichen Tisch und mit den ins Maßlose übertriebenen Zerstreuungen als Belästigung empfand, ließ sich von seiner Kaiserin überzeugen, daß die von ihr geschaffene byzantinische Lebensform, die sich in der übertriebenen Schaustellung kostbarer Tracht und wertvollen Schmuckes selbst überbot, den Reichtum und die Macht des Oströmischen Reiches würdig zum Ausdruck bringe. Trotz der Einfachheit ihres Mannes, der nur pflanzliche Kost aß und von der frühen Morgendämmerung bis tief in die Nacht hinein zu arbeiten pflegte, wurde Theodora die Kaiserin der großartigen Mode und des köstlichen Lebens.

Byzanz zeichnete sich aber nicht nur durch üppige Gelage aus, die in ihrer Ausschweifung die Festlichkeiten der römischen Glanzzeit übertrafen, sondern auch durch die Prunkbauten seiner Paläste und Gotteshäuser. Justinian, der größte Kriegsherr seines Jahrhunderts, trug Waffen nur zu festlichen Anlässen, um sinnbildlich zu bekunden, daß er das alte Imperium Romanum mit Waffengewalt wiederherstellen wolle. Er regierte mit Schreibgriffel und Pinsel. Das Schwert der Eroberung überantwortete er seinen Feldherren, Belisar und Narses, denen es gelang, die Vandalen aus Nordafrika und die Ostgoten von der Apenninen-Halbinsel zu vertreiben.

Die Niederlage der arianischen Ostgoten im berühmten »Kampf um Rom« hatte eine Stärkung des römisch-katholischen Glaubens zur Folge. Das war im Sinne Justinians, der die Macht der Päpste mit allen Mitteln festigen wollte, um die von ihm als unerläßlich erachtete Vereinheitlichung des Glaubens in seinen Reichen zu sichern. Er verlieh dem Papst den Titel »Patricius« als kaiserlichen Verwalter der Apenninischen Halbinsel, so daß sich die römische Kirche der Abrundung des »Patrimomium Petri«, des kirchlichen Landbesitzes, ungestört widmen konnte. Viel klarer als alle seine Vorgänger auf dem kaiserlichen Thron erkannte Justinian auch, daß sich eine erfolgreiche Herrschaft nicht nur auf den gleichen Glauben stützen müsse, sondern auch auf die gleiche Gesetzgebung. Er verfügte die Sammlung bereits bestehender Gesetze, ließ sie zeitgemäß ergänzen und im »Codex Justinianus« zusammenfassen. Aus dem »Weltreich der Paragraphen«, das er schuf, um »das einheitliche Rechtsleben im katholischen Glauben« zu gewährleisten, flohen diejenigen Untertanen, die anderen Glaubens waren, siedelten sich jenseits der östlichen und südlichen Grenzen des Byzantinischen Reiches an und waren empfänglich für ein neues Glaubensbekenntnis, das ihren sittlichen Vorstellungen entsprach und die Lebensgewohnheiten und Bräuche eines weiteren Großteiles der Menschheit verändern sollte. So legte der bedeutende Herrscher, den eine Hure beherrscht hatte, nicht nur den Grundstein zur Verbesserung der rechtlichen Stellung der Frauen im europäischen Raum, er bereitete auch, ohne es gewollt zu haben, den Boden für den Islam, der den Frauen ihre Rechte nahm.

Zeittafel

um 570–632 Mohammed
573–634 Abu Bekr
595 Mohammed heiratet Chadidscha
602–661 Ali
619 Mohammed nimmt nach Chadidschas Tod neun Frauen
622 Hedschra
630 Mohammed erobert Mekka
623 Abu Bekr erster Kalif
634–644 Omar I. zweiter Kalif
636 Eroberung Persiens
638 Eroberung Syriens
642 Eroberung Ägyptens
644–656 Osman dritter Kalif
656–661 Ali vierter Kalif
657 Die Charidschiten trennen sich von Ali
661 Kalifat von Damaskus
ab 661 Trennung von Schiiten und Sunniten
711 Eroberung Spaniens
749 Kalifat von Bagdad
756 Kalifat von Cordova
um 766–809 Harun al Raschid (*786* Kalif)
um 800–um1400 Sammlung und Bearbeitung der Geschichten aus 1001 Nacht
ab 12. Jh. Islamische Miniaturmalerei
um 1400 (?) »Der Duftende Garten des Scheich Nefzaui«
um 1520–um 1800 Mogulstil in Indien

3 »Der Mensch ist ein schwaches Geschöpf«

Mohammed und der Islam

»Der Mensch ist ein schwaches Geschöpf ...« Mit diesem Ausspruch bekannte der Prophet Mohammed seine eigene Wankelmütigkeit und Unsicherheit gegenüber dem weiblichen Geschlecht. Er liebte die Frauen, aber er hatte keine gute Meinung von ihnen. Die Freude an ihrer Schönheit, der Genuß ihrer Körper bedeuteten höchstes Glück für ihn. Derselbe Mohammed aber bezeichnete sie als »das höchste Unglück der Menschen« und gab seiner Überzeugung Ausdruck, daß die meisten Frauen in die Hölle kommen würden, obwohl er selbst sich den Himmel nicht ohne ihre liebliche Anwesenheit vorstellen konnte und den Gläubigen versprach, auch sie würden in dem von ihm verheißenen und mit der wahrhaft glühenden Phantasie des echten Arabers geschilderten Paradies bei »Huris« wohnen, »auf erhöhte Kissen gelagert«. Die Huris, die himmlischen Mädchen, Jungfrauen, »die nie altern, nie gebären und ewig schön bleiben«, würden sich jedoch nur mit solchen Männern vereinen, »die zuvor anderen im Guten vorangegangen sind«.
Das war der höchste Wunsch der arabischen Männer, den sie in ihrem irdischen Dasein nur selten verwirklichen konnten und dessen Erfüllung sie im Paradies erhofften: Ein unberührtes, noch nicht vom geschlechtlichen Verlangen beunruhigtes, unverdorbenes Mädchen zu besitzen, das galt als die höchste Seligkeit. Aber auch wenn ein Araber glaubte, daß er begnadet worden sei und sich eines so seltenen Schatzes bemächtigt habe, dauerte sein Entzücken nur so lange, bis er »die Unschuld gepflückt« hatte: Durch die Entjungferung der als Jungfrau Begehrten beraubte er sich selbst des Reizes, den sie geboten hatte. Jetzt war sie zur Frau geworden, gewiß

noch immer begehrenswert zur Befriedigung seines Triebes, zur Bestätigung seiner Männlichkeit und zur Steigerung seiner Lust am Leben, aber kein höheres Wesen, das verehrt, gehegt und gepflegt werden mußte. Jede Frau galt den Arabern als im Grunde ungut, von Natur aus betrügerisch und listig, habgierig oder zumindest auf ihren Vorteil bedacht. Jeder Mann hatte die Verantwortung für die Frauen, die von ihm erwählt und in sein Haus aufgenommen worden waren. Es stand im Koran, dem mohammedanischen Lehr-, Lese- und Vorschriftenbuch: »Männer sollen vor Frauen bevorzugt werden.«

Die Stellung der arabischen Frauen war, bevor Mohammed dem von ihm geliebten, aber mißtrauisch und vorsichtig behandelten weiblichen Geschlecht doch gewisse Rechte zuerkannte, kaum besser als die von Sklavinnen gewesen. Nur an den Küsten der gewaltigen Halbinsel, die ihren Namen vom Worte »arab«, »dürr«, herleitete, gab es bewirtschaftete Siedlungen, in denen der Boden fruchtbar war und Haushaltungen gegründet werden konnten. Nur ein kleiner Teil der arabischen Bevölkerung lebte in den Hafen- und Marktstädten, die Handel mit Ägypten und Indien trieben. Karawanenstraßen verbanden die durch die Wüste vor den westlichen und östlichen Nachbarn geschützten Araber, die als Viehhirten mit ihren Herden unaufhörlich auf der Suche nach Weidegründen waren. In diesem Wanderleben der Männer hatten die Frauen keinen wirtschaftlichen Wert. Sie waren bestenfalls als Gefährtinnen der einsamen, eintönigen Nächte erwünscht, als Lagergenossinnen, die jedoch nur selten den Beschwerden und Gefahren der Wüste gewachsen waren. Zur unmittelbaren Befriedigung des dringlichen geschlechtlichen Verlangens dienten die Männer einander in gleichgeschlechtlicher Vereinigung. Es war der von der Natur gebotene Ausweg der sinnlichen Einsamkeit, der – je nach der Veranlagung der einzelnen – als unvermeidbares oder wünschenswertes Übel galt. Für die wandernden Beduinen war der Lagergenosse oder ein Pferd wichtiger als eine Frau. Der Besitz eines Kamels wog den Besitz eines Zeltes voller Frauen auf. Es war noch genügsamer als die Männer selbst, die ihren Hunger und Durst mit gedörrten Datteln und einigen Bechern Milch stillen konnten. Daß sich zudem die arabischen Männer bis in ihr hohes Alter jung und kräftig erhielten, während die Frauen in dem heißen Klima früh verblühten, verminderte den Wert des weiblichen Geschlechts. Töchter waren kein willkommenes Geschenk des Himmels, sondern Strafen, verhängt von den als göttlich angebeteten Sternen, vom Mond oder von bösen Erdgeistern über diejenigen Väter, die sich gegen die gefürchteten Gottheiten vergangen hatten. Wer zu viele Töchter hatte, konnte sie nicht an den Mann bringen. Sie waren wertlos und nichts als eine Last. Am besten war es, sie gleich nach der Geburt zu vergraben, um die Kosten des Aufziehens zu ersparen, die sich nur dann lohnen konnten, wenn sie sich zu begehrenswerten Jungfrauen entwickeln würden. Das wußte der Vater schon, wenn das Mädchen sieben oder acht Jahre alt war und als gängige Ware bewertet werden konnte. Der Preis für die Kind-Braut wurde festgelegt. Die eheliche Übergabe erfolgte, wenn sie geschlechtsreif war oder der Bräutigam es verlangte. Sie wechelte aus dem Besitz ihres Vaters in den ihres Ehemannes über, der sie bei Nacht ins Bett nahm, um sich an ihr zu erfreuen, und sie bei Tag zu den Arbeiten im Haus, auf dem Feld und im Garten anhielt, die er für unter seiner männlichen Würde hielt. Sie mußte ihm mit Leib und Seele dienen, sie mußte ihm in jeder Weise gefällig sein, er ihr aber nur, wenn es ihm gefiel. Je wohlhabender er war, desto mehr Frauen konnte er sich, im wahren Sinn des Wortes, zulegen. Wenn er ihrer überdrüssig war, stand es ihm frei, sie einfach aus dem Haus zu weisen.

Mohammeds Himmelfahrt: Der Prophet reitet auf der schönen menschenköpfigen Stute Borak ins Paradies. Nur in Persien hat man das Aussehen Mohammeds und sein Leben im Bild darzustellen versucht. Miniatur zu den fünf Epen (»Chamse«) des Dichters Nisami (um 1140–1209), aus einer 1539–1543 entstandenen Handschrift (British Museum).

Die arabischen Frauen rächten sich für die beleidigende Geringschätzung auf ihre eigene Art, über die nur diejenigen Männer Bescheid wußten, die an der Rache der Frauen teilnahmen: Sie begingen Ehebruch bei jeder Gelegenheit. In der Abwesenheit ihrer Ehemänner verließen sie die Häuser in aufreizender Kleidung, um Eroberungen zu machen. Ihre geschlechtliche Hemmungslosigkeit war so offenkundig, daß es an einer Stelle des Talmud hieß: »Zehn Maß Unmoral kamen zur Welt hernieder; neun davon nahmen die Araber für sich, eines verblieb der übrigen Welt.« Denn es war tatsächlich üblich, daß Beduinen und Händler, die von ihren Reisen heimkehrten, sofort Ausschau hielten nach den Frauen, deren Männer auf der Suche nach Weideland oder Geschäften waren. Ohne Zögern betraten die Fremden die Häuser und paarten sich mit den Frauen, die »weder Scham noch Reue empfanden«.

Erst als Mohammed die Stärkung des Familiensinns als unerläßliche Voraussetzung für die Stärkung des von ihm verkündeten Glaubens erkannte, verbesserte sich die Stellung der arabischen Frauen. Er wies die Männer an, ihnen – wenn auch beschränkte – Rechte zu geben, die sie aus wehrlosen Sklavinnen immerhin zu beschützten Gefährtinnen der Männer erhoben. Er verfügte die Maßnahmen, durch die er die Frauen begünstigte, vorsichtig und zögernd, wie alle Anweisungen, die das Brauchtum betrafen. Er mußte zu Beginn seiner Laufbahn vermeiden, die wenigen Anhänger, die sich um ihn scharten, durch allzu einschneidende Veränderungen abzuschrecken; wenn er sie nicht verscheuchen wollte, mußte er, was er als göttliches Gebot Allahs lehrte, mit menschlichen Argumenten begründen. Es fiel Mohammed in der Tat nicht leicht, die Araber davon zu überzeugen, daß es für sie nicht nur auf Erden, sondern auch im Paradies vorteilhafter wäre, wenn sie ihre Beziehungen zum weiblichen Geschlecht so regelten, wie es Allah und seinem Propheten richtig erschien. Der Kompromiß, den Mohammed zuwege brachte, entsprach, wie beinahe alle im Koran gesammelten Aussprüche und Bestimmungen, aus denen sich das mohammedanische Sittengesetz entwickelte, seinen persönlichen Zuneigungen und Abneigungen. Der Islam, seine Lehre, die den Gläubigen gebot, »aslama« zu sein, »ergeben« dem Glauben, den er als Prophet verkündete, beruhte auf der eigenwilligen und eigenmächtigen Auslegung des Alten Testaments, die Mohammed durch die von Allah empfangenen Offenbarungen und seine eigenen Anschauungen ergänzte.

Der Prophet und Begründer des mohammedanischen Glaubens, der ein Weltreich eroberte und die Lebensgewohnheiten und Bräuche seiner Bewohner formte, hatte schon in seiner Kindheit Gelegenheit, die Erfahrungen zu machen, die er dem Koran einverleibte. Er war früh verwaist. Als auch seine Mutter, die nur drei Tage und Nächte das Lager mit seinem Vater geteilt hatte, starb, war der »Auserwählte Gottes« sechs Jahre alt. Erst nahm ihn sein Großvater zu sich, dann sein Onkel. Mohammed lernte weder lesen noch schreiben, aber sein Großvater, der dem vornehmen Stamm der Kuraisch angehörte, belehrte ihn, daß er in gerader Linie von Ismael abstammte, dem Sohn der Magd Hagar und des biblischen Stammvaters Abraham, mit dem der eine und einzige Gott der Juden den ewigen Bund geschlossen hatte. Das Glaubenssymbol der Kuraisch war der »Schwarze Stein« von Mekka. Er wurde in der Kaaba aufbewahrt, einem viereckigen Bau, der, wie die Kuraisch glaubten, von Engeln des Himmels oder von Abraham oder seinem Sohn Ismael errichtet worden war. In der Kaaba wurden auch Götzen angebetet, vor allem Allah und seine drei Töchter.

Mohammed also verdankte der Zugehörigkeit zu der wohlhabenden Familie, außer dem geringfügigen Erbe nach seinem Vater, nur den Namen für seinen Gott – Allah. Schon als Zwölfjähriger wurde er auf Karawanenreisen mitgenommen,

Der Herr des Harems und eine seiner Frauen. Persische Buchmalerei, Kunstbibliothek Preußischer Kulturbesitz, Berlin.

um den landesüblichen Handel zu erlernen. In den Städten, die als Umschlagplätze dienten, beschäftigte sich der frühreife Junge mehr mit den Menschen als mit Waren. In Gesprächen mit Juden und Christen erwarb er seine Kenntnis des Alten und des Neuen Testaments. Vermutlich wäre er einer der zahlreichen mittellosen Geschäftsreisenden geblieben, die mehr redeten als handelten, wenn sich nicht die um vieles ältere, geldschwere Kaufmannswitwe Chadidscha, die Mutter mehrerer Kinder, in ihn verliebt und ihn geheiratet hätte. Mohammed war nun ein reicher Mann, wurde Vater einiger Töchter und zweier Söhne, die früh starben. Er liebte seine Töchter, besonders Fatima, und es ist anzunehmen, daß er Väter, die ihre Töchter töteten oder sich ihrer schämten, aus Liebe zu seinen Töchtern verurteilte. Solange Chadidscha lebte, hatte Mohammed nur eine einzige Frau. Erst als sie starb, begründete er einen Harem, einen »verbotenen, heiligen« Teil des Hauses, in dem die Frauen, die er eine nach der anderen heiratete, abgesondert lebten. Auch den Gläubigen gestattete er die Vielweiberei. Er selbst hielt sich zehn Ehefrauen und zwei Nebenfrauen und berief sich dabei, wie bei allem, was er für richtig hielt, auf Allah. Er erklärte einfach: »Allah hat es mir befohlen«, er könne dem Befehl nicht widersprechen, denn: »Allah ist groß.« Seine Anhänger jedoch, gewöhnliche Sterbliche, die nicht »Auserwählte Gottes« waren wie er, durften nicht mehr als vier Frauen in ihren ehelichen Betten genießen, aber sie konnten sich, ohne gegen das Gebot zu vergehen, so viele Nebenfrauen halten, als ihr Trieb verlangte und ihre Einkünfte erlaubten. Die Beschränkungen, die Mohammed den Gläubigen auferlegte, sollten ihr Verlangen nach den irdischen Freuden nicht unterdrücken. Er predigte nicht die Entsagung, sondern das Maßhalten im Genuß. Nicht verbieten wollte er, sondern regeln. Das sittliche Verhalten sollte den lebenswichtigen und natürlichen menschlichen Bedürfnissen entsprechen, allerdings nur so, wie er selbst sie anerkannte oder für richtig befand, wobei er es nie unterließ zu erklären, daß er nur das »Sprachrohr Allahs« sei, der ihm befohlen hatte, Vorschriften und Anweisungen zu erlassen.

Als der Erzengel Gabriel Mohammed zum erstenmal im Traum erschien und ihm verkündete ». . . du bist der Gesandte Allahs . . .«, stand Mohammed im vierzigsten Lebensjahr. Außer seiner Frau Chadidscha glaubte ihm niemand die Visionen, durch die er begnadet worden sei. Die Drohung mit dem »Jüngsten Gericht« allerdings, in dem die Erde erbebt, die Berge zermalmt werden und wie »zerzauste Wolle zu Sand und Staub zerfallen, wenn der Himmel schmilzt und Mond und Sonne aneinanderprallen«, beeindruckte erst einige, dann immer mehr Zuhörer des begeisterten Propheten, der grimmig verkündete, »daß jeder einzelne für seine Taten zur Rechenschaft gezogen werde«. Er rief: »Die Guten kommen ins Paradies, die Bösen in die Hölle – und weißt du wohl, was das ist? Heißes Feuer!« Die Verdammten würden Schuhe aus Feuer tragen, aber die Seligen sollten auf schwellenden Kissen ruhen; Bäche von Milch, Honig und Wein würden für sie fließen, und den Wein dürften sie trinken ohne häßlichen Rausch. Und Jungfrauen würden sie bedienen, mit schwellenden Brüsten. Ohne zu ermüden und ohne zu altern könnten die guten Gläubigen diese Jungfrauen genießen. Auch die gläubigen Frauen würden im Paradies nicht benachteiligt werden. Das höchste Entzücken würden sie erleben, wenn, umgeben von unsterblichen Jünglingen, sie das Antlitz Allahs erblickten.

Die Versöhnlichkeit und Barmherzigkeit Allahs, in dessen Namen Mohammed seine Gebote und Verbote verkündete, gewann ihm immer mehr Anhänger, denen er nicht nur das Paradies versprach, sondern auch irdisches Glück, wenn sie daran mitwirkten, dem Islam zum Sieg zu verhelfen. Der Sieg, den Mohammed ursprünglich ersehnte, bedeutete freilich nicht mehr als eine Verhütung seiner Niederlage. Denn die Kuraisch waren entschlossen, die »Gläubigen« auszurotten, da ihr unberechenbar gefährlicher Verwandter den Kaaba-Kult als Götzendienst angeprangert hatte. Er entging ihrer Verfolgung und dem von ihnen geplanten Meuchelmord durch die »Hedschra«, die Flucht nach Jathrib, am 16. Juli 622. Von diesem Tag an zählt die Zeitrechnung des Islam, dem der Prophet durch diese Flucht zum ersten entscheidenden Sieg verhalf. Sein Einzug in die blühende Handelsstadt Jathrib wurde ein Volksfest. Ein Hausbesitzer nach dem andern rief dem in Mekka angefeindeten Mohammed zu: »Steig hier ab, o Prophet, wohne bei mir.« Einige griffen nach dem Halfter des Kamels, auf dem er geflohen war. Mohammed beschwichtigte die Begeisterung: »Laßt das Kamel frei laufen, die Wahl, wo ich wohne, liegt bei ihm.« Er ließ die

Zügel los. Das Kamel hielt an. Das gefiel den abergläubischen Kaufleuten von Jathrib so sehr, daß sie den Platz, an dem das Kamel stehengeblieben war, als »von Gott erwählt« bezeichneten. Mohammed erbaute auf diesem Platz die erste Moschee des Islams. Dort befahl er den Gläubigen: »Im Namen Allahs, des Barmherzigen und Erbarmers, des Allmächtigen« sollten sich die Gläubigen in Anbetung niederwerfen, den Blick nach dem Osten gerichtet, nach Jerusalem, und beten: »Herr, lade uns nicht auf, was über unsere Kräfte geht. Verzeih uns, vergib uns und erbarme dich unser. Du bist unser Schutzherr, so hilf uns gegen die, die ungläubig sind.« Mohammed half sich selbst im Namen Allahs. Kurz nach seiner Ankunft wurde die Stadt, die er mit seiner Anwesenheit beehrte, nicht mehr Jathrib genannt, sondern Medina, die »Stadt des Propheten«. Er machte sich zum Machthaber der freundlichen Freistadt, nicht nur durch die Macht des Wortes, sondern auch durch die Anwendung offener Gewalt. Die Verbrüderung seiner mit ihm aus Mekka geflohenen Anhänger mit den Einwohnern von Medina erwirkte er durch die Drohung, daß sie alle durch einen blutigen Angriff aus Mekka gefährdet seien – sie alle als »Muslimin«, als Anhänger des Islams, Muselmanen, »die sich dem Glauben ergeben, die mit Gott Frieden geschlossen haben«.

Die Mehrzahl der Juden von Medina jedoch war nicht bereit, für den neuen Glauben zu den Waffen zu greifen, obwohl Mohammed sie durch seine Anhänger zu gewinnen versuchte: »Sagt ihnen, wir glauben an das, was uns, und an das, was euch offenbart worden ist. Unser und euer Gott ist einer.« Die Juden von Medina aber wollten nicht zugestehen, daß auch nur »ein Tüttel am Gesetz falle«. Sie sagten zwar zu, daß sie sich den Muselmanen bei der Verteidigung gegen alle Feinde der Stadt anschließen wollten. An einem Feldzug gegen Mekka hingegen würden sie nicht teilnehmen. Für diese Einschränkung nahm Mohammed furchtbare Rache an

den Juden, nachdem er den »Heiligen Krieg« gegen Mekka begonnen hatte. Unter dem Vorwand, daß ein jüdischer Stamm der Kuraisch Hilfe geleistet habe, ließ er auf dem Marktplatz von Medina sechshundert jüdische Männer hinrichten und ihre Frauen und Kinder in die Sklaverei verkaufen. Die guten Beziehungen zwischen Mohammedanern und Juden waren zu Ende. Der Prophet begnügte sich nicht mit dem Blutvergießen, sondern begann auch den geistigen Krieg gegen die Juden. Während all der Raub- und Feldzüge an der Spitze seiner Beduinen (denen er vier Fünftel der Beute geplünderter Karawanen zugestanden hatte) empfing er »heilige Offenbarungen«, durch die er erfuhr, daß Allah die Juden verdamme. Sie hätten die Heilige Schrift verfälscht und die großen Geschehnisse nicht so dargestellt, wie sie wirklich stattgefunden hätten. Abraham sei wohl der Vater Isaaks, der von Gott auserwählte Sohn Abrahams aber sei Ismael gewesen und nicht Isaak. Abraham und Ismael hätten Mekka gegründet und den Schwarzen Stein der Kaaba geweiht. Deshalb müßten die Muselmanen sich beim Gebet nicht mehr Jerusalem zuwenden, sondern Mekka, der durch den Schwarzen Stein geheiligten Stadt.
Diese Absage an die Heilige Schrift war ein Zugeständnis an die Kuraisch, die während der kriegerischen Handlungen durch das Ausbleiben der jährlichen Pilgerzüge zur Kaaba empfindlich geschädigt worden waren. So erklärten sie sich bereit, Mohammed die Erlaubnis zur Rückkehr nach Mekka zu geben, wenn er mit ihnen Frieden halte. Der Prophet schloß einen zehnjährigen Waffenstillstand mit den Kuraisch, zog aber nach einem Jahr unter einem Vorwand mit zehntausend Mann in Mekka ein. Er fand um so weniger Widerstand, als er Mekka zur Heiligen Stadt und die Kaaba zum Heiligtum erklärte und den Kuraisch gnädig gestattete, Muselmanen zu werden. Nun war Mohammed Herr seiner Heimatstadt. In kurzer Zeit unterwarf er die ganze Arabische

Halbinsel und gebärdete sich wie ein unabhängiger Landesherr. Sein Koran war nun nicht mehr nur Glaubensvortrag, sondern auch das Sittengesetz, das die Lebensformen der Moslimin in allen Einzelheiten bestimmte.

Die Gebote des Korans stimmten im wesentlichen mit den Zehn Geboten des Alten Testaments überein. Nur in Vorschriften, die Mohammeds persönliche Neigungen oder Abneigungen widerspiegelten, verfügte er Änderungen. Die Frauen waren nicht mehr uneingeschränkter Besitz der Männer. Sie durften nicht gegen ihren Willen »vererbt« werden. Sie hatten das Recht, in die Moschee zu kommen, aber Mohammed setzte hinzu, zu Hause seien sie besser aufgehoben. Er erklärte: »Wenn eine Frau geschlechtsreif geworden ist, schickt es sich nicht, daß ihre Blöße von Männeraugen gesehen wird. Frauen, die noch nackt sind, auch wenn sie Kleider tragen, haben keinen Verstand und keinen Glauben. Was oberhalb der Knie und unterhalb des Nabels ist, soll bedeckt sein . . . Sie sollen ihren Körper nicht entblößen, sondern nur, was notwendig sichtbar sein muß. Sie sollen ihren Busen mit Schleiern verhüllen. Sie sollen ihre Reize nur vor ihren Ehemännern zeigen oder vor ihren Vätern oder vor den Vätern ihrer Ehemänner oder vor ihren Söhnen oder denen ihrer Ehemänner, vor den Stiefsöhnen oder vor ihren Brüdern oder vor den Söhnen ihrer Brüder und Schwestern oder vor ihren Frauen oder vor ihren Sklavinnen oder vor den Dienern, welche kein Bedürfnis für Frauen fühlen, oder vor Kindern, welche die Blöße der Frauen nicht beachten. Auch sollen sie ihre Füße nicht so werfen, daß man der Zierde, die sie verbergen sollen, gewahr werde.«

Die Ehe erklärte Mohammed für unerläßlich erforderlich: »Verheiratet die Ledigen unter euch, ebenso eure redlichen Knechte und Mägde.« Denn die Ehelosigkeit fördere die Unkeuschheit, die Allah, der die erlaubten Freuden des Geschlechts zulasse, mißfalle. Mohammed gestattete jedem

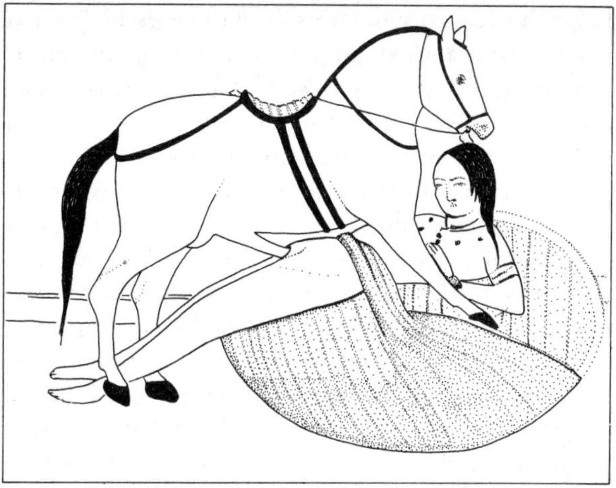

Vor Unkeuschheit, so hatte Mohammed gelehrt, müßten sich Männer wie Frauen gleichermaßen bewahren. Wie wenig das Gebot befolgt wurde, zeigt diese Miniatur aus dem Indien der Mogulzeit: Eine Frau treibt Unzucht mit einem Hengst (Museum für Völkerkunde, Leipzig).

Mann die Scheidung nach Belieben, aber er verfügte, daß die Frauen dort wohnen bleiben müßten, »wo ihr wohnt, nach Maßgabe der Wohnstätte, die ihr besitzt. Und tut ihnen keine Unbill, daß ihr sie nicht in ängstliche Sorge versetzt. Sind sie schwanger, so sorgt für das, was sie nötig haben, bis sie ihrer Leibesfrucht ledig sind. Stillen sie ihre Kinder für euch, gebt ihnen ihren Lohn und findet euch nach Billigkeit miteinander ab ...« Auch die Frau konnte die Scheidung von ihrem Mann erwirken, wenn sie ihm die Mitgift zurückgab, aber sie durfte nicht verheimlichen, »was Allah in ihrem Leibe geschaffen hat«. In seiner eigenen Lebensführung ging Mohammed den Gläubigen mit gutem Beispiel voran. Er hielt sich streng an die Speisevorschriften, die er erlassen hatte. Schweinefleisch oder das Fleisch verendeter Tiere zu essen war verboten. Er nährte sich von Datteln und Gerstenbrot, er trank Ziegenmilch und enthielt sich gewissenhaft des Weines, den er als gefährliches, von Allah verworfenes Getränk gekennzeichnet und dessen Genuß er den Gläubigen untersagt hatte. Sonst aber bestimmte er: »Alles, was zuträglich ist, das ist erlaubt.« Die von Mohammed verbotenen Ehen zwischen Familienangehörigen galten als »Blutschande«. Diese Verbote sollten dem Unfrieden innerhalb der Familie vorbeugen und – wie die mosaischen Gesetze – die Inzucht verhindern, die zur Zuchtlosigkeit führen mußte. Großzügig setzte Mohammed wieder hinzu: »Alles übrige, was hier nicht verboten ist, das ist erlaubt.« Mohammed selbst hatte es vermieden, Frauen zu heiraten, die unter die den Gläubigen auferlegten Beschränkungen fielen. Keine einzige seiner Frauen war mit ihm so nahe verwandt, daß er sein eigenes Gebot durch die Ehe mit ihr übertreten hätte – auch nicht die reizende Aischa, die Tochter eines Kuraisch, mit der er sich verlobt hatte, als sie sieben Jahre alt war. Jede Laune sah er Aischa nach, und er schlief öfter mit ihr als mit seinen anderen Frauen, die er in ordentlicher Reihenfolge, eine nach der andern, besuchte. Keine sollte sich vernachlässigt oder benachteiligt fühlen. Jede Frau, die ihre ehelichen Pflichten erfüllte, sollte auch eheliche Rechte haben.

Auch die Strafen für Ehebruch hatte Mohammed im Koran festgelegt: »Eine Hure und einen Hurer sollt ihr mit hundert Schlägen geißeln.« Er änderte das Gebot, als Aischa einige Tage verschwunden war. Sie behauptete, ihr Gefolge habe nicht gewußt, daß sie ihre Sänfte verlassen hatte und ohne sie aufgebrochen war. Ein Krieger habe sie gefunden; unter seinem Schutz sei sie heimgekehrt. Niemand – außer Mohammed – glaubte Aischa. Sie wurde zwar nicht offen, aber verstohlen des Ehebruchs verdächtigt. Mohammed ließ sich nicht beirren. Er wollte seine Lieblingsfrau weder geißeln lassen noch verstoßen. Und so erließ er ein Gebot: »Wer eine ehrbare Frau des Ehebruchs beschuldigt und dieses nicht durch vier Zeugen beweisen kann, den geißelt mit achtzig Schlägen und nehmt dessen Zeugnis nie mehr an, denn er ist ein Bösewicht.« Vier Zeugen für vollzogenen Ehebruch? Es fanden sich keine Männer und Frauen, die sich so öffentlich paarten, daß Zeugenschaft gegen sie hätte abgelegt werden können. Niemand wagte es mehr, »ehrbare« Frauen zu beschuldigen. Mohammeds eheliche Ehre war reingewaschen. Er verkündete: »Es gibt nichts Wertvolleres in der Welt als eine tugendhafte Frau.« Als Mohammed, vierundzwanzig Jahre nachdem er seine erste Offenbarung empfangen hatte, in Aischas Armen starb, beherrschten sein Glaube und seine Sittengesetze beinahe die ganze Arabische Halbinsel. Abu Bekr, der Vater Aischas, sein treuester Gefolgsmann, der schon zu Lebzeiten Mohammeds als »Kalif« sein Vertreter gewesen war, wurde mit dem Titel »Anführer der Gläubigen« zum Nachfolger des Propheten, zum Kalifen, erwählt. Er und sein Nachfolger Omar beherzigten den Ausspruch Mohammeds: »Wahrlich, Gott liebt den, der für ihn kämpft.« Immer wieder wurden die Gläubigen zu den Waffen gerufen, um ihrem Glauben den ganzen Erdkreis zu unterwerfen. Der Islam eroberte nicht nur die oströmischen Provinzen, Palästina und Ägypten, sondern auch das Persische Reich. Die arabische Sprache breitete sich in den unterworfenen Gebieten aus. Ihre Schriftzeichen, in denen Mohammeds Diener Zaid die Offenbarungen des Propheten niedergeschrieben hatte, wurden zur Schrift der gebildeten Welt des Nahen Ostens. Die Glaubensvorschriften der Muselmanen und ihre Sittengesetze bedeuteten keine Last, wenn die zum neuen Glauben Bekehrten die großen Vorteile bedachten, die ihnen zuteil wurden. Sie mußten bekennen: »Es gibt keinen Gott außer Allah, und Mohammed ist sein Prophet.« Sie mußten den vom Koran vorgeschriebenen »vier Pflichten« genügen, vor allem die gebotenen Gebete verrich-

ten. Gesicht, Hände und Füße mußten sauber sein, bevor die Moslimin in den »adhan«, den Gebetsruf des Muezzin, einstimmten – bei Tagesanbruch, kurz nach Mittag, am späten Nachmittag, bei Sonnenuntergang und zur Schlafenszeit. Die Moscheen waren der Mittelpunkt des täglichen Lebens. Sie standen den Gläubigen tagsüber offen. Am Wochenende las der Imam, der Vorbeter, aus dem Koran vor, während die Muselmanen sich, dem Sinne des Wortes »Moschee« gemäß, »im Gebet niederwarfen«. Almosen zu spenden war die zweite Pflicht des Muselmanen. »Es erwirkt uns den Eintritt zu Gott« hieß es. Aber ohne die Erfüllung der dritten Pflicht, das Fasten im Ramadan, dem Sommermonat, in dem Mohammed seine erste Offenbarung empfangen hatte, und ohne die Erfüllung der vierten Pflicht, der Wallfahrt nach Mekka, »so oft der Gläubige kann«, waren die »fünf Säulen des Islams« nicht vollkommen.
Die Einheitlichkeit des Islams erhielt sich nicht lange. Die Gläubigen spalteten sich, in die Sunniten, denen die Überlieferung des Propheten und die Einheit der islamischen Gemeinschaft über alles andere ging, in die Schiiten, die das Kalifat für die leiblichen Nachkommen des Propheten von seinem Schwiegersohn Ali her verlangten, und in die Charidschiten, die forderten, daß der Frömmste, ohne Rücksicht auf seine Abstammung, zum Kalifen erhoben werde.
Die Teilung der Macht im islamischen Herrschaftsgebiet beeinflußte indes die Lebensgewohnheiten und Bräuche der Mohammedaner in den verschiedenen Landstrichen nur unwesentlich. Überall stützte sich der Glaube auf die »fünf Säulen des Islams« und die Sittengesetze des Korans, dessen unterschiedliche Auslegung nur solche Abweichungen zuließ, die nicht gegen die Gebote des Propheten zu verstoßen schienen. Nicht umsonst hatte Mohammed den Schwächen der menschlichen Natur weitgehend Rechnung getragen und die Dehnbarkeit der Moral in Betracht gezogen. Das sittliche

Verhalten der Gläubigen war von ihm nicht so scharf begrenzt worden, daß ihrer Lebensfreude Beschränkungen auferlegt gewesen waren. Allahs Prophet hatte eine Gesellschaftsordnung geschaffen, die den Männern zugute kam und für die Frauen nicht nachteilig sein sollte. Gewiß: Die Welt des Islams war eine männliche Welt. Aber die Frauen genossen den Schutz der Männer: für ihren Unterhalt war vorgesorgt, auch wenn sie nicht mehr das Lager der Männer teilten, besonders, wenn sie Söhne geboren und gestillt hatten. Mohammed hatte ausdrücklich betont: »Das Paradies liegt der Mutter zu Füßen.«
Die Männer konnten ihren Trieb in ihren eigenen Frauenhäusern nach Belieben ausleben – es war nur eine Geldfrage, ob sie jeder Lust und Laune ihres Geschmackes frönen konnten. Sie durften dunkelhäutige und weißgliedrige, schwarzhaarige und blonde, magere und dicke Frauen heiraten oder als Nebenfrauen halten. Sie durften Sklavinnen erwerben. Sie konnten sich mit einer Frau oder mit mehreren gleichzeitig vergnügen. Was immer sie auch innerhalb der Mauern des Hauses taten, war wohlgetan. Ungehorsam der Frauen im Geschlechtsverkehr war Ungehorsam in der Ehe und gab dem Mann das Recht, die Widerspenstige so lange zu züchtigen, bis sie sich ihrer Pflichten besann und den Wünschen des Mannes keinen Widerstand entgegensetzte. Anfangs hatten die muselmanischen Frauen gegen die ihnen aufgezwungene Unterwerfung aufbegehrt. Sie hatten sich dagegen gewehrt, daß sie ihre Reize vor anderen Männern als den eigenen verbergen mußten. Aber Brauch und Erziehung hatten auch die Störrischen gefügig gemacht. Die Erkenntnis, daß ihr Wohlleben vom Wohlwollen des unbekannten Mannes, den sie heiraten mußten, abhängig war, bestimmte bereits das schicksalsergebene Verhalten der Bräute. Sie wurden von ihren Vätern verheiratet, ohne daß der Bräutigam sie begutachten konnte. Er durfte ihr in die Augen blicken, aber ihr

Gesicht nicht sehen, bevor die Hochzeit nicht vollzogen war. Wenn sie ihm unverhüllt nicht gefiel oder nicht gefällig war, konnte er sie noch in der Brautnacht ihrem Vater zurückgeben. Allerdings mußte der Mann darauf verzichten, sie zu entjungfern, und ihr die Morgengabe belassen, die er am Tage des Verlöbnisses hinterlegt hatte. Für ein Mädchen jedoch war es eine unauslöschliche Schande, so verschmäht worden zu sein. Nur selten fand sich ein anderer, der eine »nach Hause Geschickte« zur Frau nehmen wollte. Es kam aber auch nur selten vor, daß ein Mann auf die Entjungferung und die Morgengabe verzichtete – die Braut mußte schon besonders widerborstig oder abstoßend sein, denn es war billiger und bequemer, sich von einer Frau scheiden zu lassen, als die Feindseligkeit ihrer väterlichen Familie durch die Schande heraufzubeschwören. Unerfreuliche Frauen allerdings blieben wie überflüssiger, ererbter Hausrat im Haus, ungeachtet und unbeobachtet, zu lebenslänglicher Enthaltsamkeit verdammt, dem Spott und der Geringschätzung der anderen Frauen ausgeliefert, die der Ehemann mit seiner Liebe beglückte oder begehrte. Da sich das Geschlechtsleben im Harem ohne Scham und Scheu und ohne Zurückhaltung abspielte, waren die von ihren Ehemännern zurückgesetzten Frauen unfreiwillige Zeuginnen des Genusses der glücklicheren anderen oder der Sklavinnen, die ihnen vorgezogen wurden. Die verächtliche Vernachlässigung und die Geschlechtsnot, die sie quälte, machte die meisten dieser darbenden Frauen zu unerbittlichen Feindinnen des Mannes, der an ihrem traurigen Schicksal schuld war. Sie wiegelten die übrigen Frauen des Harems auf, stichelten ihre Eifersucht an, stifteten Unfrieden und Unruhe und waren jederzeit bereit, sich als Kupplerinnen bei unerlaubten Beziehungen der anderen Frauen zu betätigen. In den Frauenhäusern derjenigen Männer, die sich nicht mehr als zwei oder drei Frauen halten konnten, war die Hausordnung leichter zu überblicken als im

Harem der Reichen und Mächtigen, die nicht das Gebot Mohammeds beachteten, man solle sich mit vier Frauen begnügen. Je mehr Frauen ein vornehmer Mann sein eigen nannte, desto höher stand er im Ansehen, besonders in Persien, wo es schon in den Zeiten der Großkönige üblich gewesen war, daß die Herrscher und ihre hohen Würdenträger das Bett jede Nacht mit einer anderen Frau teilten. Die Kalifen, die in Bagdad residierten (das nun die Rolle Babylons spielte), unterhielten viele hundert Frauen in ihrem Harem und hinderten ihre wohlhabenden Untertanen nicht, ihnen gleichzutun. Die Eheschließung, durch die die Frauen in den Harem kamen, war ein Geldgeschäft, die Morgengabe eine verschleierte Art des Brautkaufs: Wer Töchter hatte, war zufrieden, sie an den Mann zu bringen, der für sie sorgte. Mit der zunehmenden Zahl der Frauen im Harem wurde die Aufsicht über die Frauen, die sich außerhalb des Frauenhauses nur verschleiert zeigen durften, immer schwieriger. Der Versuch, ältere Frauen zur Bewachung der Jungen heranzuziehen, mißlang. Männer waren nötig, die Frauen in Schach zu halten, zu beschützen und am Umgang mit anderen Männern zu hindern. In der Annahme, daß sich freigeborene Frauen nicht mit Sklaven paaren würden, wurden zuerst Sklaven als Haremshüter bestellt. Aber bald erwies es sich, daß die Natur stärker war als das Vorurteil und daß der Geschlechtstrieb der Frauen, die von ihren Männern nur allzu selten befriedigt wurden, sich von der Versuchung nur allzu gern verleiten ließ: Sklaven, die man als Haremswächter bestellt hatte, wurden Liebhaber der Behüteten, obwohl die Aufdeckung sie und der Geliebten das Leben kosten konnte. Die Schuld an der um sich greifenden Unzucht in den Frauenhäusern schrieb man den Frauen zu. Ihre Tugendhaftigkeit wurde grundsätzlich bezweifelt, List und Untreue ihnen als natürliche Eigenschaft zugesprochen. Die gehörnten Männer, die ihr Mißtrauen nicht ruhen ließ, erfanden eine neue Methode,

Angeregt durch eine Schilderung, die Lady Montagu, Gattin des englischen Gesandten bei der Hohen Pforte, von den »Bädern im Serail des Sultans« gegeben hatte, malte Jean Dominique Ingres zwischen 1852 und 1859 sein berühmtes »Türkisches Bad«, das seit 1911 im Louvre hängt.

ihre Frauen zur Ehrbarkeit zu zwingen. Sie ließen Sklaven kastrieren und verwendeten die Entmannten als Wächter der Frauenhäuser.

Es war ein alter ägyptischer und kleinasiatischer Brauch, Männer zu »verschneiden«, um sie der »heiligsten Teile des menschlichen Körpers« zu berauben und dadurch zu entehren. Von Mohammed, der im Koran festgelegt hatte: »Wer seine Sklaven schlecht behandelt, soll nicht ins Paradies kommen«, war die Kastration von Sklaven als Sünde verurteilt worden, ebenso wie der Handel mit »geschlechtslos« gemachten Knaben oder Männern. Und die »gellaubs«, die Menschenhändler, hatte er als »niederträchtig« angeprangert. Aber der Menschenhandel war im persischen Gebiet eine überlieferte Institution, die sich durch den Islam nicht ausrotten ließ. Die Bewirtschaftung des weiträumigen Grundbesitzes konnte ohne Sklaven keinen Ertrag bringen, und dazu mußten die Sklaven sich vermehren wie das Vieh auf den Weiden, das sie betreuten. Sklaven und Sklavinnen waren auch zur Bedienung in den Häusern der Städte unerläßlich. Dem Propheten, der so manche Vorschrift im Hinblick auf die alt-arabischen Zustände erlassen hatte, war die Lebensform nicht aller später zum Islam bekehrten Völker bekannt gewesen. Die Kalifen, die als Anführer der Gläubigen das heilige Amt des Propheten verwalteten, nahmen es deshalb auf sich, seine Gebote ihren Bedürfnissen entsprechend abzuwandeln oder zu verändern. Mohammed hatte sich der gleichgeschlechtlichen Liebe von Männern gegenüber versöhnlich gezeigt (und die gleichgeschlechtliche Liebe von Frauen überhaupt nicht erwähnt). Aber die Übersättigung der Männer, die sich in ihren Frauenhäusern hemmungslos auslebten, und das Bedürfnis nach Abwechslung, aber auch angeborene oder anerzogene Neigungen hatten zu einer Zunahme der Homosexualität in Persien geführt. Die männliche Prostitution griff um sich. Sie war verbreiteter als die weibliche Prostitution, die durch den natürlichen Wettbewerb in den ehelichen Frauenhäusern so abnahm, daß es sich für die Hurenwirte nicht lohnte, junge Mädchen für ihr Gewerbe auszubilden und zu erhalten. Nur »Tanzmädchen« waren gefragt, berufsmäßige Sängerinnen und Tänzerinnen, die durch ihre Kunstfertigkeiten die liebhaberischen Leistungen der Haremsinsassinnen übertrafen. Es lohnte sich auch, Mädchen in der verfeinerten Ausübung des Geschlechtsakts zu unterrichten, ihnen besondere Geschicklichkeiten beizubringen, die sie ihre Kunden lehren konnten, damit diese lernten, ihre Frauen zu belehren. Alles, was der Steigerung der natürlichen Lust zugute kam, war Allah gefällig. Es war nicht verboten, es war erlaubt. Die Unnatürlichkeit aber, die Beziehung von Mann zu Mann, konnte Allah nicht gefällig

Haremsdame mit Dienerinnen. Indische Miniatur der Mogulzeit. Bodleian Library der Universität Oxford.

sein. Es schien nur ein Mittel zu geben, die »muchannath«, die männlichen Prostituierten, unschädlich zu machen, die sich wie Frauen kleideten, die Fingernägel färbten und mit den Hüften wackelten, um Männer anzulocken: Sie mußten kastriert werden. Doch die Verschneidung rottete die männliche Prostitution nicht aus. Die ihrer Geschlechtsorgane Beraubten übten ihr als »schändlich« verachtetes Gewerbe weiterhin aus. Sie ließen sich nach wie vor gegen Bezahlung mißbrauchen. Und die Bestrafung der lesbischen Liebe, der zärtlichen Geschlechtsbeziehung von Frauen miteinander, schreckte die Frauen in den Harems keineswegs ab. Sie wurde zum Brauch, den die in ihrem Liebesleben Verkümmerten nicht aufgeben konnten und wollten. Es war der einzige Ausweg, den Trieb zu stillen, der im Harem gefesselt war, wenn sich die Frauen nicht mit den Verschnittenen vergnügen wollten, die sie bewachten.

Es gab drei Arten von Eunuchen, die je nach dem »Schnitt« der Kastration benannt wurden. Wenn sie »es-sendelee«, »völlig nackt«, waren, wenn man ihnen also sowohl das Glied als auch die Hoden entfernt hatte, dann standen sie am höchsten im Wert. Aber dieser Eingriff war so gefährlich, daß nur wenige sendelees in den Handel kamen. Unter zehn gänzlich ihrer Männlichkeit enteigneten Knaben oder Männern überlebte höchstens einer die Operation. Die anderen verbluteten oder starben nach dem Eingriff durch die Vergiftung mit dem eigenen Harn, der nur durch ein in die vernarbte Wunde eingefügtes Schilfrohr abgelassen werden konnte. Ein sicheres Verfahren war die »verkürzende Verschneidung« des Gliedes. Ein Mann, der kein »Werkzeug der Männlichkeit« hatte, konnte nicht seinen Mann stellen. Er behielt zwar den Trieb, aber ein »el-ebter«, ein »Gliedloser«, konnte sich an den Haremsfrauen nicht so versündigen wie ein vollständiger Mann – ebensowenig wie ein »el-ghezee«, dem die Hoden vor der Pubertät abgeschnitten worden waren. Die Eunuchen, denen das Amt der Haremsbewachung übertragen wurde, konnten zwar keine Kinder zeugen, denn sie konnten die Frauen, die sie behüteten, nicht befruchten, aber sie waren ein – wenn auch unvollkommener – Ersatz für die Männer, die ihre Frauen schon deshalb nicht zufriedenstellen konnten, weil sie zu viele Frauen hatten. Die Eunuchen benützten, wie die Griechinnen des Altertums und manche Frauen des Harems untereinander, Gebilde, die wie erregte männliche Glieder geformt waren, und hielten mit Hilfe solcher Instrumente die durch den Zwang zur Entsagung unruhigen und unaufhörlich erregten Haremsfrauen in Schach. Und sie bekamen doppelte Belohnung für ihre Dienste: Sie verdienten ihren Unterhalt als Haremswächter und wurden von den Frauen, denen sie dienten, entschädigt.

Die Kalifen und solche Würdenträger, die reich genug waren, sich einen von Eunuchen betreuten Harem zu halten, setzten ihren Stolz darein, sich den Luxus ihrer Lebensführung auch in den Frauenhäusern zu bestätigen: Es durfte den von ihnen erkorenen und gekauften Schönen an nichts fehlen, das ihr Leben verschönern konnte. Sie verwiesen also die Frauen nicht nur auf das Paradies, wie Mohammed es getan hatte. Zwar erlaubten sie ihnen nicht, ihre Wünsche nach Kleidern und Schmuck in den öffentlichen Bazaren und Läden zu erfüllen, aber sie gestatteten, daß weibliche Bedienstete der Händler oder deren Frauen Waren in den Harem brachten und unter der Aufsicht der Eunuchen zum Verkauf anboten. Wenn eine Frau vom Herrn des Hauses bevorzugt war, konnte sie wählen, was ihr gefiel. Sie wählte nicht nur für sich, sondern auch für die anderen Frauen des Harems, und es gehörte sich, daß die vom Glück und der Liebe des Mannes Begünstigte den anderen die gleiche Freigebigkeit erwies, de-

Ein Beispiel für Illustrationen zu neueren Ausgaben von »Tausendundeine Nacht«: Zeichnung von Choisy Le Conin (d. i. Franz von Bayros), 1907.

ren sie sich seitens des Hausherrn erfreute. Das hatte seinen guten Grund: Ohne die Freundschaft der anderen wäre auch die Lieblingsfrau vereinsamt gewesen – sie war angewiesen auf die Gesellschaft und Geselligkeit ihrer Schicksalsgenossinnen in den vergoldeten Käfigen, die die Weiblichkeit des Islams umschlossen. So waren denn auch die Eunuchen die einzigen Mittelsmänner der Frauen zum Leben außerhalb des Harems. Sie dienten als Zuträger und Vermittler von Nachrichten. Sie verkauften die Geheimnisse ihrer Herren für Gunst oder Geld an die Frauen. Sie wußten zumeist im voraus, welche die Auserkorene der kommenden Nacht sein werde, wie heftig das Verlangen oder welcher Art die Wünsche der Männer waren, die sie mit der Vorbereitung des Liebeslagers betrauten. Sie wußten nicht nur, welche der Haremsinsassinnen die Lieblingsfrauen waren, sie besorgten auch die Lieblingsspeisen ihrer Herren und hatten die Pflicht, für Zerstreuungen, für aufmunternde Musik und aufregende Tänze zu sorgen. Von der Geschicklichkeit und dem Unternehmungsgeist der Eunuchen hing es ab, ob ein Mann sich in seinem Harem unterhielt oder langweilte.

Erfahrene Eunuchen unterrichteten die Haremsfrauen wie Lehrer ihre Schüler, damit sie lebhafte Gesprächspartnerinnen wurden, die sich mit dem Mann über alle Fragen unterhalten konnten, die ihn beschäftigten. Denn es lag im Interesse der Eunuchen, den Harem zum bevorzugten Aufenthalt ihrer Herren zu machen. Dadurch gewannen sie das »Ohr« ihrer Herren, sie konnten Ratschläge geben, es wurden ihnen Befehle zur Ausführung übertragen, sie überbrachten Meldungen, die sie so formulierten, wie es ihnen günstig erschien. Sie dienten als Schreiber oder Vorleser und konnten dadurch das Urteil und die Meinungen ihrer Herren beeinflussen. Auch die Erziehung der Kinder, die in den Frauenhäusern geboren wurden, oblag den Eunuchen. Alle Söhne und Töchter der Ehefrauen und Nebenfrauen des Harems waren Kinder

Erotische Illustration von Emil Rantzi zu einer Wiener Ausgabe der Erzählungen aus »Tausendundeine Nacht«.

eines Mannes, aber ihr Rang und die Stellung, die sie dann in der Welt außerhalb des Harems einnehmen würden, hing von der Beratung und Einschätzung durch die Eunuchen ab. Das wirkte sich nicht nur in den Frauenhäusern der wohlhabenden Männer und Würdenträger aus, sondern auch im Harem des Kalifen. Der Nachfolger der Macht mußte zwar im Schoß einer Ehefrau empfangen worden sein, aber welcher Sohn von den vielen ehelichen Söhnen des Kalifen sein rechtlicher Erbe werden sollte, hing von seiner Willkür ab. Es genügte schon, wenn ein Eunuch einen begünstigten Knaben des »bösen Blickes« bezichtigte oder davon sprach, daß seine Mutter an geheimnisvollen Krankheiten leide und im Schlaf Gespräche mit gefährlichen Geistern führe, um die hoffnungsvolle Zukunft eines Lieblingssohnes des Kalifen in Frage zu stellen. Der in Jahrtausenden gezüchtete Aberglaube des Zweistromlandes war weder durch die Lehren Zarathustras noch durch den Glauben an Allah ausgetilgt worden. Selbst der so vielseitig begabte Kalif Harun al Raschid, der die bedeutendsten mohammedanischen Wissenschaftler seiner Zeit an seinen prächtigen Hof berief, war nicht frei von den abergläubischen Vorstellungen, die seine Untertanen ängstigten. Der lebensfrohe Kalif, der durch das Buch »Alf Lailah Wa-Lailah«, durch »Tausendundeine Nacht«, unsterblich wurde, hatte in seiner Neigung für abenteuerliche Erzählungen seine Hofpoeten angeregt, ihm Geschichten vorzutragen und sie großzügig dafür belohnt. Für klingende Verse, die die Liebe verherrlichten, war Harun als Raschid kein Preis zu hoch. Er beschenkte die Dichter mit Tausenden von Goldstücken und nicht selten mit schönen Mädchen, damit ihr Liebreiz die Dichter anrege. Es hieß auch, daß Harun al Raschid die Nebenfrauen seines Harems, die ihn durch den Vortrag von Märchen und Fabeln erfreuten, allen anderen vorzog und mit seinem erhabenen Beischlaf auszeichnete. Die Annahme, daß eine dieser Frauen Harun al Raschids das Vorbild der schö-

nen und gescheiten Scheherezade, der Erzählerin von »Tausendundeine Nacht«, gewesen sei, ist durch die Forschung unserer Zeit widerlegt. Das Buch, dessen Inhalt ohne Rückhalt vertraulichen Einblick in die Lebensgewohnheiten und Bräuche des Harems gewährt, geht zurück auf eine Sammlung persischer und indischer Liebesgeschichten, die in eine Rahmenhandlung zusammengefaßt wurden. Die Erzählungen sind sachliche Darstellungen aus dem Alltag ebenso wie phantasievoll ausgeschmückte Berichte aus der Wirklichkeit, gemischt mit magischen Erlebnissen aus der Welt der Zauberei: Lebhafte Menschen mit ihren Handlungen, wie man sie im täglichen Leben beobachten, mit ihren gebräuchlichen Redensarten, wie man sie belauschen kann, begegnen bösartigen Zauberwesen, die sie mißbrauchen und irreführen, und guten Geistern, die sie retten und beglücken. Die sachliche Wahrheit, die der Dichtung ihren unvergänglichen Wert verlieh, diente der Verherrlichung weiblicher List und sinnlicher Überlegenheit, obwohl die geschlechtliche Treulosigkeit und seelische Unverläßlichkeit der Frauen offen zur Schau gestellt wurden: In »Tausendundeine Nacht« verliert der Mann den Kopf, wenn er die Frau nicht um einen Kopf kürzer macht. Er, der sie gefangenhält, ist ihr Sklave, wenn sie ihn zu lenken versteht. Er weiß nie, ob und wann sie ihn betrügt. Eunuchen und Wächter sind keine Gewähr, nur die tätige Liebe vermag die Frauen zu binden. Wenn sie vernachlässigt werden, planen sie unweigerlich den Betrug und führen ihn aus – wobei ihnen immer wieder etwas Neues einfällt.
Das Buch »Alf Lailah Wa-Lailah« und die anderen lebensklugen arabischen Dichtungen, die den Spielregeln der Liebe gewidmet waren, ermöglichten den begierigen Lesern den Einblick in eine höhere Sphäre, die wie eine Traumwelt wirkte. Sie konnten im Geiste an dem farbenprächtigen Luxus teilnehmen, den die hohen Mauern der herrschaftlichen Frauenhäuser verbargen. Sie konnten ermessen, daß der Ha-

»Die schöne Schirin«, eine Miniatur von Resa i-Abbasi (um die Mitte des 16. Jahrhunderts), dem berühmtesten persischen Maler seiner Epoche.

rem des Reichen ein irdisches Paradies war – eine Spiegelung des himmlischen Paradieses, das Mohammed den »gerechten Gläubigen« versprochen hatte. Die Wände der Gebäude, mit reizenden und aufreizenden Malereien und Zieraten bedeckt, glänzen von Gold und Edelsteinen. Alle Zimmer werden mit Rosenwasser besprengt, in das Ambra und Aloe gemischt sind. Der Duft köstlichen Räucherwerks vermengt sich mit dem der Blumen, die in den ans Haus grenzenden Gärten wachsen. Wundervoll gewachsene Sklaven und Sklavinnen stehen zur Bedienung bereit. Unaufhörlich erschallt Gesang und Musik von Zymbeln, Harfen und anderen Instrumenten. An den vier Seiten der weiträumigen Säle sind Erhöhungen mit kostbaren, teppichbedeckten Diwanen angebracht. In der Mitte versprüht ein Springbrunnen sein kühlendes Naß. Vor den Diwanen stehen Tischchen mit kristallenen Schalen und vergoldeten Gefäßen aus China, in denen die köstlichsten Butterspeisen, Hühner und junge Tauben angeboten werden. Nach dem Essen werden die Hände mit Rosenwasser in silbernen Waschbecken gewaschen. Auch Wein wird getrunken, obwohl der Prophet es verboten hat. Es hieß: »Wir trinken edle Weine in der Dunkelheit der Nacht, wenn die Auflauerer schlafen ...«
Liebesfreude und Liebesschmerz berauschten und verwirrten die Sinne der leidenschaftlichen Mohammedaner und Mohammedanerinnen so sehr, daß sie oft den praktischen Alltag vergaßen und den Wunschvorstellungen verfielen, die in »Tausendundeine Nacht« wie die Wirklichkeit wirkten. Sie wollten die Träume von Lust und Liebe wahrhaben, sie erleben und so berauscht und berauschend genießen wie die Märchengestalten, die in ihrer Einbildungskraft lebendig waren. Sie begnügten sich nicht mit Andeutungen der geschlechtlichen Vereinigungen, die in den Erzählungen verschleiert zur Anregung der Phantasie dargestellt waren. Sie wünschten die unverblümte Schilderung des Liebesspiels, die

Zeichnung von Alex Székely zu einer modernen Ausgabe des »Duftenden Gartens«.

»Kissen im Zelt«, eine galante persische Miniatur, gemalt auf Elfenbein, aus dem 18. Jahrhundert (Bloomington Institute for Sex Research).

nackten Tatsächlichkeiten, die sie erleben wollten, in der Dichtung zu finden. »Der Duftende Garten des Scheich Nefzaui« eines unbekannten Verfassers, der Aufzeichnungen aus früheren Jahrhunderten in einem Buch gesammelt hat, gibt einen Überblick über das geschlechtliche Verlangen und Verhalten in der islamischen Welt. Die Einleitung zu dem liebenswürdigen Werk, das ein kurzes Lehrbuch für Liebende sein sollte, ist gleichzeitig ein ermunterndes Loblied und eine Rechtfertigung des geschlechtlichen Verlangens: »Allah sei gelobt, der das größte Vergnügen der Männer in die natürlichen Teile der Frauen gelegt hat und der die Lust der Frauen an die natürlichen Teile des Mannes, an seine Geschlechtsorgane, geknüpft hat. Wonne schuf er den Teilen der Frau, er gewährt ihnen Befriedigung und Glück, wenn sie von den

Teilen des Mannes durchdrungen werden. Ebenso finden die Teile der Männer weder Ruhe noch Frieden, ehe sie nicht den Eingang in die natürlichen Teile der Frau gefunden haben.«

Der »Duftende Garten« beinhaltet ausführliche Schilderungen der verschiedenen Stellungen beim Liebesakt. Es sind freundliche Anleitungen, die sachlich belehren sollen, wie der vollkommene Genuß in der körperlichen Vereinigung erzielt werden könne. »Gott der Herrliche«, so heißt es, »hat gesagt: ›Frauen sind dein Feld. Gehe auf dein Feld, wie du willst.‹ Je nach deinem Wunsch kannst du die Stellung wählen, die du am liebsten magst, vorausgesetzt natürlich, daß die Vereinigung an dem für sie bestimmten Ort, nämlich in der Vulva, vor sich geht.« Nicht weniger als fünfundzwanzig »Arten« werden aufgeführt, von »Zustöpseln« und »Froschart« über »Rollentausch« bis zum »Einpasser« und zum »Verkehr des Schmiedes«. »El kelouci – Der Purzelbaum« wird wie folgt dargestellt: »Die Frau muß lange, weite Hosen tragen, die sie auf ihre Füße herunterfallen läßt. Dann bückt sie sich, bis ihr Kopf zwischen den Füßen ist, so daß ihr Hals in der oberen Öffnung der Hose steckt. In diesem Augenblick faßt der Mann ihre Beine und dreht sie auf den Rücken, indem er sie einen Purzelbaum machen läßt. Er beugt die Knie, bis sein Glied in der Höhe ihrer Vulva ist, läßt es zwischen ihre Schenkel gleiten und führt es ein.« Als Kommentar dazu heißt es: »Es wird behauptet, daß es Frauen gibt, die auf dem Rücken liegend ohne Hilfe von Hosen oder Händen ihre Füße hinter den Kopf legen können.« Für den »Regenbogen« wird folgendes empfohlen: »Die Frau liegt auf der Seite. Der Mann, der, mit dem Gesicht zu ihrem Rücken, auch auf der Seite liegt, schiebt sein Glied zwischen ihre Beine und führt es ein. Seine Hände liegen dabei oben auf ihrem Rücken. Die Frau faßt dann die Füße des Mannes und zieht sie so hoch wie möglich, wodurch sie ihn fest an sich heranzieht. So bildet sie mit dem Körper des Mannes einen Bogen, dessen Hö-

Frauen im Bad. Eine der ruhenden Frauen raucht die Nargileh, die im islamischen Orient beliebte Wasserpfeife. Miniatur der Mogulzeit (Government Art Gallery, Kalkutta).

hepunkt sie selbst ist. Abschließend wird erklärt: »Viele Leute haben alle Stellungen, die ich beschrieben habe, ausprobiert, aber keine hat so viel Zustimmung gefunden wie Dok el arz (das Auf-der-Stelle-Klopfen). Über diesen Gegenstand wird eine Geschichte erzählt von einem Manne, der eine Frau von unvergleichlicher Schönheit, Anmut und Bildung besaß. Er pflegte ihr in der üblichen Art beizuwohnen und nie eine andere Art zu versuchen. Die Frau empfand nicht die Freude, die den Vorgang begleiten sollte, und war daher nach der Vereinigung schlecht gelaunt. Der Mann beklagte sich darüber einer alten Dame gegenüber, die ihm riet: ›Versuch verschiedene Wege, dich ihr zu vereinen, bis du den findest, der sie am meisten befriedigt. Dann bleibe bei dieser Art, und ihre Liebe zu dir wird keine Grenzen kennen.‹ Dann versuchte er an ihr verschiedene Arten der Vereinigung, und als jene, die Dok el arz genannt wird, an der Reihe war, sah er, daß sie von heftigen Liebeserregungen überwältigt wurde, und auf dem Höhepunkt des Vergnügens fühlte er, daß ihr Schoß seinen Stab fest ergriff; sie biß seine Lippen und sagte: ›Dies ist die wahre Art zu lieben!‹ Dieser Beweis zeigte dem Liebhaber, daß seine Geliebte in dieser Stellung den lebhaftesten Genuß empfand, und von da an blieb er bei dieser Art. So erreichte er sein Ziel, und die Frau liebte ihn bis zur Tollheit. Versuche daher verschiedene Arten, denn die Frau gibt einer davon den Vorzug vor allen anderen. Die meisten jedoch haben eine Vorliebe für Dok el arz, bei dessen Anwendung ein Leib an den andern gedrückt wird, ein Mund am andern haftet und die Mitwirkung des Schoßes nur selten ausbleibt!« Und dies ist die Anweisung für Dok el arz: »Der Mann setzt sich mit ausgestreckten Beinen nieder, die Frau setzt sich rittlings auf seine Schenkel, kreuzt die Beine hinter seinem Rücken und bringt dadurch ihre Vulva vor sein Glied, das sie in ihre Scheide leitet. Dann legt sie ihre Arme um seinen Hals, während er ihre Taille umfängt und ihr hilft, auf seinem Stabe auf- und abzugleiten. Sie muß dabei mithelfen.«

Der »Duftende Garten« bot, ebenso wie das Kama Sutra der Inder, den sich geschlechtlich vereinigenden Frauen und Männern vor allem die erprobte und gebräuchliche Mechanik des Geschlechtsverkehrs an. Die Ratschläge sollten Gebrauchsanweisungen der körperlichen Möglichkeiten sein, die den leiblichen Gegebenheiten und Maßen des Geschlechts entsprachen. Was die Natur versagt hatte, sollte die Geschicklichkeit der Bewegungen und die Kenntnis der Bedürfnisse des Partners beziehungsweise der Partnerin ergänzen oder ersetzen. Das Ziel war das gleiche: die höchste Lust. Wenn Anstrengung und Mühe die Freuden an der Abwechslung der Stellungen überwogen, war es nicht ratsam, sich der beschwerlichen Kraftbeanspruchung zu unterziehen. Mehr wurde weniger, wenn das Erreichen der Wollust durch harte Arbeit belastet war. Die im »Duftenden Garten« beschriebene Einstellung der Männer zu den Frauen beruht auf der Annahme, daß das geschlechtliche Verlangen der Frau stärker sei als das des Mannes. Als die schlimmsten Frauen werden die habsüchtigen gekennzeichnet, die Frauen mit eifersüchtiger Veranlagung und diejenigen, die so laut reden, »daß die Stimme ihres Mannes in ihrem Geschrei untergeht«. Die Kritik des starken Geschlechts an dem von ihm so erbarmungslos unterdrückten schwachen Geschlecht war in den vom mohammedanischen Glauben beherrschten Ländern unerbittlich. Die Frauen mußten hingebungsvoll hinnehmen, was immer ihnen ihr Dasein an Gutem und Bösem bot. Ihr Leben war unwiderruflich an die Männer gebunden, die sie besaßen. Ihre einzige Überlegenheit bestand in der Erkenntnis, daß nicht nur die Frauen, sondern auch die Männer, also alle Menschen schwache Geschöpfe sind und daß sie ihre eigenen Schwächen mit allen Mitteln ausnützen müßten, um die Stärkeren zu sein. Das vom islamischen Glauben bestimmte Verhältnis der mohammedanischen Frauen und Männer zueinander beeinflußte ihre Lebensgewohnheiten und Bräuche: das Verlangen der Frauen nach überquellendem Luxus und den Wunsch der Männer, die Frauen durch Verwöhnen dafür zu entschädigen, was ihnen das Recht versagte!

Zeittafel

um 500 Benedikt von Nursia
529 Monte Cassino gegründet
540–604 Papst Gregor I.
714–768 Pippin der Kurze (751 Frankenkönig)
742–814 Karl der Große (768 Frankenkönig)
757–774 Desiderius letzter Langobardenkönig
88 Karl der Große Kaiser
814–840 Ludwig der Fromme
um 900 Ungarneinfälle
935–1000 Roswitha von Gandersheim
936–973 Kaiser Otto I.
973–983 Kaiser Otto II.
11. bis 14. Jh. Troubadoure
1054 Kirchenschisma: Ostkirche trennt sich von Rom
1066 Normannen in England
1081–1118 Alexios I. Komnenos
1088–1099 Urban II.
1096–1099 Erster Kreuzzug
ab ca. 1100 Normannen in Sizilien
12. Jh. Nibelungenlied
12.–14. Jh. Minnesang
1135–1204 Moses Maimonides
1165–1197 Heinrich VI.
um 1170–1220 Wolfram von Eschenbach
um 1170–1230 Walther von der Vogelweide
1182–1226 Franziskus von Assisi
1194–1250 Friedrich II. (1220 Kaiser)
1198–1216 Innozenz III.
1198–1276 Ulrich von Liechtenstein
um 1225–1274 Thomas von Aquin
1227–1241 Gregor IX.

4 »Das Weib ist von Natur aus untergeordnet ...«

Das Mittelalter

»Sind die Weiber auch Menschen?« Diese Frage, in den christlichen Ländern Europas als Thema einer tiefsinnigen, weit um sich greifenden geistlichen Erörterung aufgeworfen, war kennzeichnend für die immer noch zunehmende Geringschätzung der Frauen, die man als Mittelsperson des »Bösen«, also des Teufels schlechthin, bezeichnete. Sie galten als das »verdammte Geschlecht«, dessen »verruchte Aufgabe« es sei, die Menschheit zu verderben. Bestenfalls wurden sie ein notwendiges Übel geheißen, ein »begehrenswertes Unheil« oder ein »reizvoller Schädling, mit schöner Farbe bestrichen«. Der Marienkult, in dem die Mutter Jesu Christi vergöttlicht und gerade wegen ihrer erhabenen Mutterschaft widersinnig als ewige Jungfrau angerufen wurde, half den christlichen Frauen kaum, das Vorurteil der Männer gegen sie zu überwinden, die unaufhörlich von der Kirche belehrt wurden, daß der Ursprung allen Übels eben das Weib sei. Von der Lust noch nicht befleckte Jungfrauen waren allerdings von der allgemein erniedrigenden Herabsetzung ausgenommen, sie waren »unschuldig«. Und wurden sie gar in Nonnenklöster aufgenommen, so gebührten ihnen als »Bräuten Christi« trotz ihrer Zugehörigkeit zum weiblichen Geschlecht Ehrfurcht und Ehre. Die Kutte, die alle Körperformen der »Gottesmägde« plump verhüllte, damit sie ihre Reize nicht zur Schau tragen könnten, war ein respekteinflößendes Gewand, das Verführer und Freier abschrecken sollte. Die gottgeweihten Jungfrauen galten als sakrosankt, aber auch alle anderen Jungfrauen standen »in gutem Ruf«, auch wenn sie nicht, wie es im Volksmund hieß, »den Schleier genommen« hatten. Die Unberührtheit eines Mädchens wurde wie eine Auszeichnung gewertet.

Jungfrauen galten als »rein«, da sie unter dem Schutz der »Christusgebärerin« oder, wie es später hieß, der »Gottesgebärerin« standen. Die heilige Maria wurde als die vollkommenste Jungfrau gepriesen. Sie war nicht nur das beste, sondern auch das körperlich vollkommenste weibliche Wesen. Die heidnische Vorstellung von der makellosen Schönheit der griechischen Aphrodite und der römischen Venus wurde von den christlichen Anbetern Marias auf diese übertragen. Der Bischof Epiphanius beschrieb die Mutter des Heilands, um sie in der Einbildungskraft der Gläubigen zu verkörperlichen: »Die schönste der Frauen war Maria. Sie war durchaus wohlgestaltet und weder zu kurz noch zu lang gewachsen. Ihr Leib war weiß, schöngeformt und fehlerlos, ihr Haar lang, weich und goldfarben. Unter der wohlgebildeten Stirn und den schmalen braunen Brauen leuchteten ihre mäßig großen Augen hervor mit einem Licht wie das des Saphirs. Das Weiße in den Augen aber war milchfarben und glänzend wie Glas. Die gerade Nase sowie der Mund mit den schwungvoll geschnittenen und rosenfarbenen Lippen waren lieblich anzusehen. Ihre reinen und regelmäßig gereihten Zähne verglichen sich an Weiße dem Schnee. Jedes ihrer Wänglein war wie eine Lilie, auf die ein Rosenblatt gelegt war. Ihr wohlgerundetes Kinn trug ein Grübchen, die Kehle war weiß und blank, der Hals schlank und von rechter Länge. Ihre weißen Hände zeigten lange und schmale Finger mit reinen und wohlgeformten Nägeln. Schön war ihr Gang, anmutig ihr Mienenspiel, züchtig all ihr Gebaren. Summa: Gottes Sohn ausgenommen, besaß niemand einen so schönen und reinen Leib wie die Jungfrau Maria ...«
Diese Schilderung der »Gottesgebärerin« prägte das Schönheitsideal der Frauen nicht nur in den Gebieten, in denen goldblondes Haar, blaue Augen, lilienweiße Haut und rosenrote Wangen seit eh und je als die charakteristischen Merkmale der Frauenschönheit gegolten hatten. Und dieses weibliche Schönheitsideal, durch das die dunkeläugige und dunkelhaa-

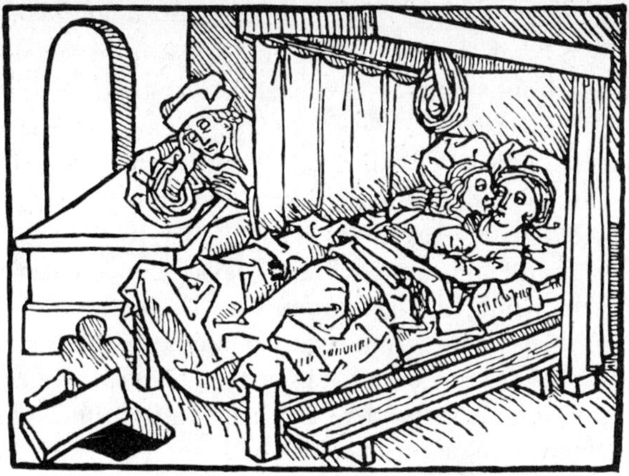

Ein offenbar unerschöpfliches und deshalb durch die Jahrhunderte immer wiederkehrendes Thema: Die Frau liegt mit ihrem hochgestellten Liebhaber im Bett, während der solchermaßen gehörnte Ehemann sich schlafend stellt. Man vergleiche diesen Holzschnitt des 15. Jahrhunderts mit der auf Seite 10 abgebildeten »Gemme« des Hancarville.

rige Venus der Römer gewissermaßen entfärbt wurde, um licht und hell zu erscheinen, wurde in germanischen Ländern durch einen Zutrunk gefeiert. So wie es üblich gewesen war, den Asengöttern ein Trankopfer zu spenden, in dem zu ihrem Gedenken, zu ihrer »Minne«, ein berauschender Becher geleert wurde, so brachten die Gläubigen ihr verehrendes Gedenken für die heilige Maria durch ein »Minnetrinken« zum Ausdruck. Maria war die begnadete Vermittlerin zwischen Gott und den Menschen. Sie war die Schutzheilige der Ehe, die als unauflöslich galt, wenn sich die Ehepartner nicht durch Ehebruch, durch lebensgefährdende Nachstellungen des Mannes oder der Frau gegeneinander schuldig gemacht hatten oder durch Verstoßen des einen Ehepartners, durch Unvermögen des Mannes, durch Unfruchtbarkeit oder

Kränklichkeit der Frau, durch die der Fortbestand der ehelichen Gemeinschaft unmöglich gemacht war. Die Auflösung der Ehe konnte im gegenseitigen Einverständnis auch zu »heiligen Zwecken« erwirkt werden, wenn die Ehegatten nämlich in ein Kloster einzutreten wünschten.

Nach dem Ausklingen der Völkerwanderung hatten sich in der Mitte und im Westen des europäischen Kontinents mehrere germanische Staaten gebildet, dessen bedeutendster das Fränkische Königreich geworden war. Dieser Staat, ein verjüngter Ableger des germanischen Stammesfürstentums, beruhte auf der Überlieferung, daß dem König kraft seiner adligen Abstammung besondere göttliche Kräfte innewohnten. Um keine wie immer geartete Einbuße ihrer ererbten Macht erleiden zu müssen, beharrten auch die Herrscher, die sich zum Christentum bekannten (das ja jegliche Göttlichkeit außer der Dreieinigkeit Gottes ausschloß) auf der göttlichen Sendung ihres Amtes. Und die Geistlichkeit ihrer Hoheitsgebiete gestand ihnen die Erhabenheit zu. Durch jahrhundertelangen Brauch hatte sich zudem die Auffassung herausgebildet, daß die Landstriche und Ländereien, die ehemals dem Imperium Romanum oder römischen Grundherren gehört hatten, persönliches Eigentum des Königs seien. Er war daher nicht nur der reichste und mächtigste Grundherr seines Reiches, sondern überdies auch gottbegnadet.

Die Verwaltung des Staates erfolgte durch die königliche Hofkanzlei, die nach römischer Art eingerichtet war. Die Angestellten der Hofkanzlei mußten schreibkundig sein, und das waren in diesen Zeiten nur die in Klöstern erzogenen Geistlichen. Während früher nur der grundbesitzende Adel zu höheren Ämtern zugelassen worden war, entstand jetzt aus dem »Dienstadel«, den vom König mit besonderen Ämtern betrauten Männern und ihren Familienangehörigen, eine neue Gesellschaftsschicht, die schon deshalb dem »Uradel«, dem ursprünglich grundbesitzenden Adel, gleichgestellt

war, weil der König seine unmittelbaren Diener und Verwaltungsbeamte mit Land »belehnte«, um sie an sich zu binden. Der König verschenkte dieses Land nicht, er »lieh« es nur. Der »vassus«, der »Knecht« des Königs, erhielt Grundbesitz, ein »feudum«, gegen die Verpflichtung, die Befehle seines Herrn auszuführen. Durch diese Einrichtung bildete sich eine mächtige Oberschicht heraus, der nur die Bischöfe und die Äbte als Inhaber kirchlichen Grundbesitzes gleichgestellt waren.
Zu den Vorrechten der Grundherren und ihrer Vertreter gehörte das »ius primae noctis«, das »Recht der ersten Nacht«, das den Bevorrechteten die »Schwächung der Braut« zusprach – als Gegenleistung für die Einwilligung des Gutsherrn beziehungsweise seines Vogts zu ihrer Eheschließung.* Außerdem mußte der Bräutigam den »Ehezins« entrichten, das »maritagium«, auch »Jungfernzins«, »Stechgroschen« oder »Bunzengroschen« genannt. Zu diesen geschlechtlichen Dienst- und Geldleistungen war das »Leutevolk«, die in Dörfern oder auf einzelnen Höfen lebenden Bauern oder Bäuerinnen, nicht unmittelbar angehalten. Denn diese waren frei und nicht gesetzlich an die »Scholle gebunden« wie die Hörigen. Aber auch die Freien waren vom jeweiligen Großgrundbesitzer der Gegend abhängig: Er war ihr Gerichtsherr, sie mußten ihm Steuer zahlen, Gefolgschaft im Krieg und Dienste im Frie-

* Ob das »ius primae noctis« wirklich in juristischer Form existierte, ist nach neueren Untersuchungen sehr zweifelhaft. Es scheint vielmehr so zu sein, daß es eine ironische, rhetorische Wendung war, sich so auszudrücken. In späteren Zeiten wurde es als Beispiel für die Unsittlichkeit des finsteren Mittelalters als Tatsache kolportiert. Dem steht in keiner Weise entgegen, daß die Herren sich nicht hätten an den jungvermählten Weibern aus dem Gesinde vergreifen dürfen – allenfalls milde Kirchenstrafen aus den Bußbüchern waren als Sanktion zu fürchten. Gegenüber dem Adel konnte kaum ein Recht wirksam eingeklagt werden. Ehrbare Frauen heiratet man, eine Magd kann man belügen oder vergewaltigen. Wehe der Hörigen oder Bäuerin, die sich mit einem Adligen eingelassen hatte – sie war verfemt. Ob freiwillig oder nicht, spielte keine große Rolle. Viele Dichtungen des Mittelal-

den leisten. Demnach war auch der Freie in Wirklichkeit unfrei, in beinahe allen Lebensäußerungen dem Willen der Höhergestellten unterworfen und in seinem Denken und Fühlen der christlichen Glaubenslehre verhaftet. Er hatte zwei Sinnbilder: den Heiland, der für ihn am Kreuz gestorben war und in dessen Namen die gute Botschaft der Erlösung von immer mehr Predigern und Mönchen verbreitet wurde, und seinen Lehensherrn, den mittelbaren Repräsentanten des Königs.

Daß die Geistlichkeit sich oft keineswegs an das Gebot der Keuschheit hielt, gab reichlich Anlaß zu scharfer Kritik, derben Schwänken und bitterer Satire. Hier liegt der Bischof bei der Frau und der Mann unter dem Bett.

ters beschäftigen sich mit diesem Thema. Sogar die Zugehörigkeit zum niederen Adel schützte eine Frau nicht. Einziges Hilfsmittel, eine Vergewaltigung zu verhindern, war der Hinweis an den Mann, er sei mit seinem Opfer irgendwie verwandt. Das Inzesttabu wurde bis ins 7. Glied ernst genommen, aber ein Selbstbestimmungsrecht für Frauen gab es nicht. Wir sind über all dies genauestens informiert, weil im Vatikan die Verhörprotokolle des Bischofs Fournier, des späteren Papstes Benedikt XII. gefunden wurden, der ein ganzes Dorf, Montaillou, hatte verhaften lassen und alle Bewohner über ihr religiöses und vor allem ihr Sexualleben detailliert befragte. In Montaillou, im Süden des heutigen Frankreich, allerdings ging es den vergewaltigten Frauen besser als im damaligen »Römischen Reich«. Sie wurden nicht ausgestoßen und hatten, so sagten sie, sogar selbst Spaß dabei ... [G. L.]

In den unaufhörlichen Kriegen der Völkerwanderungszeit und danach waren die meisten blühenden Städte der ehemaligen römischen Provinz Gallien in Schutt und Asche verfallen. Es gab nur noch wandernde Handelsleute. Handwerk und Gewerbe dienten ausschließlich dem örtlichen Bedarf. Lediglich die großen geistlichen und weltlichen Grundherren und die Klöster verstanden es, im Umkreis ihrer Residenzen neue Siedlungen anzulegen, die allmählich zu umwallten Städten wurden. Diese frühmittelalterlichen europäischen Städte unterschieden sich nur wenig von den Stadtgründungen der Sumerer. In den Herrensitzen, die, auf Bergkuppen oder Hügeln erbaut, die Siedlungen überragten, herrschten die Grundherren gleich Königen. Auch die Bischöfe und Äbte, die den Papst als den »Statthalter Gottes auf Erden« vertraten, unterschieden sich in ihrer Lebensführung nicht von den Priesterkönigen des Zweistromlandes, die ihre übersinnliche göttliche Vollmacht zur Befriedigung ihrer Sinne mißbraucht hatten. Die den christlichen Priestern gebotene Ehelosigkeit machte es ihnen zwar unmöglich, die Frauen, die ihr Lager teilten, zu heiraten. Aber die meisten Kirchenfürsten und hohen geistlichen Herren lebten in eheähnlicher Gemeinschaft mit den von ihnen zur Liebe erkorenen Frauen oder ergaben sich gelegentlich der »lustvollen Zerstreuung des Geschlechtsverkehrs« als Ehebrecher oder mit käuflichen Frauen, falls sie es nicht vorzogen, sich der Liebesdienstleistungen der in ihren Herrschaftsgebieten lebenden hörigen Mädchen und Frauen kostenlos zu erfreuen. Beinahe auf allen Gutshöfen gab es ein von den übrigen Gebäuden abgesondertes »Weiberhaus«, auch »Schrein« genannt, in dem die hörigen Mägde unter der Aufsicht einer »Schaffnerin« ihre tägliche Arbeit verrichten mußten. Sie spannen und webten Hanf, Flachs und Wolle, sie nähten die Kleider und Gewänder auch für die Männer, sie verfertigten Teppiche mit Nadel und Weberschiff. Manche »Schreine« waren, wenn

auch nicht dem Namen nach, nicht nur Arbeitshäuser der Frauen, sondern geradezu Harems, die »Genetstunken«, in denen der Gutsherr und seine Gefährten sich geschlechtlich vergnügten: Wenn eine Magd, die Kleider zu verfertigen vermochte, »gegen ihren Willen und ohne ihren Dank« zum Beischlaf genötigt wurde, hatte sie das Recht, sechs Münzen als Strafgeld zu fordern. Diese Buße, die »Hemdschilling« genannt wurde, war, ähnlich wie der »Bunzengroschen«, ein übliches Entgelt für die Bereitwilligkeit der Mägde, die sich lieber bezahlen als vergewaltigen ließen und doch nicht als »Dirnen«, als Prostituierte, verachtet wurden.
Während die Prostitution in Byzanz und den großen Städten des Oströmischen Kaiserreiches so zugenommen hatte, daß es sich trotz aller behördlichen Verbote als nötig erwies, weiträumige Bordelle zu erbauen und einzurichten, um den zunehmenden sinnlichen Anforderungen der Männer zu genügen, hatte das »Hurenvolk« im fränkischen Königreich und seinen Nachbar- und Nachfolgestaaten keine geregelten Unterkünfte. Die Freudenmädchen waren Freibeuterinnen, selbständige Unternehmerinnen im Liebesgeschäft, und wurden auch »Freimädchen« genannt. Im Gegensatz zu den »Freifrauen«, den Ehegattinnen adeliger Herren, waren sie »vogelfrei« und durften nicht in der modischen Kleidung der Freifrauen oder der Bürgerinnen, der Ehefrauen freier Bürger, in der Stadt »paradieren«. Sie, die ihr »Inneres« der Geschlechtslust gegen Bezahlung preisgaben, mußten auch nach außen hin von den »ehrbaren« Frauen unterschieden werden können. Durch die Jahrhunderte erhielten sich, mannigfach abgewandelt, die Gebote und Verbote über die äußere Erscheinung der Freimädchen: Sie durften ihr Haar nicht wie diese über der Stirn scheiteln und in zwei Zöpfe geflochten über die Brust bis zu den Knien herabhängen lassen. Sie durften keine Schleier tragen und waren angehalten, sich nicht in der Öffentlichkeit mit dem üblichen »Frauenrock« zu beklei-

den, der, fest anliegend und engärmelig, die Formen des Oberkörpers unterstrich. Es war ihnen auch verboten, sich in dem mantelartigen, mit sehr weiten Ärmeln versehenen Oberkleid von Seide zu zeigen – dieser Zierde der Weiblichkeit, die Farbe und Form des Frauenrockes gefällig ergänzte. Die grellbunte Farbigkeit der Gewänder war den »leichten Mädchen« ebenso versagt wie jede modische Verzierung.
Die wallenden Gewänder der Frauen, die zumeist aus Leinwand verfertigt waren, fielen bis auf die Knöchel. Es galt als unschicklich, die Beine sehen zu lassen, diese Werkzeuge der Unsittlichkeit, deren Entblößung ein unverkennbarer Hinweis auf die Körperhaltung der Frauen im Geschlechtsverkehr sein konnte. Die Männer trugen Hosen, unter dem Knie gebunden von den über den Waden gekreuzten Schuhriemen. Nur die Mönche, die ihre »Geschlechtslosigkeit« auch in ihrer Kleidung kundtun mußten, trugen keine Hosen. Ihre Kutten sollten die Zweibeinigkeit und vor allem ihre Geschlechtsorgane verbergen. Überhaupt war alles, was auf die Möglichkeit der Sinnlichkeit hindeuten konnte, unsittlich. Das galt nicht nur für das Aussehen von Männern und Frauen, sondern auch für ihre Äußerungen. Das »winileod«, das Liebeslied, von den Verliebten zur Werbung oder bei Spiel und Tanz gesungen, war verpönt und wurde verboten. Vielleicht hing das Wort »winileod« mit der alten römischen Venus und den Liedern zu ihrem Preis zusammen; verwandt ist es auf jeden Fall mit dem Wort »winja«, die Geliebte. Fahrende Spielleute, die »spilimänner«, die durch die Lande von Hof zu Hof zogen und wie die römischen Mimen als Musikanten und Sänger oder Possenreißer bei Festlichkeiten auftraten, wurden je nach dem Ausmaß ihrer derben und unzüchtigen Späße und Gesänge reichlicher oder ärmlicher belohnt. Ein Hochzeitsfest ohne heitere, wenn nicht schamlose Anzüglichkeiten auf die bevorstehende körperliche Vereinigung des Brautpaares war so lange undenkbar gewesen, bis die Kirche

erst von den geistlichen Gästen verlangte, daß sie sich vor der Aufführung dieser frechen Vergnüglichkeiten vom Hochzeitsmahl entfernten, und dann auch den Gläubigen verbot, den Obszönitäten zuzusehen und zuzuhören. Die Herstellung von »Hochzeitsgebäck« in der Form männlicher und weiblicher Geschlechtsorgane oder Geschlechtsmerkmale wurde als Sünde verworfen, ebenso der Gebrauch von Gefäßen und Kerzen, deren Gestalt erregte Glieder nachahmen sollte, und von Tellern und Platten mit unzüchtigen Darstellungen und Wünschen in jeder nur möglichen Art und Weise unverblümten Ausdruck zu geben, wurde als »Teufelswerk« gekennzeichnet – als Versuchung und Ansporn zur Sünde. Doch was half's? Man ließ sich nur allzu gern »versuchen« . . .
Doch das Verbotene und Verpönte reizte Bürger und Bauern um so mehr zur Übertretung, als sich die adeligen und geistlichen Herren die Freiheit nahmen, ihre Festlichkeiten durch schlüpfrige Gespräche und Gesänge und durch unzüchtige Gegenstände unterhaltsam zu machen. Aber sowohl die gehemmten als auch die ungehemmten Sünder und Sünderinnen waren einer immer und immer wiederkehrenden Prüfung ausgesetzt – der Beichte, der sie sich in regelmäßigen Abständen unterziehen mußten. Zwar war das Beichtgeheimnis den Sündigen grundsätzlich zugesichert, aber wie wenig Verlaß auf die Verschwiegenheit der Priester sein konnte, das erfuhren besonders die reuigen Frauen, die nicht selten von den Beichtvätern genötigt wurden, ihre geschlechtlichen Sünden zum besseren Verständnis der Beichtväter »am Leibe« zu demonstrieren, wenn sie die Absolution erhalten wollten. Das Wissen von den größeren und kleineren Ausschweifungen der Beichtkinder ihres Sprengels gab den geistlichen Herren und dadurch der Kirche, die durch den ihr verliehenen, geschenkten oder hinterlassenen Grundbesitz schon überaus mächtig geworden war, immer mehr Macht. Ihr Einfluß nahm so gewaltig zu, daß sie die Sitten und Gebräuche nach

Belieben gestalten konnte. Wenn die christliche Moral auch nach außen hin ein uneinnehmbares Bollwerk gegen die unverschämte Sinnlichkeit der Heiden und die Verlockungen des Teufels zu sein schien, so nahmen doch die sinnlichen Ausschreitungen hinter der starren Fassade des der irdischen Lust abgewandten Glaubens nicht ab. Die Freuden der Liebe galten als verwerflich. Doch sie wurden, wenn auch mit schlechtem Gewissen, nur um so lasterhafter genossen. Dabei gingen die Großen dem »Leutevolk« mit schlechtem Beispiel voran.

Die zur Schau getragene Frömmigkeit, das scheinbar gottesfürchtige Einhalten der kirchlichen Gebote und gottesdienstlichen Verrichtungen genügte fast immer, den guten Ruf eines guten Christen zu bestätigen. Wer an der Messe teilnahm, andächtig betete und im Chore mitsang, wer sich die Beichte abhören ließ, die auferlegte Buße auf sich nahm, wer reichlich spendete, wenn der Klingelbeutel von Bank zu Bank getragen wurde, wer gar der Kirche Land, kostbare Meßgewänder oder Altargerät aus Edelmetall schenkte, der galt als tugendhaft und gesittet. Von allem aber galten die großen Herren, wie zügellos sie auch leben mochten, als »musterhaft herzensrein« und »erbaulich tugendvoll«, wenn ihre so erhebenden Eigenschaften von der Kanzel gepriesen wurden. Und das geschah mit überzeugender Beredsamkeit, wenn sich die »schon auf Erden in den Himmel Gehobenen« mit der Kirche gut standen und sie großzügig unterstützten.

Der volkstümlichste Herrscher, dessen makelloser Ruf der Untadeligkeit durch die zeitgenössischen Priester und Berichterstatter über die Zeiten hinaus erhalten blieb, war Karl der Große. Schon zu seinen Lebzeiten wurde er als Vorbild des Anstands und der Würde besungen – und dies um so lautstarker und eindringlicher, als er Dichter und »Schreiberlinge« an seinen Hof zog, damit sie seine Herrlichkeit so darstellten, wie es seiner Eitelkeit gefiel oder seinen staatsmännischen Plänen nützlich war. Karl, der sich durch seine weitblickende, großzügige und erfolgreiche Herrschaft den Beinamen »der Große« erwarb, begann seine glorreiche Laufbahn mit kleinlichen Handlungen. Als Sohn Pippins, des königlichen »Hausmeiers«, der den letzten Vertreter des alten fränkischen Königsgeschlechts der Merowinger in ein Kloster gesperrt und sich vom Heiligen Vater zum König hatte salben lassen, setzte er sich seinerseits über die Rechte der Nachkommen seines Bruders Karlmann hinweg, um alleiniger König des Frankenreiches zu sein, und bemächtigte sich unter fadenscheinigen Vorwänden des Reichs seines Schwiegervaters, des Langobardenkönigs Desiderius, um sich die lombardische Krone aufs Haupt setzen zu können. Seine Gattin verstieß er und löschte die Erinnerung an ihre Existenz so gründlich aus, daß auch in den genauesten historischen Quellen ihr Name nicht festgehalten wurde. Hieß sie Berterad? Desiderata? Sibylla? Stimmte es, daß er seinen Bruder Karlmann mit Hilfe von dessen Ehefrau aus dem Wege geschafft hatte? Diese und andere Gerüchte von der Art, wie sich Karl bedenkenlos über Anstands- und Moralbegriffe hinwegsetzte, wurden schon zu seiner Zeit unterdrückt. Gewiß ist nur, daß der gewaltige Kaiser, das Vorbild würdiger Mannhaftigkeit und christlicher Ehrbarkeit, mehrmals verheiratet war und eine Anzahl von Kebsweibern unterhielt, die ihm zu seinen zahlreichen ehelichen Kindern einige uneheliche gebaren, die er überaus sorgfältig erziehen ließ. Der Schleier, den der Begründer des »Großfränkischen Reiches« über die Sittenlosigkeit in seiner Familie und an seinem Hof zu breiten versuchte, ist von der Forschung gelüftet worden. Kaiser Karl, der wie Hammurabi der »König der Gerechtigkeit« sein wollte, der strenge Zucht und harte Ordnung zu Richtlinien seiner Gesetzgebung machte, der die kirchliche Rechtsprechung in allen persönlichen Fragen vollends anerkannte, war unfähig, in seinem »Weiberhaus« Zucht und

Die Freuden des Badens zu zweit (Mittelalterlicher Holzschnitt).

Ordnung zu halten. Nach seinem Tode setzten seine genußsüchtigen Töchter ihren leichtfertigen Lebenswandel munter fort. Ihr Bruder Ludwig, »der Fromme«, versuchte sie auf den rechten Weg zu bringen. Er flehte seine Schwestern an, wenigstens den Anstand zu wahren, wenn sie schon nicht dem Liebesleben abschwören könnten. Als sie sich weigerten, verbannte er die Männer, die sich durch »greuliche Unzucht« mit seinen Schwestern hervorgetan hatten, gewaltsam von seinem Hof. Sie sollten in der »Genetstunke« tun, was sie nicht lassen konnten, nur nicht in der Öffentlichkeit.
Karl der Große, der seinen Machtbereich durch blutige Kriegszüge gewaltig erweitert hatte, sicherte seine Eroberungen durch die Errichtung von Markgrafschaften, die er an verläßliche Gefolgsmänner »verlieh«. Diese mächtigen Lehensherren ahmten in ihren Burgen und Städten die Lebensformen nach, die sie in den Palästen des Kaisers kennengelernt hatten. Sie richteten höfische Haushaltungen ein, die nach dem Muster der Hofhaltung des allerhöchsten Lehensherrn angelegt waren. Die »Kaiserpracht« Karls des Großen war jedoch bescheiden im Verhältnis zu dem Prunk, den die Kaiser von Byzanz entfalteten, und das Leben am fränkischen

Hof unbequem im Verhältnis zu dem Luxus, mit dem die Kalifen von Bagdad und Cordova ihr Leben üppig gestalteten. Durch seinen Wunsch, die zurückgebliebenen Lebensformen in seinem Großreich den fortgeschrittenen Lebensformen seiner Nachbarn anzupassen, geriet Karl der Große in einen Zwiespalt: Er wollte sich ihnen angleichen und wollte trotzdem, daß alles so bleibe, wie es war – so, wie er es geschaffen hatte. Das starre Gefüge seiner Verordnungen, der »Kapitularien«, regelte die Heerespflicht, die Rechtsprechung und das Wirtschaftsleben. Für das sittliche Verhalten der Völker, die er als Beauftragter Gottes »Dei gratia«, »durch Gottes Gnade«, beherrschte, sorgte die römische Kirche, nicht ohne daß er sich allerdings innerhalb der Grenzen seines Reiches das Recht des Einspruchs und der Überwachung vorbehalten hätte. Aber wenn alles so blieb, wie es war, und nichts verändert wurde, konnte Karl seinen brennenden Wunsch nicht verwirklichen – und der war, die im Verhältnis zu den großen Nachbarländern so ärmliche und kärgliche, ja barbarische Lebensführung in seinem Reich zu verbessern. Der geistige Tiefstand und die groben Sitten seiner Untertanen beunruhigten ihn so sehr, daß er mit allen Mitteln eine Erweiterung und Verbesserung ihrer Bildung und ihrer Kenntnisse herbeizuführen versuchte. Er konnte das nur mit Hilfe der Klöster erreichen, denen die Erziehung der Jugend oblag. Er gründete die Hofschule zu Aachen, damit die »Sieben freien Künste« wiederbelebt würden. Die Gelehrten sollten auch das Wissen der römischen Philosophen dem geistlichen Denken einverleiben – freilich nicht so, daß die Kirche Einspruch erheben könne, und auch nicht so, daß das freie Denken dazu führen könne, den Glanz der Kaiserkrone zu verdunkeln. Die »Furcht Gottes« war die Grundlage der Handlungen des Kaisers, der »Dei gratia« herrschte. Um die Gottesfurcht Allgemeingut werden zu lassen, befahl er, daß die Priester den Gläubigen auch in den kleinsten Gemeinden die Lehre Christi verständlich machten. Sie sollten in der Landessprache predigen, das Glaubensbekenntnis und das Vaterunser mit den Worten der Heimat verbreiten und die Gläubigen dazu anhalten, die heiligen Worte auswendig zu lernen. Aber die Philosophie der »verlorenen Wissenschaften« und der Glaube waren seit eh und je in Zwietracht miteinander gelegen. Dadurch, daß Karl die unversöhnlichen Gegner, das freie Denken und den blinden Glauben, gleichzeitig förderte, bereitete er die religiösen und geistigen Spannungen vor, die später zur Spaltung der Kirche im Römischen Reich Deutscher Nation führen sollten.

Obwohl Karl der Große bedeutende Baumeister, Marmor und Kunstschätze aus Italien kommen ließ, um seine Macht durch Prachtentfaltung zu bestätigen, konnte er bei weitem nicht mit dem Prunk und den Köstlichkeiten der Kalifen wetteifern. Wer, wie Karl, verläßliche Nachrichten aus dem Bereich des Islam bekam, konnte sich nicht verschweigen, wo die höhere Kultur beheimatet war. Die Mohammedaner hatten die in Vergessenheit geratenen Werke der hellenischen Philosophie wiederbelebt und sich angeeignet. Sie veröffentlichten Werke »Über die Fortpflanzung und Entartung der Tiere«, sie übernahmen die Seelenlehre des Aristoteles und die mathematischen Erkenntnisse Altgriechenlands. Arabische und jüdische Forscher arbeiteten Hand in Hand, um die Heilkunde wieder auf den alten Stand zu bringen und zu verbessern. Die Kunst des Sezierens wurde an Affen ausgeübt, um die anatomischen Zusammenhänge des Körpers zu ergründen. Zur Zeit Karls des Großen gab es in Bagdad und Cordova bereits die »Zehn Abhandlungen über das Auge«, das älteste Lehrbuch der Augenheilkunde.

Während die Kalifen und ihre mohammedanischen Würdenträger die »Kunst des Badens« im marmornen, von allen Düften des Orients besprühten Schwimmbecken verfeinerten, während »die Liebe im Wasser« zu den beliebtesten Harems-

Die Freuden des Badens und das Kokettieren der Pärchen beim Lustwandeln im Liebesgarten hat der »Meister des Hausbuches«, einer Bilderhandschrift des 15. Jahrhunderts, mit seiner Feder auf Pergament festgehalten.

zerstreuungen zählte, probierte Karl die plätschernde »Zerstreuung mit den Weibern« in hölzernen Badeanlagen aus – und verwarf die »Verweichlichung der Mohammedaner«, die christlicher deutscher Männer nicht würdig sei. Aber er ließ sich, soweit es den Glanz der Kleidung betraf, nicht lumpen. Er und seine Töchter waren ebenso wie die Kalifen der Kaiser von Byzanz und seine Damen bei festlichen Anlässen in schimmernde Kleider gehüllt, und das Funkeln unermeßlich wertvollen Schmucks bezeugte den kaiserlichen Glanz. Karl dem Großen gefiel der Kleiderluxus seiner Familie bei Hof durchaus, aber es mißfiel ihm, daß sie ihn in aller Öffentlichkeit zeigte und den Neid der Ärmeren und der ganz Armen hervorrief. Er erließ in lateinischer Sprache die erste

deutsche »Kleiderordnung«, die den übermäßigen Aufwand mit Pelzwerk, die Ausfütterung und Verbrämung von Rökken und Mänteln bei beiden Geschlechtern beschränkte.
Der Unterschied zwischen der Lebenshaltung bei den Franken (und dann bei den Deutschen) und dem Aufwand bei Byzantinern und Mohammedanern war ein nicht geringer Ansporn für die Herrscher des Abendlandes zu kriegerischer Ausweitung ihrer Macht und zur Bereicherung durch Streifzüge und Handel. Aber weniger die Siege der Nachfolger Karls des Großen als ihre Nöte und Niederlagen beeinflußten die Sitten und Gebräuche in Westeuropa. Von der Skandinavischen Halbinsel aus unternahmen die Normannen kriegerische Wanderungen zu Land und zur See, drangen im angelsächsischen England ein, besetzten Küstenstriche im Westen des Frankenreiches, eroberten Sizilien und verteidigten es ge-

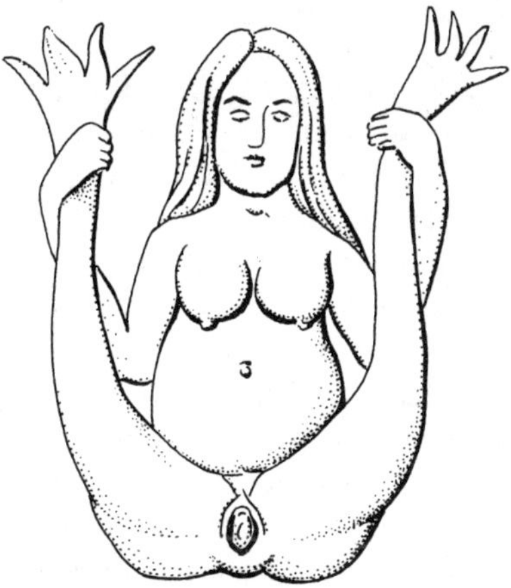

»Obszöne« Steinmetzarbeiten an Kirchen: »Wasserweib« (Schottenkirche, Regensburg, Nordportal); Unzuchtsteufel bemächtigt sich einer Frau.

Der Zauberer Merlin aus dem Sagenkreis um König Artus und den Gral (»L'Estoire dou Merlin«, von etwa 1280, in der Bibliothèque Nationale, Paris).

gen die Mohammedaner, die sich zu unumstrittenen Herren des Mittelmeers machen wollten. Aus dem Osten wurde das Reich von den Magyaren bedrängt, einem asiatischen Reitervolk, das zwischen Don und Wolga gelebt hatte, ehe es sich in stürmischer Bewegung nach dem Westen gewandt hatte und in der Pannonischen Tiefebene ein Königreich errichtete. Die Abwehr der Heiden gelang nicht nur durch Waffengewalt, sondern vor allem durch die Verbreitung des christlichen Glaubens, durch die Errichtung von Klöstern in den Grenzgebieten, aus denen Missionare als Friedensboten und Lehrer ausgesandt wurden.

Die geistige und wirtschaftliche Entwicklung der abendländischen Christenheit beruhte auf der unermüdlichen Tätigkeit der Mönche und Nonnen in den Klöstern, die in allen Teilen des westeuropäischen Raumes erbaut und, unmittelbar oder mittelbar von Rom geleitet, zu geistigen und wirtschaftlichen Umschlagplätzen wurden. Das Kloster Monte Cassino, an der Stelle verfallener heidnischer Tempelanlagen errichtet durch Benedikt von Nursia, einen vornehmen römischen Bürger, der sich in seiner Jugend in eine Höhle am Fuß der Sabinerberge geflüchtet hatte, um als Eremit den »Versuchungen« der Stadt zu entgehen, wurde zum Vorbild der nach ihm benannten Benediktinerklöster. Die Mönche befolgten die von Benedikt gegebene Klosterregel: Statt der einsamen Bußübung und der enthaltsamen Lebensführung einzelgängerischer Einsiedler sollte eine Gemeinschaft frommer Menschen entstehen, über deren Handlungen ein Abt zu wachen und dafür zu sorgen hatte, daß sie den Regeln gehorchten. Dieser unerbittlichen Ordnung ergeben, arbeiteten die Mönche auf den Feldern der Klöster, in den Werkstätten, in der Küche, aber auch in der Bibliothek, wo sie Handschriften vervielfältigten und allmählich die geistige und wissenschaftliche Betätigung, die mit der Auflösung der heidnischen Philosophenschulen in Verruf geraten war, wiederaufnahmen. Die kurze Zeitspanne in ihrem Alltag, die nicht vom Leitsatz des Kanons »Ora et labora: Bete und arbeite!« bestimmt war, widmeten die Benediktiner der wohltätigen Nächstenliebe. Aber auch diese durften die Frommen nicht nach freiem Willen ausüben, sondern nur im Auftrag des Abtes. Die Benediktinerklöster in Europa waren voneinander unabhängig. Das einzige, was sie außer der gleichen Regel miteinander verband, war die gleiche Obrigkeit, der sich ihre Äbte beugten: Der Heilige Vater in Rom. Mönch war auch der Mann gewesen, der dann als Papst Gregor I. in seinem »liber pastoralis curae« den Priester dem Hirten gleichgesetzt hatte, der seine Herde pflegt. Und er war ein sehr erfolgreicher Papst geworden: Seine Abgesandten gewannen die arianischen Westgoten auf der Iberischen Halbinsel und die heidnischen Angeln und Sachsen in Britannien für die allumfassende Kirche. Der Glaube freilich, den Gregor I. – und er selbst nannte sich »Knecht der Knechte Gottes« – verkünden ließ, war durchaus nicht nur »die Lehre der Liebe«, sondern trug den Stempel von Furcht und Schrecken: Er warnte vor der Verderbtheit der menschlichen Natur und vor den Versuchungen durch allgegenwärtige Teufel. Durch die Beschwörung von Engeln, Dämonen, Hexen, Zauberern und Geistern erschütterte er die Selbstsicherheit der Christen ebenso wie durch die von ihm gelehrte magische Wirksamkeit von Reliquien und Heiligenbildern. Er warnte die Gläubigen Christi: Das Weltenende und das Jüngste Gericht seien nahe. Und die Hölle sei keine leere Drohung, sondern tatsächlich ein finsterer, grundloser, unterirdischer Abgrund, ein unauslöschlicher Feuerbrand, der dennoch nie zur endgültigen Vernichtung der Verdammten führe noch ihre Schmerzempfindlichkeit je abstumpfe. Zum Schmerz trete noch die Schreckensangst der sich immer vermehrenden Pein und das Entsetzen über Qualen der geliebten Menschen hinzu, die gleichfalls verdammt seien, sowie die Hoffnungslosigkeit, je erlöst oder des Segens der gänzlichen Auslöschung teilhaftig zu werden. Durch solch überzeugendes Heraufbeschwören des nahe bevorstehenden Endes der Welt und der Qualen in der Hölle hielt Gregor die Christenheit in seinem Bann. Die große Angst, die er durch seine Drohungen auslöste, wurde so allgemein und war so nachhaltig, daß sie die Lebensformen der europäischen Christen bestimmend beeinflußte: Die Gläubigen, durch das mönchische Vorbild der Entsagung und die Predigten der Geistlichen veranlaßt, um der ewigen Seligkeit willen oder aus Furcht vor der Verdammnis jeden Genuß um des Genusses willen weit von sich zu weisen, mußten allen Lebensäußerungen, die nicht einen gottgefälligen Zweck hatten, den Kampf mit allen Mitteln ansagen. Nicht mehr üppige Gelage, nicht mehr prunkvolle Zurschaustellungen beeindruckten die Massen, die solcher Lehre folgten, sondern demütiges Fasten und reuevolle Bußfertigkeit. Hoch und niedrig, reich und arm ergaben sich dem Gebot der Kasteiung und versuchten, in ihrem Alltag den Eifer der Mönche nachzuahmen. Es erschien leichter und beruhigender, dem Gebot Gottes zu folgen, als sich als Folge der Nichtbeachtung foltern zu lassen. Allmählich festigte sich die neue Sittenlehre, und mit ihr wandelte sich die Art des Denkens und Fühlens in den Seelen der Menschen und veränderte die Lebensgewohnheiten und Bräuche in den Häusern und in den städtischen Siedlungen, die nicht zuletzt durch die unermüdliche Tätigkeit der Mönche zu Städten ausgebaut wurden.

Begreiflicherweise fehlte es nicht an vielfältigen Versuchen, die christliche Sittlichkeit mit den vordem so beliebten und gewohnten Vergnügungen zu verbinden. Sie blieben im wesentlichen erfolglos: Wer nicht so lebte und liebte, wie es die Kirche gebot, wurde zum Sünder gestempelt und galt als verworfen. Die Herrscher und die großen Herren freilich bildeten, wenn es der Kirche so gefiel oder ihr nützlich erschien, die Ausnahme von dieser Regel – gleiches galt auch für jene Bischöfe und sonstigen geistlichen Herren, die sich nicht selbst zu verdammen wünschten und doch alle Freuden des Lebens genossen. So beherrschte eine doppelte Moral, die den Großen erlaubte, was den Kleinen verboten war, die Gepflogenheiten und begünstigte die genußsüchtigen Ausschweifungen, die in den Palästen und Herrenhäusern nach wie vor üblich waren. Die Nachsicht, die den hohen, höheren und höchsten Herrschaften gegenüber geübt wurde, erstreckte sich je nach Grad der Toleranz der einzelnen Priester dann aber auch auf die »niedere« Bevölkerung: Gewisse Lebensgewohnheiten wurden, da sie nun einmal zum Wesen der Menschen gehörten, von den Priestern geduldet, und manch altüberkommener Brauch, der keineswegs zum Wesen des Menschen gehörte, blieb aus wohlerwogenen Gründen bestehen: Durch die Aufhebung des »ius primae noctis« wäre der Einfluß der Gutsherren erheblich beeinträchtigt worden. So hielt man an diesem unkeuschen Gewohnheitsrecht fest.

Die Freuden des Bades und der Liebe (Burgundische Miniatur zu einer französischen Übersetzung des Valerius Maximus).

Auch die Erhaltung der Jungfräulichkeit bis zur Eheschließung sollte ein unwiderrufliches Gebot bleiben. Ein Mädchen, das sich vor der Heirat dem Geschlechtsverkehr ergab, galt als »gefallen«. Wenn ihre voreheliche Unkeuschheit bekanntgeworden war, mußte sie ohne den Jungfernkranz aus Rosmarin, Efeu oder Immortellen zum Traualtar schreiten;

in manchen Städten mußte sie einen Strohkranz tragen und an der Kirchentür stehend Buße tun, bevor sie getraut werden konnte. Es gehörte zum guten Ton achtbarer Bürgerlichkeit, nach der Hochzeitsnacht das blutbefleckte Laken zu zeigen. Aber auch für die Vorspiegelung der verlorenen Jungfernschaft gab es Mittel und Wege. »Weise Frauen« oder wandernde Spielleute, oft entsprungene Mönche, wußten Rat und boten ihre Hilfe an. Es hieß: »Welche das Magdtum hat verloren, der mach' ich ein Salben.« Und man verkaufte Mittel, welche die Schleimhäute zusammenzogen, um die zerrissene Jungfernhaut in der Brautnacht intakt erscheinen zu lassen. Sie waren allerdings nur nützlich, »solange der Bauch schwieg«. Aber auch den »Gefallenen«, die schwanger geworden waren, konnte geholfen werden. Es gab einen geheimen Handel mit verläßlichen Abtreibungsmitteln aus allerlei ebenso geheimgehaltenen Kräutern. Die Abtreibung galt zwar als »Kindesmord«, aber wo kein Kläger war, da trat auch kein Richter auf. Wenn der Bräutigam das jungfräuliche Blut der Braut seinen und ihren Eltern und den Hochzeitsgästen vorwies, war sie ehrbar und achtbar, und sie selbst konnte sich durch die Beichte von der Sünde reinigen. Das reuige »peccavi« befreite ihr Gewissen von Schuld.
Bei den Bauern hingegen galten die Gebote und Verbote über Beschränkungen des vorehelichen Geschlechtsverkehr nicht. Der Brauch der »Komm-« oder »Probenächte« war auch durch die Kirche nicht auszumerzen. Wenn ein Bursche ein Mädchen erwählt hatte und sie ihm gestattete zu »fensterln«, so hatte das den Zweck, daß sie beide sich über ihre körperliche Beschaffenheit ins klare kommen wollten, bevor sie die Ehe schlossen. Sie verbrachten die Nacht miteinander im Bett, um sich gegenseitig zu »prüfen«. Es mußte dabei nicht zum Geschlechtsverkehr kommen; aber wenn es dazu kam, geschah es von seiten des Mannes über den Trieb hinaus mit der Absicht, zu erfahren, ob er eine »gebärfreudige Jungfrau«

erkoren hatte (denn der Bauer brauchte viele Kinder auf dem Hof), und von seiten des Mädchens aus der erklärlichen Neugier, ob der Mann, den sie auf Lebenszeit erküren sollte, auch geschlechtlich zu ihr paßte. War die Prüfung nicht zufriedenstellend, so konnte sowohl der Bursche als auch das Mädchen zurücktreten. Es war keine Schande für ein Mädchen, mit mehreren Burschen »Komm-« oder »Probenächte« verbracht zu haben – es durfte nur nicht zu oft geschehen, sonst kam die »Jungfrau« in schlechten Ruf. Die »Probierzeit« blieb nicht nur ein bäuerlicher Brauch; auch Bürgermädchen und adlige Jungfrauen bedangen sich »Komm –« und »Probenächte« aus, allerdings mit dem Vorbehalt, daß alles geschehen dürfe, nur nicht »das«. Geschlechtliche Befriedigung war erlaubt – unter der Bedingung freilich, daß alle Handlungen, die Nachkommenschaft im Gefolge haben könnten, »auf Ehre« untersagt waren. Und selbst hohe weltliche und geistliche Herren durften sich, oft im Auftrag ferner Brautwerber oder befreundeter Gutsnachbarn, von der Tauglichkeit und den Reizen begehrenswerter Jungfrauen überzeugen. Nachdem sie sich der ehrenvollen Aufgabe unterzogen hatten, empfahlen sie die »Ausprobierten« zur Ehe oder gaben ihrer Meinung über die körperlichen Unzulänglichkeiten der Umworbenen unverblümten Ausdruck. Sie waren zumeist auch in der Lage zu berichten, daß es sich um eine »virgo intacta« gehandelt habe, um eine unberührte, unbefleckte Jungfrau.

So vermochte selbst die große Angst vor dem Jüngsten Gericht nicht die naturgegebene Sinnlichkeit zu ersticken. Männer und Frauen verdrängten ihre Triebe, aber sie unterdrückten sie nicht. Und oft genug halfen weder die Kutte des Mönchs noch der Schleier der Nonne, der Versuchung zu widerstehen. Wie »Kaiser, König, Edelmann, Bürger, Bauer, Bettelmann«, so lebten auch nicht wenige der Gesalbten, der Geschorenen und der »Bräute Christi« ihre natürlichen

Wie es in der Klosterküche zugeht. Nach einer satirischen Miniatur in einer »Moralischen Bibel«, einer Sammlung von Erzählungen biblischer Geschichten mit moralischer Auslegung.

Triebe in natürlicher Weise aus. Nach außen hin jedoch wurde der Schein peinlich gewahrt. Die voreheliche Keuschheit und die eheliche Ausschließlichkeit behielten ihre grundsätzliche Bedeutung. Sie waren und blieben die Voraussetzung des ehrbaren Lebens – wie es die Kirche befahl. Alle Herrscher, die sich der Krone bemächtigt oder sie ererbt hatten, wünschten sie durch den Segen der Päpste in Rom zu heiligen und den erhabenen kaiserlichen Titel durch die Salbung mit dem »römischen Öl« zu rechtfertigen. So war es unausbleiblich, daß die Kaiser und ihre Gefolgsleute die »römischen Sitten« annahmen, die in der Ewigen Stadt im Schatten des neu erstrahlenden päpstlichen Glanzes wieder zur Geltung gekommen waren. Die deutschen Herren hatten den Ehrgeiz, so lebensgewandt und lusterfahren wie die Römer zu sein, sie bemühten sich, ihre Umgangs- und Lebensformen dem überkommenen Geschmack der »Welschen« anzupassen.

Welcher Art ihr Zeitvertreib war und wie sie ihn pflogen, schilderte die Nonne Hrotsvith, im Volksmund Roswitha genannt, die sich im Nonnenkloster Gandersheim ihren schriftstellerischen Neigungen ergab und als die erste deutsche Dichterin bezeichnet wird, obwohl sie nur in lateinischer Sprache schrieb. Roswitha von Gandersheim, die ehrbare Nonne, die als »helltönende Stimme von Gandersheim« gepriesen wurde und sich durch ihre vollkommene Beherrschung der lateinischen Sprache auszeichnete, war von ihrer Äbtissin, der Nichte Kaiser Ottos II., dazu angeregt worden, von den Taten Kaiser Ottos I., der sich den Beinamen »der Große« dadurch erwarb, daß er das deutsche Königtum und

Wie in der mittelalterlichen Kunst die Marterszenen ein besonders beliebtes Thema darstellen, so hat auch Roswitha von Gandersheim in ihren Dramen mit Vorliebe die grausamen Folterungen der Märtyrer geschildert. Holzschnitt aus »Hrotsvitae Opera«, Nürnberg 1501.

COMEDIA SECVNDA DVLCICIVS

den Heiligen Stuhl zu einer Schicksalsgemeinschaft zusammenschloß, in lateinischen Hexametern zu berichten. Die kaiserliche Anerkennung, die ihr zuteil wurde, ermutigte Roswitha, ihren persönlichen Neigungen entsprechend zu dichten. Sie machte sich zwar nicht ganz von den klassischen Vorbildern frei, die sie studiert hatte, um ihre Sprachkenntnisse zu vervollkommnen, aber sie variierte mit zeitgenössischer Bezüglichkeit das Thema, das sie am meisten ansprach: Die Liebe – und die Geschlechtslust. Unter ihrem züchtigen Nonnengewand pulsierte die Begehrlichkeit eines lebendigen Leibes, der seine Sinnlichkeit nicht mehr ausleben durfte, aber gewiß ausgelebt hatte, als die »wohltönende Gottesmagd« ihn noch nicht durch den Schleier verhüllt hatte. Für Roswitha war das Liebeserleben in jeder Form kein Geheimnis. Sie schilderte sowohl die zärtlich hingebungsvollen und die grausamen Vorspiele des Geschlechtsverkehrs in dramatisch lebhaften Szenen als auch die lustvolle Erfüllung in seufzenden Versen.

Die Spielarten unerlaubter Liebe, die sich Roswitha zum beliebtesten Thema ihrer Darstellung wählte, waren Notzucht, Leichenschändung und die »Freude an Grausamkeit«, die man etwa ein Jahrtausend nach dem dichterischen Wirken der »Helltönenden« als »Sadismus« bezeichnet hat. Die schöngeistige Nonne beschrieb mit erstaunlicher Deutlichkeit das unkeusche Treiben in den verrufenen Frauenhäusern, die berufsmäßige Dirnen zur ungehemmten Ausübung ihres Berufes beherbergten. Sie war eine Meisterin in der Schilderung gräßlichster Qualen, denen die Hauptpersonen zweier ihrer Dramen, die »heiligen Jungfrauen«, ausgesetzt werden. Diese sollen, da sie den Nachstellungen eines kaiserlichen Statthalters widerstanden hatten, entkleidet und allem Volk nackt gezeigt werden. Den Häschern aber gelingt es nicht, die Kleider von den Mädchen herabzureißen, da sie wie Haut an den jungfräulichen Körpern haften. So werden zwei von den dreien bei lebendigem Leib verbrannt; die jüngste soll zur Hure gemacht werden. Zur Erbauung der Leser und Zuschauer aber wird sie von zwei Jünglingen gerettet, auf einen hohen Berg gebracht, dort jedoch von den ihr nacheilenden Häschern mit Pfeilen durchbohrt. Noch schlimmer ergeht es drei Mädchen, die in Roswithas Drama »Sapientia« nackt ausgepeitscht werden, so daß ihnen die Glieder zerreißen. Aus den Wunden der abgeschnittenen Brüste fließt allerdings nicht Blut, sondern Milch. Ihre geschundenen Körper werden auf glühenden Rosten gebraten, in mit Wachs und Pech gefüllten Pfannen über dem Feuer gehalten, bis sie endlich mit Schwertern enthauptet werden. Roswitha gefiel sich aber nicht nur in der Schilderung und Zurschaustellung von schändlich gemarterten Jungfrauen, deren Leiber abscheulichen Lastern preisgegeben, deren Seelen jedoch für die ewige Seligkeit gerettet werden. Da ihr tatsächlich nichts Menschliches fremd war, unterließ sie es nicht, auch die gleichgeschlechtliche Liebe von Männern zu gestalten.

Ein Beispiel für die barbarische Bestrafung des Ehebruchs (Miniatur aus der Hohenemser Handschrift, 14. Jh.).

Eine wahrhaft sadistische Darstellung der Höllenpein aus »Le Grant Kalendrier ... des Bergiers«, Tryes (16. Jahrhundert).

Der Wortschatz an obszönen Ausdrücken, deren sich Hrotsvith bedienen mußte, um nicht von der »Wahrheit und Wirklichkeit« abzuweichen, war die Grundlage vieler grobsinnlicher Bezeichnungen, die in den deutschen Sprachschatz aufgenommen wurden. Das Lateinische wurde beziehungsreich abgewandelt. So leitete man von der Unbeständigkeit und Treulosigkeit der vagina, des »Lustspalts der Frauen«, die Bezeichnung für die ebenso unsteten wie eifrigen Betreuer

des weiblichen Geschlechts, die »Vagabunden«, ab – ein doppelsinniger Scherz, denn »vagabundus« kam eigentlich vom lateinischen vagare, umherschweifen. Die fahrenden Spielleute ergötzten ihr Publikum gern durch derlei anzügliche Verballhornungen, die schließlich in den Sprachgebrauch übergingen, so daß das Lateinische beim Leutevolk als unanständig galt und die großen Herren und vornehmen Frauen, die es sprachen, als »Lüderlinge« gescholten wurden, die, statt mit gutem Beispiel voranzugehen, ein schlechtes Beispiel gäben. Der Ruf der Frauen, ohnehin schlecht genug, verschlechterte sich so zusehends, daß man sie nur noch als »Gefäße der Sünde« verachtete. Diese allgemeine Auffassung lag auch dem päpstlichen Festhalten am Verbot der Priesterehe zugrunde, gegen das ein großer Teil der katholischen Geistlichkeit Einspruch erhoben hatte. In der Begründung des Dekrets stand, daß der Priester, der während der Messe vor dem Altar »täglich Gott schaffe«, durch die eheliche Gemeinschaft mit einem Weibe verunreinigt werde und daher für die lautere »Weihung der Hostie und des Weines« nicht geeignet sei. Die Aufrechterhaltung des Zölibats wiederum hatte zur Folge, daß die Priester sich in zunehmendem Maße dem außerehelichen Geschlechtsverkehr zuwandten: Die Natur ließ sich nicht unterdrücken. Um zu verhindern, daß die Priester in ihrem Sprengel solchermaßen Unzucht verübten und Unheil anstifteten, forderten viele Bauern im Römischen Reich Deutscher Nation, daß jeder geistliche Herr, der sein Amt übernahm, als »Seelenhirt« seine »Seelenkuh« mit sich bringen müsse, seine »Lebens- und Lastergefährtin«.
Während das »Regnum Teutonicum« zum mächtigen »Heiligen Römischen Reich Deutscher Nation« geworden war und sich allmählich eine Annäherung der höfischen Sitten an die verfeinerte Lebensweise der byzantinischen Kaiser vollzogen hatte, hatten die Kaiser von Byzanz verzweifelt um ihr Dasein gekämpft – und ein Herrschaftsgebiet nach dem andern ver-

loren. Die Völkerwanderungen, die aus dem Innern Asiens nach allen Richtungen hin ausstrahlten, hatten auch Turkmenenstämme, die zum islamischen Glauben übergetreten waren, mit ihren Reiterscharen in Bewegung gesetzt, sie kamen aus dem Altaigebirge und hatten eine eigene Sprache, die später das »Dschagataische« genannt wurde. Sie war das einzig Verbindende der in kriegerischer Unruhe vorstürmenden wilden Völker. Unter der Führung des Fürsten Seldschük brachen diese Turkmenen aus dem Raum östlich des Kaspischen Meeres, in Wellen vorstoßend, in Mesopotamien ein, eroberten das Zweistromland, Syrien und einen großen Teil Kleinasiens.

Auf italienischem Boden war neben dem Heiligen Stuhl und eng mit ihm verbunden eine neue Macht entstanden: Der Großhandel, dessen wichtigste Umschlagplätze und Märkte die Städte Pisa, Genua, Amalfi und vor allem Venedig waren. Die immer bedrohlichere Schwächung des Kaiserreiches von Byzanz hatte die Möglichkeiten für die Ausbreitung des Warenverkehrs der städtischen Handelsherren empfindlich beschränkt. Dazu kam, daß die muselmanischen Kaufleute des Kalifats Cordova, deren Seehandel von den auf Sizilien ansässigen Normannen beeinträchtigt gewesen war, jetzt, aufgemuntert durch die Seldschuken, wieder lebhafter ins Geschäft eingetreten waren und einen Handelskrieg begonnen hatten. So hatte Papst Urban II. Gründe und Anlaß genug, die Christenheit zum Kampf gegen den Islam aufzurufen. Es ging ihm nicht nur um das Kreuz und das Heilige Grab Jesu Christi – es war auch zweckmäßig, die allgemeine kriegerische Unruhe in Europa dadurch zu dämpfen, daß man die Fürsten von den jeweiligen kleinlichen Zwecken ablenkte. Und zudem schien es möglich, die abgespaltene Kirche des Ostens wieder unter die Herrschaft des Heiligen Stuhls zu bringen: Rom konnte wieder auferstehen als Hauptstadt der ganzen Welt, wenn der großangelegte Plan des Papstes gelang.

Allen Bemühungen der weltlichen wie der geistlichen Obrigkeit zum Trotz erwies sich die Prostitution als unausrottbar. In allen Städten gab es Frauenhäuser mit den »Hübschlerinnen« ...

Urban II. war in Westfrankreich zur Welt gekommen. In seinem Heimatland rief er ein Konzil zusammen und sprach auf offenem Feld in Clermont zu Tausenden Andächtigen in der eisigen Novemberluft: »Die Wiege unseres Heils, das Vaterland des Herrn, das Mutterland des Glaubens hat ein gottloses Volk in seiner Gewalt ... Das Volk, das den wahren Gott verehrt, ist erniedrigt ... und muß unwürdige Bedrückung erleiden. Bewaffnet euch mit dem Eifer Gottes, liebe Brüder, gürtet eure Schwerter an euren Seiten ... Besser ist es, im Kampf zu sterben, als unser Volk und die Heiligen leiden zu sehen ... Wir wollen unseren Brüdern helfen. Ziehet aus, und der Herr wird mit euch sein.« Mit dem Ausruf: »Deus lo vult! – Gott will es!« leisteten die Anwesenden das Kreuzfahrergelübde. Ein rotes Kreuz, auf den Mantel geheftet, wurde das Sinnbild der Streiter, die auszogen, den Islam zu vernichten und das Heilige Grab zu befreien. Tausende von französischen, normannischen, flandrischen und deutschen Rittern unternahmen den ersten Kreuzzug, erstürmten Jerusalem und richteten unter Türken und Juden ein furchtbares Blutbad an. Doch mit einem Kreuzzug war es nicht getan: Der kriegerische Aufwand der in verhältnismäßig kurzen Zeitabschnitten aufeinanderfolgenden Kreuzzüge befriedigte wohl die Machtgier und Abenteuerlust der Teilnehmer, aber der Islam behauptete siegreich das Feld. Doch seine so siegreiche Abwehr der Christen wurde in der endgültigen Auswirkung zum Pyrrhussieg. Die durch Sänger und Sagen berühmt gewordenen Ritter des Kreuzes waren aus ihren Burgen und Schlössern, bis an die Zähne bewaffnet, von Reisigen und Knappen begleitet, ins verachtete Morgenland gezogen, ohne zu wissen oder zu bedenken, daß das Abendland, aus dem sie kamen, eine geistige Wüste war. Sie errangen mit der Kraft ihrer Arme und der Wucht ihrer Schwerter auch anfängliche Erfolge. Aber wenn sie sich eines Landstrichs oder einer Stadt vorübergehend durch Gewalt bemächtigt hatten, wurden sie durch die verfeinerte Lebenskunst der Besiegten friedlich überwältigt und bezwungen. Trotz aller Beschwerlichkeiten der Märsche und Seereisen und trotz der blutigen Kämpfe waren die Kreuzzüge für die einzelnen Ritter wie ein Ausflug ins Märchenland eines besseren Lebens.

In beiden Lagern der gegeneinander kämpfenden Glaubensbekenntnisse beschimpften die Gläubigen ihre Gegner als Ungläubige. Es waren aber nicht nur zwei verschiedene Glaubensrichtungen, sondern zwei verschiedene Weltanschauungen, die einander gegenüberstanden. Die Muselmanen wollten nicht nur das Paradies erwerben, sondern auch ein schöneres, ein glücklicheres Leben auf Erden führen. Im christlichen Glauben aber war die Lebensfreude durch die große Angst vor der Sünde überschattet. War es also verwunderlich, wenn die heimkehrenden Ritter sich die Frage stellten, ob es denn wirklich nötig sei, das Leben in so quälender Entsagung zu verbringen? Auch die Frauen, die von den Kreuzfahrern während ihrer Abwesenheit vernachlässigten Strohwitwen, lehnten sich auf gegen ihre Vereinsamung und die erzwungene Enthaltsamkeit. Die Ehemänner waren fern. Vielleicht kamen sie nie wieder zurück. Sollten die wartenden Frauen verdorren? Es hatte sich nämlich die Sitte herausgebildet, die eheliche Treue der Frauen während der Abwesenheit ihrer Ehemänner durch »Keuschheitsgürtel« zu sichern. Diese aus Eisen geschmiedeten Bewacher der »dämonischen Pforte« waren mit Schlössern versehen. Nur der Ehemann sollte den »Schlüssel zur Lust« besitzen; nur ihm sollte es möglich sein, die Scham seiner Frau zu berühren und zu genießen. Aber geschickte Schmiede verfertigten neue Schlüssel für die Keuschheitsgürtel, die den fernen Rittern die Treue ihrer Ehefrauen sichern sollten. Die Schlüssel zum »Harem der Christen« gingen von Hand zu Hand – nach den genau vorgeschriebenen Regeln der sogenannten »Liebeshöfe«, denen die hohen und höchsten Burgfrauen vorstanden. Die geistlichen Herren, die das Treiben der lustigen Strohwitwen zunächst mißtrauisch beobachteten, schlossen gefällig die Augen. Sie taten, als wüßten sie von nichts, um nicht gezwungen zu sein, den Kämpfern für das Kreuz die unvermeidlichen Folgen ihrer Abwesenheit kundtun zu müssen. Sie ließen es dabei bewenden, daß die »ars amandi«, die im alten Rom so beliebte Liebeskunst Ovids, von den Mönchen ihrer Klöster sorgfältig abgeschrieben und köstlich belehrend bebildert

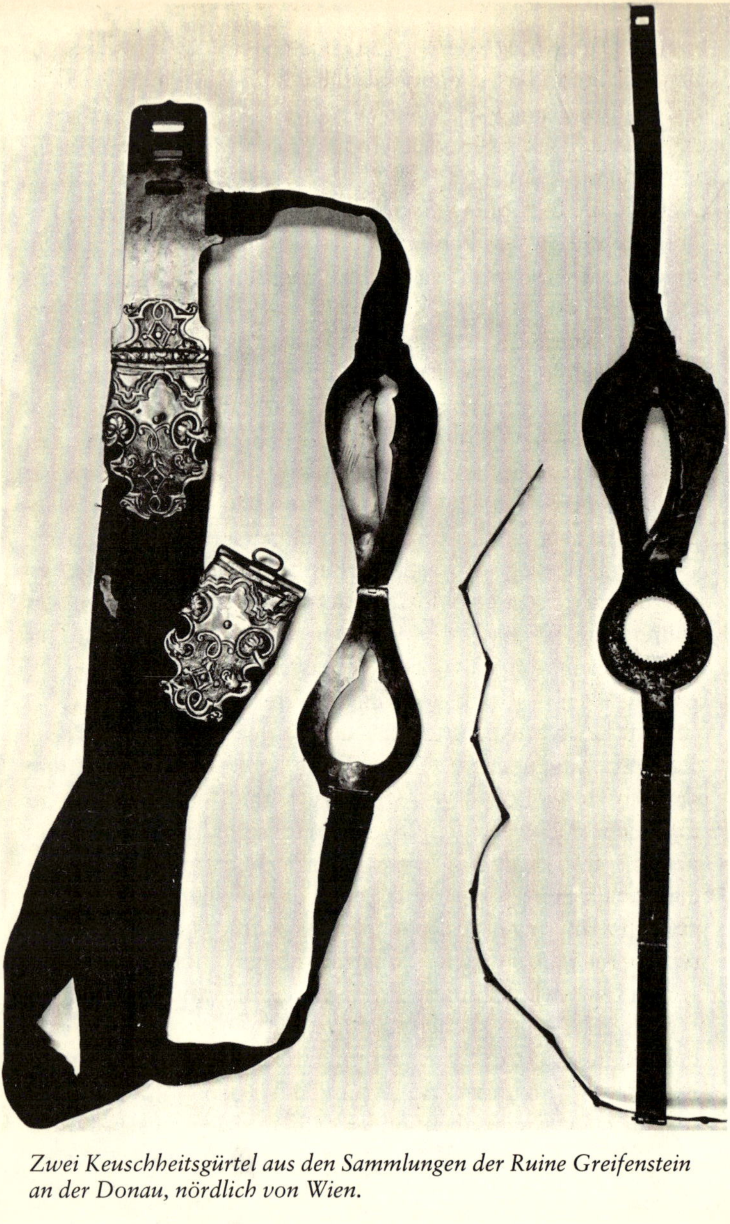

Zwei Keuschheitsgürtel aus den Sammlungen der Ruine Greifenstein an der Donau, nördlich von Wien.

wurde. »Die Kunst zu lieben« gehörte zur neuen Lebensart, die von Europa Besitz zu ergreifen begann. Die Ungeschlachtheit des Benehmens wich der »Ritterlichkeit«, die durch ihre Bräuche das Verhalten der Männer und Frauen zueinander bestimmte.

Es gab keine festgelegten Normen, keine grundlegenden Vorschriften des ritterlichen Anstands. Die Einstellung der einzelnen zur ritterlichen Verhaltensweise hing von ihren jeweiligen Vorbildern ab und beruhte auf der Überlieferung, die in den einzelnen Ländern verschieden war. Uralte Sagen und Mythen, die, von fahrenden Sängern und Spielmännern verbreitet und oft um des besseren Verständnisses willen abgewandelt, dem Zeitgeschehen angepaßt worden waren, beeinflußten die Sitten durch die beispielgebenden Handlungen, die sie enthielten. So wie sich Götter und Göttinnen, Halbgötter und Halbgöttinnen, Helden und Heldinnen vergangener Zeit in Freud und Leid benommen hatten, wünschten sich auch die Frauen und Männer zu benehmen, die von den »wundersamen Mären« Kenntnis bekommen hatten. Je volkstümlicher ein »Lied« wurde, desto eindrucksvoller wirkte es sich auf die Lebensgewohnheiten und sittlichen Vorstellungen aus. So prägte sich das in deutschen Landen allgemein bekannte Nibelungenlied der Phantasie der Frauen und Männer so ein, daß es nicht nur ihre Umgangsformen bestimmte, sondern auch ihren Charakter. Siegfried, der strahlende Unbesiegbare, wurde die Idealgestalt der Männer, die ihm nachgeraten, und der Frauen, die von ihm wenn nicht fürs ganze Leben, so doch wenigstens für eine Nacht erkoren werden wollten. Siegfried war, gelinde gesagt, ein abenteuernder Hochstapler, ein rücksichtsloser Mitgiftjäger, der zweifellos über außerordentliche Körperkräfte und eine unermüdliche Liebesfähigkeit verfügte, aber von moralischen Gesichtspunkten aus ein verwerflicher, liebedienerischer Ausnützer der Gelegenheiten. Der Siegfried des Nibelungen-

liedes, der, nachdem er eine leidenschaftliche Liebesbeziehung mit der reichen Brunhild unterhalten hatte, sich in die vornehme Kriemhild verliebte und Brunhild, durch die Tarnkappe unsichtbar gemacht, im Liebeskampf so erfolgreich überwand, daß sie lustvoll stöhnte und bereit war, mit Kriemhilds königlichem Bruder Gunther das Lager zu teilen, denn ihn hielt Brunhild für den »Überwinder« – dieser »Zuchthengst des Königs« war schamlos genug, Kriemhild von seinem Sieg über Brunhild zu erzählen. Daß er dadurch die Rache der betrogenen und gedemütigten Brunhild auf sich zog und von Hagen, dem getreuen Onkel des Königs, der Brunhild von Siegfried hatte »überwinden« lassen, hinterlistig ermordet wurde, erschien den von Siegfrieds Heldenmut begeisterten deutschen Männern und Frauen folgerichtig, denn Siegfried wäre nicht von Hagen ermordet worden, wenn Kriemhild nicht die Stelle seines Körpers verraten hätte, an der Siegfried verwundbar war. Kriemhild ihrerseits nahm Rache an Hagen und ihren königlichen Brüdern, die von dem Mordplan gewußt hatten. Dazu mußte sie das Beilager mit Attila, dem König der Hunnen, teilen, mußte mit dem ungeliebten Mann schlafen, um das Andenken des Geliebten durch das vergossene Blut seiner Feinde ehren zu können.
Keine der so klangvoll besungenen Gestalten des Nibelungenliedes verhielt sich so, wie es den überlieferten Regeln von Anstand und Sitte zu entsprechen schien, aber beinahe alle gingen in die Phantasie der Deutschen als »Edelmenschen« ein. Das muß seinen Grund darin gehabt haben, daß die Vorstellungen von edel, anständig und treu in den Zeiten, in denen das Nibelungenlied in seiner so beliebt gewordenen endgültigen Fassung entstanden ist, andere waren, als es sich die späteren Bewunderer von Siegfried und Hagen, von Brunhild und Kriemhild vorgestellt haben. Das Nibelungenlied beruhte auf einer altgermanischen Heldensage, in der Siegfried Sigurd hieß und Brunhild eine verstoßene Walküre war, die

Astrologie und Alchimie, kulturelles Erbe aus uralter Zeit, von den Griechen den Arabern überliefert und von diesen über Byzanz und Spanien dem Abendland vermittelt, benutzten in ihrer Bildersprache auch Begriffe aus dem Bereich des Geschlechtlichen. Hier die »Vereinigung« von Sonne und Mond als »Coitus«. (Frankfurter Druck von 1550 nach einer mittelalterlichen Handschrift)

geschworen hatte, sich keinem Manne zu vermählen, der sich fürchte. Sie schlief geruhsam, behütet von einem Feuerwall, der »Waberlohe«, aber der kühne Sigurd ritt furchtlos durch die Flammen, schnitt der schlafenden Jungfrau mit seinem Schwert Gram die Brünne vom Leibe und weckte sie aus dem Schlaf, um sie im Beischlaf zu besitzen. Brunhild kredenzte ihm den »Minnemet«, verlobte sich ihm und empfing sein Treuegelübde. Er brach das Gelübde – schuldlos, denn seine künftige Schwiegermutter, die ihm ihre Tochter zuführen wollte, berauschte ihn mit einem »Vergessenheitstrunk« so, daß er Brunhild tatsächlich vergaß und sich mit der anderen verheiratete, von der die alte Sage kündet, sie sei gewesen »wie der lichte Mond, der lauteren Scheines einhergeht vor den Sternen«. Auch Brunhild verheiratete sich mit einem andern, aber ihre Liebe für Sigurd quälte sie im Ehebett. »Oft schritt sie, ganz von Grimm erfüllt, über Eis und Gletscher, wenn Sigurd mit seinem Weibe zu Bette ging und der Held liebkosend sein Weib in die Decken hüllte.« Die eifersüchtige Brunhild benahm sich so wie die Brunhild des Nibelungenlieds: Sie ließ Sigurd ermorden.

Alles Geschlechtliche galt als Sünde, vor der zahllose Skulpturen in den Kirchen warnten. Rechts der Sündenfall (Kapitell in Pairon, Arr. Montmoridon, 13. Jh.), links der Teufel beim Cunnilingus (St. Martin in Isle-Adam, gotisch).

Der Einfluß des Glaubens nahm in der kriegerischen und der höfischen Handlung des Nibelungenliedes nur einen Platz »nach gewohnheite« ein. Die Würde des Gottesdienstes wurde zur Formalität herabgewürdigt, man ließ ihn zelebrieren und nahm daran teil, weil es sich schickte. Für die breiten Massen aber wurde die Sündhaftigkeit, deren sich die hohen Herren und Damen in rührender Ungehemmtheit erfreuten,

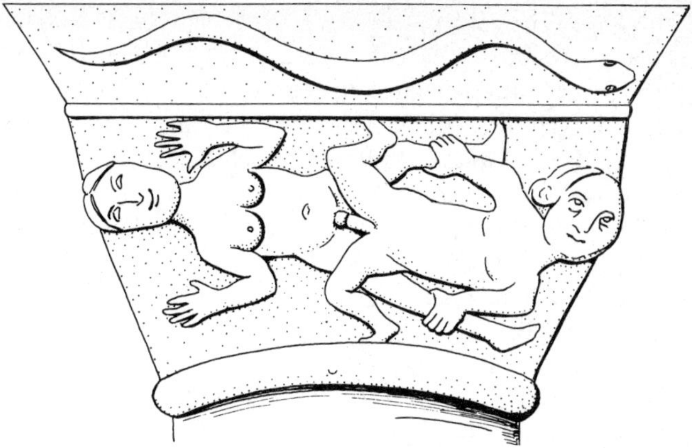

in Form von Schreckensbildern dargestellt, die, in Stein gemeißelt, als Wasserspeier oder schmucke Zierate die Kirchenfassaden belebten. Es sollte für den gemeinen Kirchgänger nicht zu übersehen sein, daß der Teufel die geschlechtlich Unzüchtigen, die maßlosen Vielfraße, die Geizigen und übermäßig Eitlen bedrohte und schnurstracks in die Hölle holte.
Die »Moralitas«, die in den zeitgenössischen Dichtungen gepriesene »süße Kunst guter und schöner Sitten«, hatte mit dem überkommenen Begriff der Moral nur den Namen gemeinsam. Die »Moralitas« war ein gesellschaftlicher Kodex des feinen Benehmens, das sich nicht nur in den vorgeschriebenen Gesten bei der Begrüßung und dem geselligen Beisammensein äußerte, sondern auch in der für die jeweilige Gelegenheit vorgeschriebenen Tracht. Der äußere Anstand, das, was man tun oder nicht tun darf, war den Rittern und ihren Damen wichtiger als die Anständigkeit im landläufigen Sinn. Es kam nur selten vor, daß ein Sittenprediger es wagte, den »Färberinnen« und »Gilberinnen« – das waren die, die sich ihr Haar färbten, und die, die sich schminkten – Vorhaltungen zu machen, indem er ihnen von der Kanzel herab zurief:

»Die Gemalten und Gefärbten schämen sich ihres Antlitzes, das Gott nach sich gebildet hat, und darum wird auch Er sich ihrer schämen und sie werfen in den Abgrund der Hölle.« Die Hölle war weit, die Erde nahe – das Schminken und das Färben der Haare – blond oder braun »nach Falkenart« – wurde ebenso zur Mode wie das Zurschaustellen der Brüste, die unter dünnen Geweben so wirken mußten, als seien sie »zwei Paradis-Epfelin«, oder wie der Gürtel, der die Schlankheit des Wuchses hervorheben mußte, damit das breite, gebärfreudige und lustempfängliche Becken deutlich herausmodelliert werde.

Über dem Unterrock trug die Dame die »Sukenie«, das Oberkleid, und einen Mantel. Sie ließ ihr über der Stirn gescheiteltes Haar frei auf Nacken und Schultern niederfließen, und wenn sie ihre Jungfräulichkeit demonstrieren wollte, schmückte sie es mit einem »Blumenkränzlein«. Die Jungfräulichkeit allerdings war zumeist nur ein Schaustück, wie der »schapel«, ein Kopfreifen, an dem der Brautschleier befestigt wurde. Die Burgfrauen und die »Frouwen« an Fürstenhöfen mußten »Höfischkeit« und »Zierheit« erlernen, um für ihre Ehemänner repräsentieren zu können. Sie durften mit dem Falken auf der Faust, hoch zu Roß, ihre Herren zur Reiherbeize begleiten und beim »Wurfzabelspiel« und »Schachzabelspiel« mit ihrer Gewandtheit mit dem Würfel und ihrem Wissen auf dem Schachbrett paradieren. Sie erfreuten die Gäste mit Harfenspiel und dem Singen von Liedern, die auch unverhohlen deutlich und derb sein durften, wenn sie mit Grazie vorgetragen wurden. Beim Tanzen galt es als ungehörig, sich an die Tanzpartner anzuschmiegen. Es mußte der gebührende Abstand der Geschlechter gewahrt werden; wohl aber war es rühmenswert, wenn eine Jungfrau ihre Fähigkeit im Springen zur Schau stellte. Sie wurde gepriesen. »Sie sprang mehr denn eines Klafters Länge und noch höher.« Dabei flogen die Mäntel, die Sukenien und die Unterröcke hoch. Wer gut schauen konnte, sah nur allzu deutlich, was die Sitte verbergen sollte. Oft entwickelte sich aus dem Schauen eine Brautschau. Nicht viel anders war es bei den Bauern der Dörfer, den »Törpern«. Auch da flogen bei Festlichkeiten die Röcke hoch, wenn »Hoppaldei, Heierlei, Firleifei« getanzt wurden. Aber das war auch von der Kirche erlaubt. »Ein Tänzchen in Ehren ...«

Die munteren Einzelheiten ritterlicher Geselligkeit verdanken wir den zeitgenössischen Dichtern, die sich allerdings nicht damit begnügten, festliche Zusammenkünfte zu besingen. In wohlgereimten Versen gab sie auch die Geheimnisse der »Kemenate« preis, der Schlafzimmer, in denen man sich der Liebe »nicht nach der Regel« hingab. Die vornehmen Frauen waren weder prüde noch spröde. Sie waren liebeslüstern. Es mußte nicht immer ein Ritter sein, der seine blanke Wehr ablegte, um seine Männlichkeit zu entblößen. Auch Kuttenträger waren als verstohlene Liebespartner beliebt. Das über sie verhängte Gebot der Enthaltsamkeit brachte die Geistlichen in den Ruf und Verruf, ihre Mannhaftigkeit sparsam behütet zu haben. Deshalb galten sie im allgemeinen als unvergleichlich potent, wenn auch keine Einzelheiten ihrer geschlechtlichen Fähigkeiten überliefert wurden, wie das bei renommierfreudigen Rittern üblich war. So soll der tapfere Olivier von der Tochter Kaiser Karls des Großen herausgefordert worden sein, durch die Tat zu erweisen, wessen er sich gerühmt hatte. daß er seine Manneskraft hundertmal beweisen könne. Er nahm es auf sich, seine Prahlerei bei Todesstrafe wahrzumachen, brachte es aber »nur« auf dreißigmal. Die Kaisertochter, der die Leistung Oliviers zusagte, belog ihren Vater, indem sie erklärte, daß es wirklich hundertmal geschehen sei, damit sie ihren so leistungsfähigen Liebhaber nicht verlöre.

Die Berichterstatter ritterlicher Liebesabenteuer waren nicht verschwiegen. Diskretion war keineswegs Ehrensache. Die edlen Herren, denen es gelang, bei der »hehren Frouwe ihrer

. . . und auf dem Land erhielten sich die Bräuche der Spinn- und Rokkenstuben und der Probenächte unverändert bis in unsere Zeit.

Wahl« zu liegen, brüsteten sich des Genusses wie einer zufriedenstellenden Jagd, in der sie erlesenes Weidwerk erlegt hatten. In friedlichen Zeitläufen wurde das Besiegen des schwachen Geschlechts wie eine Heldentat bewertet. Das lag an der Erziehung. Ritter wurde nur, wer mannbar war – wenn nicht auf dem kriegerischen Feld der Ehre oder bei den herkömmlichen Waffengängen im Turnier, so doch immerhin im Bett. Der Ritter wurde auch nicht als Ritter geboren. Wer Anspruch auf diesen Rang erhob, mußte wohl adeliger Abstammung sein, aber er hatte sich, wie begütert er auch von Haus sein mochte, einer schwierigen Ausbildung zu unterziehen, deren Normen genau vorgeschrieben waren. Der ritterliche Dienst begann mit sieben oder acht Jahren als Page am Hof eines Fürsten oder im Schloß eines Ritters, dem der Junge dann mit zwölf oder dreizehn Jahren als »Knappe« diente. In dieser Lehrzeit lernte er »Manieren«, und zwar bei Tisch und in der Schlafkammer. Er war verpflichtet, seinen Geist und seinen Körper in der Nachahmung seines Herrn zu festigen und zu kräftigen. Nach dem Grundsatz. »Wie der Herr, so das Gscherr« mußte er sich im Gebrauch der Waffen üben und in der »Herrischkeit«, im Umgang mit Untergebenen. Wenn er sich in seinen Lehrjahren als Knappe bewährt hatte, wurde er in einem Zeremoniell, das den Initiationsriten der Vorzeit (wenn auch in verfeinerter Form) entsprach, zum Ritter geschlagen. Mit der Ritterrüstung von Kopf bis Fuß ausgestattet, empfing er drei Schläge mit dem flachen Schwert auf den Hals oder die Schulter, manchmal auch einen Schlag auf die Wange mit der flachen Hand als Sinnbild der letzten Beleidigung, die er hinnehmen durfte, ohne sich am Beleidiger blutig zu rächen. Dann wurde er »im Namen Gottes, des heiligen Michael und des heiligen Georg« zum Ritter gemacht. Die feierliche Formalität, in deren Verlauf der Knappe seine silbernen Sporen mit den goldenen des Ritters vertauschte und sich so »die Sporen verdiente«, endete in einem Volksfest, das zumeist durch ein Turnier gekrönt wurde. Das Lanzenstechen der zum Wettkampf zugelassenen Ritter war ein gefährliches Spiel. Oft ging es um Leben und Tod, wenn es galt, den Mut, die Kraft und die Geschicklichkeit zu beweisen, nicht nur vor den anwesenden Herren, sondern vor allem vor den Damen, die von »ihren« Rittern als »Schutzherrinnen« erwählt worden waren. Der Sieger im Zweikampf empfing von der »Seinen« den Lohn. Das war eine Liebesbezeigung, obwohl die Erwählte den Ritter, der sie erwählt hatte, oft nicht einmal dem Namen nach kannte. Aber er hatte sich ihr geweiht. Es war einerlei, ob sie Jungfrau oder die Frau eines anderen Ritters war. Er erwarb sich das Recht und nahm die Pflicht auf sich, ihr zu dienen. Dieser Dienst erstreckte sich, je nach ihrem Belieben, auf kleine Gefälligkeiten, die sie sich erweisen ließ, oder auf die große Liebe, die sie herausfordern konnte. Viele Ritter widmeten

ihr ganzes Leben der einen als tugendhaft Gepriesenen, deren Tugend sie unablässig nachstellten, um sie zu Fall zu bringen. Die Legende, die das Rittertum verklärt hat, ist weit entfernt von der Wirklichkeit. Die Ritter schützten nicht die Armen, sie verachteten sie. Sie beraubten die Kirchen, deren Verteidigung sie gelobt hatten; sie bekämpften einander rücksichtslos und schreckten nicht vor Meuchelmord zurück; sie stellten den Frauen bei jeder Gelegenheit nach und mißhandelten ihre Gefangenen so lange, bis sie das Lösegeld erhielten, auf das sie es abgesehen hatten. Der Beruf des Ritters war das Töten. Sein Vermögen erwarb er durch Raub und durch Abgaben von Kaufleuten und Bürgern, die er mit Gewalt erzwang. Die Kreuzritter, die im Namen Gottes für das Christentum kämpften, waren so roh und so grausam, daß das Wort Ritter bei den doch gewiß nicht zartfühlenden Muselmanen als Bezeichnung für Schändlichkeit galt. Aber die Wahrung der äußeren Formen, die sich die Ritter zur unbedingten Gewohnheit gemacht hatten, trug dazu bei, den Begriff »Ritterlichkeit« sprichwörtlich werden zu lassen.
Den guten Ruf, »ritterlich« zu sein, verdankten die Ritter den Frauen, dic aus den ritterlichen Bräuchen Nutzen zogen, und den Dichtern, die die Ritterlichkeit zum Ideal erhoben und in Lobliedern verkündeten: Die Ritter waren die einzigen Männer, die »romantisch« liebten, und das bedeutete: »wunderbar abenteuerlich.« Die ritterlichen Sänger, die eine fremde Schöne zur »Frau ihres Herzens« erkoren hatten, widmeten ihre Dichtkunst der Unnahbaren, deren Gunst sie ersehnten. Sie hoben sie in den Himmel, als sei sie die Jungfrau Maria. Sie priesen ihre Schönheit über alle Maßen, ihre berückenden Eigenschaften und ihre Unzulänglichkeit – solange sie keinen Zugang hatten. Die fahrenden Ritter, die sich mit Worten

Der Ritter empfängt kniend von seiner »Herrin« den für die Zeit typischen Topfhelm mit der bunten Helmzier (Manessische Handschrift).

und Versen statt mit Schwertern und Lanzen und die Gönnerschaft reicher und vornehmer Standesgenossen bewarben, schmeichelten den Schutzherren, wenn sie das Lob ihrer Damen anstimmten. Sie waren im Grunde Schmarotzer, wie es die Klienten im alten Rom gewesen waren.

Das große Vorbild aller ritterlichen Sänger sind die Troubadoure Südfrankreichs gewesen.* Der ehrende Titel war abgeleitet vom Wort »trobar«: finden – der Troubadour »fand« nicht nur Reim und Melodie seiner Lieder, nicht nur den Schlüssel zum Herzen, sondern auch zum Keuschheitsgürtel der angebetenen Dame. Durch ihre Lieder wurden die Troubadoure die ausführlichsten und verläßlichsten Chronisten der Sitten ihrer Zeit. Sie überlieferten die Gepflogenheiten des »devoir«, des Dienstes an der Dame, deren Farben sie trugen. Die Farbe war ein Verständigungsmittel eigener Art. Grün bedeutete das erste Sprossen der Liebe, weiß die Hoffnung auf Erhörung, rot den hellen Minnebrand, blau unwandelbare Treue, gelb beglückte Liebe, schwarz Leid und Trauer.

Die Ritter begnügten sich aber nicht nur mit der äußerlichen Unterscheidung. Sie hatten nicht nur die »Moralitas«, sondern auch eine andere Moral. Sie unterschieden zwischen ihren Ehefrauen und ihren Geliebten, die sie ihre »Herrinnen« nannten. Die Geliebte war der Wunschtraum der Männer, die Ehefrau das Weib, das ihnen gehorsam zu dienen hatte und das sie nach Belieben vernachlässigen oder mißhandeln konnten: In der Zeit der »courtoisie« der Troubadoure war es ritterlichen Ehemännern erlaubt, ihre Frauen zu schlagen, ja sogar körperlich zu verletzen, wenn sie den Geschundenen nur kein Glied brachen und keine lebensgefährlichen Wunden zufügten.

* Die Liebeskunst der Trobadors (Frischauer schreibt »Troubadours«, das ist die spätere französische Version) wurde für die weitere Entwicklung des erotischen Diskurses in Europa sehr wichtig (siehe das Kapitel »Romantische Liebe« in Band IV). [G. L.]

Gegen die brutalen Übergriffe von ritterlichen Ehemännern und unerwünschten Liebhabern vereinigten sich zuerst im Süden Frankreichs entschlossene adelige Frauen in »courts« oder »Minnehöfen«, die den Zweck hatten, das gute Benehmen in der Liebe zu lehren und der unverzeihlichen Brutalität der Ehemänner dadurch ein Ende zu setzen, daß ihnen die Regeln der Liebe zur Kenntnis gebracht wurden. In diesen Minnehöfen tagten Gerichte, um die jeweiligen Fälle zu entscheiden, die ihnen von Frauen oder auch Männern vorgetragen wurden.* Als Vorsitzende dieser Gerichte fungierten hohe Damen, deren Rang gewährleistete, daß man ihre Urteile respektierte. Es kam vor, daß sechzig adelige Frauen zu Gericht saßen und ihre Stimme wie Geschworene abgaben, um Schuldsprüche zu erwirken oder Freispruch zu verlangen. Sachverständige Damen, die ihre vielseitigen Kenntnisse aus langjähriger Erfahrung in Liebesangelegenheiten zur Verfügung stellten, gaben ihr Gutachten ab. Und dies war die wesentliche Frage, die von den Beisitzerinnen des Gerichts (sie alle konnten sich auf ihre erprobte Übung als Beischläferinnen berufen) gestellt wurde: »Kann es unter Verheirateten wirkliche Liebe geben?« Die als Grundlage für alle Liebesbeziehungen geltende Antwort lautete: »Nein. Denn Liebende gewähren alles willig, ohne durch irgendeinen Zwang angehalten zu sein. Verheiratete hingegen sind verpflichtet, sich den Wünschen des Partners oder der Partnerin zu unterwerfen.« Die Ehe stand also bei den Liebeshöfen in schlechtem Ansehen. Und daran, so behaupteten die Damen, seien nicht die Frauen schuld, sondern die Männer. Daher könne die Ehe nicht als Entschuldigung für eine Verweigerung der Liebe gel-

* Die berühmten Liebesgerichtshöfe (der Ailinor von Aquitanien, der Ermengarde von Narbonne usw.) hat es nicht wirklich gegeben. Sie sind eine literarische Fiktion, die vor allem auf das Werk von Andreas Capellanus »de amore libri tres« zurückgeht, aus dem Frischauer ausführlich zitiert. [G. L.]

Die »Manessische Handschrift« aus dem 14. Jahrhundert, kostbarster Besitz der Heidelberger Universitätsbibliothek, enthält Minnelieder von 140 Dichtern und 138 prachtvolle ganzseitige Bilder vorwiegend aus dem Leben der Ritter. Hier zieht eine Dame ihren Ritter mit dem Lastenaufzug in die Kemenate.

ten. Der oberste Leitsatz an den Minnehöfen lautete: »Liebe kann der Liebe nichts versagen.«
Die gegenseitige Willfährigkeit im Bett, auf den Gartenbänken, im Moos und im Herbstlaub, an den Pfeilern der Söller und an den Baumstämmen des Waldes in jeder Form und jeder Stellung war das »Hochziel« der Damen, die ihren Liebhabern, ob sie nun Ritter oder Knappen, Bischöfe oder Mönche waren, beibringen wollten, wie die gemeinsame Lust am freudigsten befriedigt werden könne. Zwischen Liebenden sollte es keine Scham geben, kein falsches Zögern und keine

Eitelkeit des Standesunterschiedes. Nicht der Verstand sollte die sich vereinigenden Körper regieren, sondern das Herz, das erregte Blut. Wie es angesichts solcher Grundsätze um die Jungfräulichkeit der adeligen Mädchen bestellt war, bezeugte eine weitverbreitete »balada«, die »Das liebe Häslein« betitelt war. Die kleine Geschichte wurde gern als kennzeichnendes Beispiel zitiert. Ein Ritter, der eine der Liebe unkundige Schöne entjungfert hatte, heiratete eine andere. Beim Hochzeitsmahl erzählte er seiner Braut das Abenteuer. Die war keineswegs entsetzt, sondern fragte nur, den Kopf schüttelnd: »Aber warum hat denn das junge Mädchen seiner Mutter davon erzählt?« Und fuhr fort: »Das war eine große Dummheit. Mir hat unser Kaplan wohl hundertmal so getan, ohne daß ich es mir hätte einfallen lassen, es meiner Mutter zu gestehen.« Wie der Bräutigam das fröhliche Geständnis seiner Braut hinnahm, verschwieg die »balada«.

Die adeligen Mütter gaben sich allerdings den Anschein, als seien sie in Sorge um die Jungfräulichkeit ihrer Töchter. Sie behüteten sie, soweit sie es konnten, und klagten, daß es leichter sei, einen Sack voll Flöhe zu hüten als eine mannbar gewordene Tochter. Die bäuerlichen Mütter machten sich erst gar nichts vor. Sie wußten, daß ihre Töchter zärtliche Liebesabenteuer mit Rittern dem ungeschlachten Beischlaf mit Bauernburschen vorzogen. Aber ein Mädchen vom Lande erobern – das war keine Eroberung, mit der ein Ritter sich brüsten konnte, denn es hieß, daß die »Niedrigen« sich paarten »wie das liebe Vieh«. Eine Edelfrau, das war schon etwas anderes! Sie kannte alle Kunstfertigkeiten des Liebesgenusses: das Vorspiel, das glückhafte Hinauszögern des Ergusses, dessen Folgen man geschickt zu vermeiden suchte. Jede Empfängnisverhütung war ja verboten, und die Kirche bezeichnete schon die Unterbrechung des Geschlechtsverkehrs als ein Verbrechen, das kaum besser sei als Mord. Wo immer die Kirchenbehörden davon erfuhren, auch wenn es

nicht eine tatsächliche Abtreibung war, bestanden sie auf strenger Bestrafung der schuldigen Frauen. Jede »Unnatürlichkeit« war verpönt; es gab sogar eine Vorschrift, die eine dreijährige Buße über eine Frau verhängte, die »den Samen ihres Ehemannes unter ihre Nahrung mischte, damit sie seine Liebe besser empfangen könne«. Das Verschlucken von Samen in der Intimität des Beisammenseins wurde als Todsünde verurteilt. Allerdings galt nur die Frau als Schuldige. Der Mann, der sie dazu veranlaßt hatte, war eben der von einer Erbin der Sündhaftigkeit Evas Verführte, denn Gott hatte den Mund der Frau nur zum Küssen der Lippen von Männern geschaffen, und auch das allein in der bräutlichen oder ehelichen Gemeinschaft. Nur in den Studierstuben stiller Gelehrter, nur in den heimlichen Versammlungen schwärmerischer Gläubiger, die nichts gelten lassen wollten als das reine Wort des Evangeliums, nur in den schmucklosen Zellen frommer Mönche, die sich tatsächlich der von ihnen gepredigten Entsagung ergaben, blieb der Glaube an Gott als den Einen Allgegenwärtigen und Allmächtigen noch hochgehalten. Sonst aber wurde das Übersinnliche in der unermüdlichen Jagd nach der Sinnenlust vernachlässigt.
Die unausrottbare Sündhaftigkeit des Liebens und Lebens überwucherte die Gläubigkeit, die sich in die Einsamkeit zurückziehen mußte, um in der Abkehr von weltlichen Freuden bestehen zu können. Die fahrenden Spielleute und die von Hof zu Hof ziehenden Ritter gaben den Ton an, der die Sitten bestimmte. Der eigenartigste dieser Dichter zu Pferde war zweifellos Ulrich von Liechtenstein, ein Minnesänger, der sein Leben ganz dem »Frauendienst« gewidmet hatte. In seiner Burg wartete die eigene Ehefrau oft sehr lange vergeblich darauf, daß er sie besuche, »um ein Kindlein zu machen«. Denn Ritter Ulrich war zumeist unterwegs – für eine vornehme Dame, die er zu seiner »Herrin« erhoben hatte und wie eine Gottheit anbetete. Ihr zu Ruhm und Ehren zog der

Wahrhaft groteske Formen nahm der Dienst für die angebetete »Herrin« bei Ulrich von Liechtenstein an. Auf dem Helm »Frau Venus«, zog er sogar als Göttin der Liebe verkleidet durch die Lande (Manessische Handschrift).

Liechtensteiner durch die Lande. Da der hochgeborenen und zudem selbstverständlich verheirateten Dame seine »doppelwulstige« Unterlippe nicht gefiel, ließ er die Hasenscharte vernähen. Doch er dachte nicht nur an seine Verschönerung, sondern schreckte auch um der Herrin willen vor Verstümmelung nicht zurück: Er ließ sich einen Finger abhacken, da die Angebetete vermeint hatte, er habe diesen bei einem Turnier verloren. Es schreckte ihn auch keineswegs ab, daß die Herrin seinen Mund keineswegs als zum Küssen einladend gefunden hatte: Als Venus maskiert, ritt er durch die Lande, um im »Gewand der Liebe« bei Turnieren zu Ehren der Herrin zu kämpfen. Die höchste Gnade, die er von der »gnädigen frouwe«, empfing, war ihre Erlaubnis, das Wasser zu trinken, in dem sie sich die lieblichen Hände gewaschen hatte. Der Bericht über die tragikomischen Erlebnisse des Liechtensteiners bei seinem »Frauendienst« stammt von ihm selbst.

Wie er freilich nicht lesen konnte, so war er auch des Schreibens unkundig. Doch darin unterschied er sich nicht von seinen Zeit- und Standesgenossen, den nun wirklich großen Dichtern Wolfram von Eschenbach und Walther von der Vogelweide, deren ehrender Beiname »Dichter« zumindest beeinflußt ist vom lateinischen Wort »dictare« – brauchten doch auch sie willige Federn, ihre Gedanken und Worte niederzuschreiben.

Herr Walther von der Vogelweide wurde von Kaiser Friedrich II. gefördert und für seine Dichtungen belohnt. Der auf allen Gebieten streitbare und umstrittene Kaiser, den man »das Wunder der Welt« nannte, stammte väterlicherseits von den Hohenstaufen ab, die das Römische Reich Deutscher Nation* gewaltig erweitert hatten, und mütterlicherseits von den Normannenkönigen, die als Herrscher Siziliens die Insel »zum reichsten und zivilisiertesten Staat des Erdkreises« gemacht hatten. Die Verschönerung des Lebens in jeder Hinsicht war das Ziel der Könige, die mutig sein wollten wie »nordische Ritter« und zugleich ihr Dasein genossen wie islamische Fürsten. Konstanze, die Erbin der sizilianischen Pracht, die »alle Künste der Erde« vereinigte, überlebte ihren Gatten Kaiser Heinrich VI. nur um ein Jahr. Ihr einziger Sohn

* Wenn Frischauer vom »Heiligen Römischen Reich Deutscher Nation« spricht, so folgt er einer älteren Ansicht, welche sozusagen das wilhelmische »Deutsche Reich« als Nachfolger eines deutschen mittelalterlichen Reiches sehen wollte. Ein solches aber hat es nicht gegeben. Das »Heilige Reich« umfaßte u. a. deutsch-, französisch- und italienischsprachige Teile. Gegen Ende des Mittelalters wurde es üblich und dann bis ca. 1800 Brauch, von der »deutschen Nation« zu sprechen, wenn man die deutschsprachigen Teile des »Heiligen Römischen Reiches« meinte. Da seit Ende des Mittelalters fast alle – aber nicht alle – nicht-deutschsprachigen Teile verloren gegangen waren, wurde die »deutsche Nation« (was aber keineswegs »Nation« im modernen Sinne bedeutete!) identisch mit dem »Römischen Reich«, und so kam der Begriff »Römisches Reich Deutscher Nation« auf. [G. L.]

Friedrich war vier Jahre alt, als sie starb und Papst Innozenz III. die in Konstanzes Testament festgelegte Vormundschaft übernahm – unter der ihm angebotenen Bedingung, daß er die Lehenshoheit über das Königreich Sizilien erhalte. Er entledigte sich seiner vormundschaftlichen Pflichten durch die Bestellung von Erziehern und kümmerte sich sonst kaum um den jungen König. Da sich niemand um den Knaben sorgte, aber auch niemand ihn hinderte, sorgte er für sich selbst und förderte sich selbst. Er lernte Reiten und Fechten, entwickelte eine Leidenschaft für schöne Pferde und für die Jagd. Als er zwölf Jahre alt war, entsetzte er den vom Papst ernannten Regenten und setzte bald darauf die Erklärung seiner Volljährigkeit durch. Schon als Kind von seinem Vater zum Deutschen König gekrönt, wollte er nun Römischer Kaiser werden. Innozenz III. erhob keinen Einspruch. Er erklärte, sein Mündel sei »so alt an Weisheit wie jung an Jahren«, denn Friedrich hatte ihm versprochen, die Lehenstreue Siziliens gegenüber dem Heiligen Stuhl zu wahren und die »Beiden Sizilien«, die Insel und das normannische Süditalien, vom Römischen Reiche Deutscher Nation getrennt zu halten, auch wenn er Kaiser geworden sei.
In den meisten seiner von weiser Voraussicht zeugenden Handlungen »zur größeren Ehre Gottes« war Innozenz III. erfolgreich. Er versagte nur in der Beurteilung seines Mündels Friedrich II., von dem er geglaubt hatte, ihn in seinem Sinn erzogen zu haben. Erst nach dem Tod Innozenz' III. gab der zum Kaiser gekrönte »sizilianische Straßenjunge« zu erkennen, wie wenig er vom Glauben im allgemeinen und vom christlichen im besonderen hielt. Seine ganze Liebe und Sorge galt Sizilien, seine Freude war die Vervollkommnung der Mischkultur in diesem seinem Reich. Er glaubte nicht an die strikt einzuhaltende Trennung der Sitten, die in den verschiedenen Ländern der Erde durch die verschiedenen Glaubensbekenntnisse entstanden waren. Er war für die Verschmel-

zung der Lebensgewohnheiten und Bräuche zum Besten der Menschheit. Das gute, das schöne Leben, das er für sich und alle Gleichgesinnten erstrebte, sollte weder durch religiöse Absonderung noch durch andere Vorurteile gestört werden. Er hatte nichts dagegen, vom Volk als »Sohn Gottes« verehrt zu werden. Er wollte wie ein Gott die irdischen Freuden genießen und nicht um des Himmels willen gekreuzigt werden, wie der von den Christen angebetete Sohn Gottes. Friedrich II. unterhielt einen Harem, der mit allen ihm zur Verfügung stehenden Mitteln so luxuriös eingerichtet war, als sei sein Frauenhaus das verkündete Paradies Mohammeds. Seine Geliebten waren seine »Huris«, die Speisen, die er auftragen ließ, »Götterspeise«. Er richtete einen Zoologischen Garten ein, in dem es Leoparden, Löwen, Luchse, Panther, Bären und Affen gab, die von verschnittenen islamischen Sklaven an goldenen Ketten geführt wurden. Sein Hof in Foggia wurde zur Bühne für die besten Sänger und Tänzerinnen und die gewagtesten Akrobaten, die er an der kaiserlichen Tafel teilnehmen ließ und mit denen er das Bett teilte, wenn ihn die Lust ankam. Als ihn Papst Gregor IX. der Sodomie anklagte, der widernatürlichen, unzüchtigen, gleichgeschlechtlichen Liebe, gab er spottend zur Antwort, daß die weißen und schwarzen Mädchen und Burschen seiner Erlustigung dienten – den an den Königshöfen üblichen Späßen, die jeder nach seinem Geschmack betreiben könne. Sein Wissensdurst war so unersättlich, daß ein Gelehrter, bei dem er die okkulten Wissenschaften studierte, ihm sagte: »O glücklicher Kaiser, ich glaube wahrhaftig, wenn jemand durch sein Wissen dem Tod entgehen könnte, dann wärest du es.« Doch Kaiser Friedrich, der einen medizinischen Lehrstuhl an der von ihm in Neapel gegründeten Universität mit aller Sorgfalt eingerichtet, der die Herstellung und den Verkauf von Heilmitteln organisiert hatte, starb erbärmlich an der Ruhr, gegen die noch keine Medizin erfunden worden war. Seine Feinde aber behaupteten, die Seele des ketzerischen Kaisers sei, obwohl er im Mönchsgewand eines Zisterziensers die letzte Ölung empfangen hatte, vom Teufel durch den Krater des feuerspeienden Ätna direkt in die Hölle gebracht worden.

Ein von normannischer Seite her Verwandter des verstorbenen Kaisers, des »wunderbaren und erstaunlichen Veränderers der Welt«, Thomas von Aquin, dessen Brüder am Hofe Friedrichs II. hohe Ämter bekleideten, unternahm es als Philosoph und Theologe, die Freidenker zu bekämpfen, deren Liebling Friedrich II. gewesen war. In seinen Schriften, die kaum ein Wissensgebiet unberührt ließen, berief er sich auf griechische, muselmanische und jüdische Gelehrte, besonders auf Aristoteles und auf Moses Maimonides, der verkündet hatte, daß der menschliche Verstand Gottes Dasein zwar beweisen, nie aber zur Kenntnis Seiner Wesenseigenheiten gelangen könne. Thomas von Aquin prägte aber auch einige Sätze, die von entscheidendem Einfluß auf die weitere sittliche Entwicklung der Christenheit waren: Sie sorgten dafür, daß die Stellung der Frau in der christlichen Welt in den kommenden Jahrhunderten nicht anders gesehen wurde als in dem Jahrtausend zuvor. Er schrieb: »Der Mann ist Ursprung und Ziel des Weibes ... Das Weib ist von Natur aus untergeordnet ... Der Vater muß mehr geliebt werden als die Mutter.«

Die geschlechtliche Rebellion der Frauen im Zeitalter der Renaissance, das mit Kaiser Friedrich II. heraufgedämmert war, wurde ein unwillkürlicher triebhafter Aufstand gegen die geistige und geistliche Unterdrückung des weiblichen Geschlechts.

Zeittafel

1079–1142 Abälard
1100–1164 Heloise
1119 Universität Bologna gegründet
1150 Universität Paris gegründet
1198–1216 Innozenz III.
1231 Päpstliche Inquisition
1265–1321 Dante Alighieri
1273–1291 Rudolf von Habsburg
1304–1374 Petrarca
1313–1375 Boccaccio
1347–1352 Erster Seuchenzug der Pest
1348 Universität Prag gegründet
um 1400–1468 Johannes Gutenberg
1415–1493 Friedrich III.
1420–1498 Tomás de Torquemada (1483 Großinquisitor)
1430–1503 Rodrigo Borgia (1492 Papst Alexander VI.)
1431–1465 (?) François Villon
1449–1492 Lorenzo de Medici, Il Magnifico
1452–1519 Leonardo da Vinci
1452–1498 Savonarola
1453 Die Türken erobern Konstantinopel
1459–1519 Maximilian (1493 Kaiser)
1475–1564 Michelangelo
1475–1507 Cesare Borgia
1480–1519 Lucrezia Borgia
1483–1520 Raffael
1483–1498 Karl VIII. von Frankreich
1492 Kolumbus entdeckt Amerika
1492–1547 Vittoria Colonna
1492–1556 Pietro Aretino
1503–1513 Julius II.
1519–1521 Cortez erobert Mexiko
1529–1539 Pizarro erobert Peru

5 »Das hungrigste Tier der Welt ...«

Vom Mittelalter zur Renaissance

Im Anfang der Renaissance, jener Wiedergeburt des geistigen Lebens, die eine »Wiederentdeckung des Menschen« und damit auch ein Wiederaufleben der freizügigen, ja hemmungslosen Sinnlichkeit der Antike mit sich brachte, stand nicht zuletzt die Tatsache, daß die gegen den Islam kämpfenden Christen die lebenslustigen und genußfreudigen Gewohnheiten der von ihnen als »ungläubig« geringgeschätzten Mohammedaner erst nachahmten und dann zu übertrumpfen versuchten. So war die katholische Kirche, die Entsagung und Enthaltsamkeit auf Erden und den Kampf gegen die Ungläubigen um des Himmels willen gebot, in aller Unschuld und unfreiwillig schuld an einem Wandel der Sitten, der ihre so mühselig erworbene und behauptete Stellung so empfindlich gefährden sollte, daß sie für ihr Bestehen mit Worten und Waffen zu kämpfen gezwungen war.

Die Renaissance begann in den Klosterschulen des Abendlandes. Die Mönche, die in ihren Zellen die von den Muselmanen schon längst ins Arabische übersetzten wissenschaftlichen und dichterischen Werke der alten Griechen ins Lateinische als die überall gültige Sprache der Kirche und der Gelehrten übertrugen, waren zugleich auch die ersten Studenten. Die Klosterbrüder waren freilich nicht umstürzlerisch wie ihre Laienbrüder, die, von weltlichen und geistlichen Fürsten angeregt und gefördert, auf die neugegründeten, dem antiken Muster nachgebildeten Universitäten zogen und die heimische Bevölkerung mit neuen Ideen und ungezügeltem Benehmen heimsuchten. Was an den »Hohen Schulen«, die den Nachwuchs für den steigenden Bedarf nicht nur an Priestern, sondern auch an Juristen und Verwaltungsbeamten sowie an Ärzten heranbilden sollten, gelehrt wurde, war mit geringen Abwandlungen, die von der Initiative der Lehrer abhingen, das gleiche. Aber die Wirkungen, die das Wissen mit sich brachte, waren je nach dem Temperament der Studenten unterschiedlich genug.

Student konnte jeder werden, der sich Wissen aneignen wollte. Es gab weder eine Altersgrenze nach unten noch nach oben, und es war auch nicht vorgeschrieben, daß der Student aus einer Familie von Stand oder Rang kommen mußte. Wer Latein konnte und seinen Wunsch bekundete, sich in den Wissenschaften ausbilden zu lassen, wurde als Schüler angenommen, sofern er bereit und fähig war, dem »Professor« eine Gebühr zu entrichten. Mittellose Bewerber um die Bildung wurden von großzügigen Gönnern unterstützt, von Klöstern oder Bischöfen, Städten oder Fürsten, die für freie Kost und Quartier sorgten und die Studenten nötigenfalls auch mit Reisegeld bedachten. Da keine besondere Bedingung an die Erlangung der Studenten»würde« geknüpft war, setzte sich der neue »Stand«, der sich in den bedeutendsten Universitätsstädten, in Paris und Bologna, in Prag, Wien und Heidelberg, in Oxford und Cambridge, ansiedelte, aus vielerlei Wißbegierigen, aber auch hergelaufenen Abenteurern zusammen.

Diese zusammengewürfelte, aus so ungleichartigen Elementen zusammengesetzte Gemeinschaft der Studenten hatte neben dem Studium auch die Genußsucht und das Standesbewußtsein gemeinsam. Studenten trugen keine Rüstung wie die Ritter, sondern mußten in Paris ihr dunkles Gewand zugeknöpft und in Oxford »Schoßröcke« tragen. Sehr früh schon aber ertrotzten sich die »Scholaren« an vielen Hohen Schulen das Recht, blanke Waffen zu tragen, was sonst nur dem Adel zustand. Von den deutschen Studenten wissen wir vor allem, daß sie »nicht nur große Säufer« wie die Engländer waren, sondern überdies »unanständig beim Bechern«. Die

Studenten in Bologna galten als »duckmäuserisch wie Mönche«, aber nur bei Tag; bei Nacht waren sie »Hurentreiber und Lüstlinge«, getreu ihrem Lieblingsausspruch: »Nichts Menschliches ist mir fremd.« Das Leben und die Umwelt der Pariser Studenten schildert ein zeitgenössischer Berichterstatter wie folgt: »Unzucht galt für sie nicht als Sünde. Dirnen zerrten vorübergehende und angehende Kleriker fast mit Gewalt in die Bordelle und zogen mit ihnen öffentlich durch die Straßen. Wollten die Studenten ihnen nicht folgen, so wurden sie von den Huren ›Sodomiten‹ genannt ... Das abscheuliche Laster der Sodomie breitete sich in der Stadt dermaßen aus, daß es als ein Zeichen der Ehre galt, wenn ein Mann sich eine oder mehrere Beischläferinnen hielt. In einem und demselben Haus waren oben Hörsäle und unten ein Bordell untergebracht. Oben hielten die Lehrer ihre Vorlesungen, unten boten Dirnen ihre gemeinen Dienste an. Im gleichen Haus konnte man die Wortstreite der Philosophen und das Gezänk der Huren und Kupplerinnen hören.« Studiert wurde wenig. Der Eid, der jedem Studierenden zu Beginn jedes Jahres abgenommen wurde: seine ganze Zeit dem Studium zu widmen, war eine Förmlichkeit, an die sich nur Scheinheilige hielten. Das Wissen wog mehr als das Gewissen, und die Kunst, vergnügt zu leben und ausschweifend zu lieben, galt höher als jede Wissenschaft. Der Doktorhut, den die Studenten nach Beendigung des Studiums gewannen, war wie ein Ritterschlag. Aber wer wollte schon Ritter werden, wenn er als Knappe vergnüglicher lebte? Saufen und Huren war das A und O der Studenten, und ihre lockeren Sitten färbten auf weiteste Kreise um so leichter ab, als die »Herren Studiosen« sehr gern weit durch die Lande schweiften.

Die in Frankreich weitverbreiteten »fabliaux«, Schwanklieder aus dem alltäglichen Leben, trugen in ihrer sinnlichen Heiterkeit zur leichten Auffassung des Lebens in der Bevölkerung bei. Es machte Spaß, über den dummen Ehemann zu la-

»Die Wollust«, Zeichnung von Antonio di Puccio (1395–1455), nach seiner Geburtsstadt Pisa »il Pisanello« genannt.

chen, dem Hörner aufgesetzt wurden, die Huren zu verspotten, die um ihren »Sündenlohn« geprellt wurden, und die Pfaffen bloßzustellen, die ihre fromme Kutte heben mußten, wenn sie ihrer geilen Verliebtheit nachgehen wollten. In den Fabliaux wurden mit Vorliebe die Frauen verunglimpft. Wer an die Keuschheit eines weiblichen Wesens glaubte, begriff eben nicht, daß auch die frömmste Nonne den »Stachel des Fleisches« fühlte oder zu fühlen bekommen wollte. Die unersättliche Geilheit des weiblichen Geschlechts wurde so oft, so vielfältig und mit solcher Lust vorgetragen, daß das weibliche Bedürfnis nach Ausschweifung geradezu sprichwörtlich war. Und die Frauen wollten ihrem schlechten Ruf keine Schande machen – sie entsprachen ihm. Nicht nur in den Fabliaux, sondern auch in der Wirklichkeit. Gewiß – es gab auch Fabliaux, die von der Liebe erzählten, vom ausschließlichen Ge-

fühl eines Mannes für nur eine Frau oder einer Frau für nur einen Mann. Aber die Liebe, die die Seelen verband und nicht die Körper, hatte den Seltenheitswert der Dichtung, die erhebend wirken sollte.
Eine Geliebte, die mit dem Mann ihrer Wahl in körperlicher Leidenschaft verbunden gewesen war und zugleich nach seelischer Vereinigung gestrebt hatte, wurde berühmt. Sie hieß Heloise; der Mann ihres Herzens und ihrer Sinne war Abälard, ein bedeutender französischer Theologe und Philosoph. Ihrer beider Geschichte spielte sich zwar im hohen Mittelalter ab – in dem Glühen ihrer Leidenschaft aber kündigt sich bereits das Lebensgefühl der Renaissance an. Abälard, der Sohn eines adeligen Gutsherrn und Kanonikus der Kathedrale von Notre-Dame, lebte, wie er selbst schrieb, in »äußerster Enthaltsamkeit« und enthielt sich »eifrig jeden Übermaßes«. Um diese seine Enthaltsamkeit war es geschehen, als er im Hause des Domherrn Fulbert die sechzehnjährige Heloise kennenlernte, die Nichte eben dieses Kanonikus. Als Heloise, für die Abälards innige Liebe »süßer als der feinste Balsam« war, in die Hoffnung kam, entführte der von seiner Leidenschaft besessene Philosoph die Geliebte heimlich aus dem Haus ihres Onkels und brachte sie zu seiner Schwester in die Bretagne. Dem vor Wut schäumenden Domherrn versprach er, Heloise zu heiraten, wenn die Ehe geheimgehalten würde. Nachdem das Kind zur Welt gekommen war, wollte Abälard die Liebesbeziehung tatsächlich legitimieren und die Braut mit dem Säugling zu sich nehmen. Aber Heloise lehnte ab. Sie wollte den Geliebten nicht zum Ehemann, denn durch die Heirat wäre seine kirchliche Laufbahn beendet worden. Sie erklärte, ihr sei es das Liebste und zugleich für sie Anständigste, wenn sie Geliebte heiße statt Gattin. Auch seine Entwicklung als Philosoph wollte sie nicht beeinträchtigen. Sie schrieb: »Du weißt, Sokrates war auch beweibt. Er hat diesen Abfall von der Liebe zur Weisheit schwer büßen müssen – ein

warnendes Beispiel für die andern.« Dennoch ließ Heloise sich überreden. Sie heiratete Abälard unter der Bedingung, daß die Eheschließung nur ganz wenigen Vertrauten bekanntgegeben werde. Das Kind blieb bei der Schwester in der Bretagne. Abälard und Heloise kehrten in das Haus des Domherrn zurück und lebten wie früher in heimlicher Liebe. Fulbert jedoch hielt sich nicht an das Versprechen, das er dem Liebespaar gegeben hatte: Er machte ihre Eheschließung bekannt. Heloise leugnete, obwohl sie ihr Onkel, der sich ihrer Liebschaft schämte, »mehrmals mit Strafen heimsuchte«. Abälard entführte sie abermals, diesmal in das Kloster von Argenteuil, und erwirkte, daß sie das Nonnengewand tragen durfte, ohne jedoch das Gelübde ablegen zu müssen. Fulbert betrachtete die neuerliche Entführung als »ganz schnöden Betrug des heimlichen Gatten und als abgefeimten Versuch, Heloise auf diese Weise abzuschieben«. Über die Unbarmherzigkeit des empörten Domherrn und seiner Familienangehörigen berichtet Abälard: »Die Erbitterung dieser Leute war so stark, daß sie mein Verderben beschlossen. Mein Diener ließ sich bestechen und führte sie eines Nachts, als ich ganz ruhig schlief, in meine Kammer. Und dann nahmen sie an mir eine Rache, so grausam und so beschämend, daß die Welt erstarrte: Sie schnitten mir von meinem Leib die Organe ab, mit denen ich sie gekränkt hatte.« Er setzte hinzu: »Auf der Flucht fing man zwei dieser Kerle ein; sie wurden geblendet und außerdem ebenfalls entmannt.«

Abälard, der zunächst, einsam in einer Zelle lebend, seine Schande verborgen hatte, nahm bald wieder seine Lehrtätigkeit auf, und in philosophischen Schriften verkündete er seine These: »Der Glaube soll in der menschlichen Vernunft begründet sein und umgekehrt.« In Wort und Schrift wehrte er sich gegen die ihm drohende Anklage der Ketzerei und zog sich als Eremit mit einem Gleichgesinnten in eine Klause zurück. Einige seiner Schüler erbauten sich Hütten in der Wild-

Der Pariser Domherr Fulbert läßt den Geliebten seiner Nichte Heloise, den Kanonikus Abälard, nächtens überfallen und entmannen. Stich von Vincent M. Langlois. Nach einer Zeichnung von Jean Michel Moreau dem Jüngeren (1741–1814).

nis, um ihm nahe zu sein, und »lebten von Grütze und den Kräutern des Feldes«. Um ihn für seine unentgeltlichen Vorlesungen zu entlohnen, errichteten die dankbaren Schüler eine Kapelle, die er »Paraklet« nannte, um zu bekunden, daß die Liebe seiner Schüler ihm beistehe wie der Heilige Geist, der im Johannesevangelium als Paraklet – Helfer und Beistand – bezeichnet wird. Mit unermüdlichem Eifer ergab er sich seinen Bemühungen, die mystischen Lehren des christlichen Glaubens in den Rahmen der Vernunft zu fassen. Er fand Anerkennung bei den kirchlichen Behörden und erhielt die ehrende Berufung als Abt des Klosters Sankt Gildas in der Bretagne. Abälard nahm an, obwohl es ihn abstieß, von »gemeinen, unbezähmbaren Mönchen umgeben zu sein, welche offen mit Beischläferinnen zusammenlebten«.

In den langen Jahren der Trennung hatte sich Heloise so eifrig ihren Nonnenpflichten ergeben, daß sie Priorin des Klosters geworden war. Sie hatte sich, wie berichtet wird, »in aller Augen so viel Zuneigung erworben, daß die Bischöfe sie wie eine Tochter, die Äbte wie eine Schwester und die Laien wie eine Mutter liebten«. Aber das Kloster sollte abgerissen werden. Als Abälard erfuhr, daß seine Heloise und ihre Nonnen obdachlos werden könnten, bot er ihr sein »Paraklet« an und half ihr persönlich bei der Niederlassung. Allerdings sagte man ihm, wie er selbst in seiner Autobiographie bekannt hat, nach: »Ich sei eben immer noch in den Fesseln der Sinnenlust, darum könnte ich das Fernsein von meiner einzigen Geliebten nur schwer verschmerzen, wenn ich es überhaupt zu verschmerzen vermöchte.« Als Heloise Abälards »Geschichte meiner Leiden« zu lesen bekam, schrieb sie ihm: »Herzallerliebster, Du weißt es, alle, alle wissen es, was ich an Dir verloren habe ... Ohne Zaudern brächte ich mein altes Gewand und mein altes Herz zum Opfer, um aller Welt zu zeigen, wie ich Dein eigen bin mit Leib und Seele ... Ein festes Eheband, eine Morgengabe – habe ich jemals danach gefragt? In der Bezeichnung Gattin hören andere vielleicht das Hehre, das Dauernde. Mir war es immer der Inbegriff der Süße, Deine Geliebte zu heißen, ja bitte zürne nicht – Deine Schlafbuhle, Deine Dirne ... Der Herrgott sei mein Zeuge, daß ich, wenn der Kaiser käme, wenn der Beherrscher der ganzen Welt sich herabließe, mich zu ehelichen, wenn er mir dabei die ganze Erde verschriebe und verbriefte zum ewigen Besitz, doch lieber Deine Hure heißen möchte als seine Kaiserin ...« Untröstlich darüber, daß sie ihn nicht mehr gesehen habe, beschwor sie Abälard: »Bei Gott, bei dem Gott, dem Du Dich zum Opfer dargebracht, schenke mir Deinen Besuch ... Einziger, Liebster.« Denn, »Dir zu gefallen«, so bekannte sie, »liegt mir mehr am Herzen als Gott zu gefallen«. Abälard wies Heloise zurecht: »Meine Liebe hat uns beide mit Sünden umfangen und darf nicht Liebe, darf nur Sinnlichkeit heißen. An Dir sättigte ich meine armselige Lust, und in dieser Sättigung gipfelte meine Liebe ... Ja, Klagelieder stimme an, aber stimme sie an über Deinen Erretter und Erlöser, nicht über Deinen Verführer, über Deinen Buhlen.« Und damit verabschiedete er sich von Heloise: »Lebe wohl im Herrn, Du Magd des Herrn. Einst in der Liebe mir lieb und wert, jetzt in Christo mir vor allem andern lieb und teuer.« Als Abälard, vom Heiligen Stuhl wegen seiner nun doch als ketzerisch erklärten Schriften zum ewigen Schweigen verurteilt, in einem Kloster das Zeitliche gesegnet hatte, erwirkte Heloise beim Abt von Cluny, daß ihr ehemaliger Ehemann im »Paraklet« begraben werde. Der fromme Abt überbrachte ihr den Leichnam und nahm Abschied von ihr in einem Brief: »Eingegangen ist zu Gott ein Christ. In der Welt gehörte ihm Deine menschliche Liebe, fern der Welt warst du ihm verbunden durch das starke Band der wahren Liebe, der Gottesliebe. Ihr habt beide geistlich vereint, Du die Magd und er der Geist, unserem Gotte dienen dürfen. Er, Dein besseres Ich, ruht in Christi Armen, bis Du zum Herrn eingehen darfst, bis des Herrn Tag kommt, da die Stimme des Erzengels über die Welt ertönt und unter dem Schall der Posaunen Gott vom Himmel herniederfährt, bewahrt in der Gottesgnade zur ewigen Wiedervereinigung.«

Über das Schicksal des Kindes, das die Frucht der Leidenschaft zwischen Abälard und Heloise gewesen war, schweigt die Geschichte. Elternliebe stand nicht zur Debatte. Die Berichterstattung über den außerordentlichen Fall war von zwei Gesichtspunkten geleitet: Es sollte einmal bewiesen werden, daß die Liebe zweier Menschen zueinander ein unzerreißbares Band sei, und zum zweiten, daß die Liebe zu Gott stärker sein könne und müsse als jede andere Liebe. Das Irdische in seiner höchsten Form und das Himmlische sollten einander gegenübergestellt werden – in einer Zeit, in der die Verkörperung der höchsten irdischen Gewalt, der Kaiser, mit dem Stellvertreter Gottes, dem Papst, im Kriege lag. Dieser Machtkampf spaltete die Christenheit nach dem Tode Kaiser Friedrichs II. in zwei feindliche Lager. Da es auch dem Heiligen Stuhl um weltliche Belange ging, griffen sowohl die Anhänger der Päpste als auch die Gefolgsmänner der Kaiser zu den Waffen. Es schien einerlei, wer die Tiara oder die Kaiserkrone trug. Die blutige Zwietracht zwischen den Ghibellinen, den ehemaligen Anhängern der Staufenkaiser, und den Guelfen, die zum Papst standen, überdauerte das traurige Ende der Hohenstaufen. Sie lebte fort, nachdem der unbedeutende Schweizer Graf Rudolf von Habsburg zum Kaiser des Heiligen Römischen Reiches Deutscher Nation gekrönt worden war, und auch lange noch unter seinen bedeutenderen Nachfolgern auf dem Thron. Die Zwietracht wirkte sich in allen christlichen Ländern aus – am heftigsten auf dem Boden der Apenninenhalbinsel. Dort waren die Städte und die Dörfer, die Bürger und die Bauern ihres Lebens und ihrer Habe nur dann sicher, wenn sie den Anführern der Landsknechte Tribut entrichteten. Und sie mußten sich jeder Forderung fügen.

Wenn sie nicht genug Geld aufbringen konnten, mußten sie ihre Weiber zur Hurerei anbieten, ihre Schwestern und Töchter und Ehefrauen, sobald es den von der Sinnlichkeit des Nichtstuns und des Blutrausches erregten Männern so gefiel. Aber selbst Geldzahlungen befreiten die Geplagten und Bedrängten nicht von dem gelegentlichen Zwang, dafür zu sorgen, daß ihre Weiber willig waren. Keuschheit und Scham galten für ein Nichts. Wer überleben wollte, mußte den »Liebesbedürfnissen«, dem groben geschlechtlichen Verlangen der Landsknechte willig genügen. Da aber das, was Stadt und Land an »Weiberfleisch« zu bieten hatten, nicht immer hinreichte, um den Anforderungen nachzukommen, hielten es die meisten Hauptleute der Landsknechte für nötig, Dirnen im Troß mitzuführen. Das war ein alter Brauch. Schon in friedlicheren Zeiten hatte es bei den Zelten der Reisigen, der schwer bewaffneten Gefolgsmänner der Ritter, auch Unterkünfte für die sie begleitenden Weiber gegeben – wie es schon in der Sage von Parsifal hieß: »Nicht Königinnen waren es just; diese Buhlerinnen hießen Marketenderinnen.« Diese »Unzuchtshäsinnen« trugen nicht nur ihre Haut zu Markt, sie handelten auch mit Waren, die ihnen ihre »Zuhälter« zubrachten – wandernde Kaufleute, die in jedem Troß ein Mägdlein hatten, das sie mit Waren versorgten. Die Marketenderinnen waren in der Mehrzahl aus öffentlichen Häusern entlaufene Huren, die sich unter dem Schutz ihrer Kumpane selbständig gemacht hatten und durch die Gunst der Glücksritter ihr Glück machen wollten. Sie kamen, geschult in der »ars amandi«, aus den großen Städten, in denen sie die Bordelle bevölkert hatten, und genossen die Freiheit des Landlebens mit den Landsknechten. In manchen Städten gab es so viele »ehrliche Huren«, »honestae meretrices« – nicht zu reden von »Bönhäsinnen«, wie die Huren in Deutschland hießen –, daß sich die Hurerei kaum noch lohnte. Es war ein Geschäft für die Bürgermeister Deutschlands, Frankreichs,

Liebespaar beim Vorspiel. Anonymer Kupferstich aus dem Jahr 1588.

Italiens und für die Lordmajors der englischen Städte, die überschüssigen Huren an die »froes«, die meist flandrischen Kupplerinnen, zu verschachern.

Nicht nur der zwischenstädtische und zwischenstaatliche Handel mit Huren war ein einträgliches Geschäft. Auch ihre

»Haltung«, die Leistung des Unterhalts, lohnte sich für die Besitzer der »weißen Ware«. Hohe Geistliche, mächtige Fürsten und Grafen übernahmen die »Patronage«, die Schutzherrschaft über »Hübschlerinnen«, und verliehen sie gegen »Hurenzins« an ihre Anhänger, die sie ihrerseits in »Töchterhäusern« unterbrachten, damit sie für sie »arbeiteten«. Die Bezeichnung »Töchterhäuser« wurde vorsorglich gewählt, um das Schandgewerbe ehrbar erscheinen zu lassen. Die Bezeichnung Bordell stammte aus dem Provenzalischen: Das Wort »borda« bedeutete eine Bretterhütte. Es wurde bald auch in anderen Ländern gebräuchlich – für die Häuser, in denen man die »gelustigen Fräulein« und die »fahrenden Frauen« beherbergte, »zur besseren Wahrung der jungferlichen und fraulichen Ehre« – jedoch nicht der Ehre der Dirnen, wohl aber der Töchter und Gattinnen der Bürger, die ihr »Weibervolk« zu behüten bemüht waren. Die Stadtväter verpachteten die Bordelle an »Frauenwirte«, die im Volksmund »Ruffiane« genannt wurden und den vereinbarten Wochenzins regelmäßig entrichten mußten. Diese den Lupanar-Wirten des alten Rom so ähnlichen Unternehmer hatten dafür zu sorgen, daß die ihrer Pflege und Ausnützung anvertrauten Frauen nicht aus dem Ort stammten, in dem sie hurten, und daß vornehmlich ledige und nur ganz selten verheiratete Weibspersonen in die Bordelle aufgenommen wurden. Die Wirte sollten Ehemännern und Geistlichen den Besuch ihrer Unzuchtsstätten verweigern; aber dieses Gebot nützte nichts. Wie zahlreiche Chroniken berichten, besuchten nicht nur verheiratete Bürger und Edelleute die Frauenhäuser, sondern auch hohe und niedere Geistliche sowie Mönche – diese oft unter dem Vorwand, die Lustdirnen zu »Reuerinnen« machen zu wollen. Es geschah wohl auch manchmal, daß sich Bürger und Priester zum Zwecke eines eigenartigen, volkstümlichen Wettbewerbes in den Frauenhäusern trafen. Dabei ging es um die Feststellung, wer das größte und mannhafteste männliche Glied aufweisen könne, um zu beweisen, daß die Mönche und geistlichen Herren die ihnen auferlegte Enthaltsamkeit ertrügen, obwohl sie, wie jeder Anwesende sehen konnte, das »Zeug zur Unzucht« hätten. Da die Frauenwirte ihren Kunden nicht nur fleischliche Freuden anboten, sondern auch geistige Getränke, arteten solche Wettbewerbe meist in Orgien aus, an denen sich die von der Lust und dem Trunk berauschten Kuttenträger beteiligten, um kein Ärgernis zu erregen. Manche Geistliche besuchten aber nicht nur die Bordelle, sondern unterhielten auch selbst Frauenhäuser mit Huren, die ihnen ihr »Sündengeld« abliefern mußten. Es war keineswegs ehrenrührig für Männer, sich als Besucher von »Jungfernhöfen« zu bekennen. Hohe Beamte stellten ihren Behörden die Beträge in Rechnung, die sie in Ausübung ihrer dienstlichen Tätigkeit beim Besuch von Frauenhäusern verausgabt hatten. Wieviel und wie oft der käuflichen Liebe in den Frauenhäusern gepflogen wurde, läßt sich daraus ermessen, daß es Papst Sixtus IV. (dem Erbauer der Sixtinischen Kapelle) gelang, aus einem einzigen Bordell nicht weniger als zwanzigtausend Golddukaten zu ziehen. Die Führung so guter Geschäfte konnte deshalb auch nicht dem Zufall überlassen bleiben. Stadt- und Haus-Ordnung schienen geboten, um den so lukrativen Ertrag gebührend zu sichern. Und Tugendwächter und Gesetze waren nötig, um die ehrbaren Frauen am schändlichen Wettbewerb mit den Huren zu hindern.

Die Kirche begünstigte die »Reglementierung« des außerehelichen Geschlechtsverkehrs der Männer. Sie stützte sich dabei auf die Worte des heiligen Augustinus: »Wenn ihr die käufliche Buhlerei unterdrückt, wird leichtsinnige Lust die Gesellschaft verderben.« Die Prostitution wurde demnach keineswegs unterdrückt, sondern gefördert, und das nicht nur in den Städten, sondern auch bei den Landsknecht-Truppen im Feld. Die unter der Aufsicht des jeweiligen »Hurenweibels«

tätigen Marketenderinnen durften nicht mit »brandigen Krankheiten« behaftet sein, und sie wurden »getreulich« angehalten, den Männern nicht nur mit dem Leibe aufzuwarten, sondern ihnen auch auf dem Marsch das Gepäck zu tragen, in den Zelten zu kochen, zu waschen und die Kranken zu pflegen, kurz: »sonst wo man zu Feld liegt, mit Behendigkeit laufen, rennen, einschenken, Fütterung, essend und trinkend Speis holen und sich neben anderer Notdurft bescheidentlich halten.« Die hurenden Marketenderinnen sollten also in jeder Hinsicht die daheimgebliebenen Ehefrauen der Landsknechte ersetzen, und sie konnten sich, wenn sie »gute Weibsbilder« waren, Mitgift und Aussteuer ersparen, die ihnen zugute kommen konnten, wenn sie als rechtschaffene Ehefrauen unter die Haube kommen sollten. Denn die künftige Ehrbarkeit in gesicherter Bürgerlichkeit wurde scheinheilig als das Berufsziel der »fröhlichen Buhldirnen« angenommen: Die in ihrer Jugend zur Geschlechtslust rekrutierten Frauen würden, so hieß es, schließlich der Unzucht leidig werden, ihre Schamlosigkeiten bereuen und für ihre Sünden zu büßen bereit sein. Hatte nicht der strenge Papst Innozenz III. gläubigen Junggesellen empfohlen, Prostituierte zu heiraten, damit sie so die verworfenen Seelen retteten? An manchen Orten wurden auch sogenannte »Magdalenenheime« errichtet, um reuige Huren für den Ehestand vorzubereiten. In Wien verlieh der fromme Herzog Albrecht den »Reuerinnen« ein Kloster in der Singerstraße als Stiftung und verfügte durch ein Dekret, daß dieses Gebäude frei von Steuern und Abgaben bleibe, da es gewidmet sei »den armen freien Frauen, die sich aus den offenen Frauenhäusern oder sonst vom sündigen Unleben zur Buße und zu Gott wenden«.
Die Huren jedoch, die ein freies Leben in Unzucht der Zucht unter einer klösterlichen »Schulmeisterin« und dem strengen Unterricht im Singen, Lesen, Schreiben und in den gottesdienstlichen Übungen vorzogen und weder Schneidern noch

Weben noch Bortenwirken erlernen wollten, ergaben sich, wenn die Last der Jahre oder Krankheit sie hinderten, ihren Beruf noch rentabel auszuüben, der Kuppelei. Diesem weitverbreiteten Gewerbe, das nicht den Einsatz des eigenen Leibes, sondern fremder Körper voraussetzte, widmeten sich allerdings nicht nur »ausgemergelte Hurenweiber«, deren »Brüste hangen wie ein leerer Sack auf einer Stangen«, sondern auch sogenannte »Ehrenwächterinnen‹, die die Reize ihrer Pflegebefohlenen verschacherten. Im christlichen Teil der Iberischen Halbinsel wurden die für die Lust und Liebe ihrer Herrinnen sorgenden, nach außen hin durchaus ehrbaren Frauen »Duegna« genannt, in Frankreich »Kammerfrauen«, die auch für die Kleidung ihrer »›Dame« sorgten. Es gab außerdem freie, unabhängige Kupplerinnen, die nach guten Gelegenheiten für ihre Tätigkeit ebenso Ausschau hielten wie die freien Huren nach Kundschaft. Die Geschäftigkeit solcher freiberuflichen Kupplerinnen ist in zeitgenössischen Berichten festgehalten, wo es beispielsweise heißt: »Bei Nacht führt die Kupplerin ein Leben wie eine Fledermaus, die keinen Augenblick zur Ruhe kommt. Ihre Haupttätigkeit beginnt, wenn die Uhus, die Käuzchen und die Schleiereulen aus ihren Löchern hervorkommen. So kommt auch die Kupplerin aus ihrem Versteck hervor und klopft Nonnen- und Mönchskloster, Höfe, Bordelle und alle Schenken ab. Hier holt sie eine Nonne ab, dort einen Mönch. Diesem führt sie eine Hure zu, jenem eine Witwe, dem einen eine Verheiratete, dem andern eine Jungfrau. Die Diener befriedigt sie mit den Dienerinnen ihrer Herrschaft. Der Haushofmeister kriegt zum Trost seine Gnädige. Die Kupplerin bespricht Wunden, sammelt Kräuter, beschwört Geister, reißt Toten die Zähne aus, zieht Gehenkten die Stiefel ab, schreibt Zauberformeln und beschreibt Papierblätter, bringt Sterne zusammen, bringt Planeten auseinander und kriegt zuweilen eine tüchtige Tracht Prügel – beinahe immer aber bare, klingende Münze.«

Dem Ruffian, dem behördlich privilegierten Hurenwirt, gewährleistete sein Unternehmen ein sicheres Auskommen. Aber wer Ruffian werden wollte, mußte Beziehungen haben und Betriebskapital. Nicht so der »freie« Ruffian, der »seine Hure« dazu hielt, sich dem Verkehr mit zahlungskräftigen Männern zu ergeben. Solche »Zuhälter« wurden von den gewerbeberechtigten Hurenwirten und ihren Patronen verachtet und verfolgt. So oft sie die Haut ihrer Mädchen zur Markte trugen, hatten sie gewärtig zu sein, sich ihrer eigenen Haut erwehren zu müssen. Sie galten als Auswurf der Menschheit und die weltlichen und geistlichen Herren, die oft selbst Huren hielten, verwarfen die armseligen Freibeuter des Liebesgeschäftes als »mit sinnlichem Aussatz befleckte, räudige Hunde«.

Wieder einmal verbot also die doppelte Moral dem kleinen Mann, was den großen Herren gestattet war. Und wieder einmal hatte das seine Folgen im geschlechtlichen Verhalten der Männer zu den Frauen. Die Männer konnten ihren Trieb in den Bordellen befriedigen. Sie konnten sich nach Belieben Geliebte halten und die Ehe brechen, wenn sie die Lust ankam. Ihre Sittenlosigkeit war ein männliches Vorrecht, das ihren Ruf nicht schädigte. Sie blieben auch als Hurentreiber noch Ehrenmänner. Die ehrbaren Frauen jedoch verloren die Ehre, wenn sie ein leichtes Leben führten. Sie wurden als verrufen gebrandmarkt, galten für schlimmer noch als die Huren, die nicht aus hemmungsloser Lust, sondern um der guten Groschen willen »Schindluder« trieben. Dabei hielt man die Keuschheit der Frauen durchaus nicht für natürlich. Wieder einmal wurde den Weibern in Lied und Sprichwort vorgeworfen, daß sie geschlechtlich unersättlich seien. Und in der Tat war – wieder einmal – etwas daran: Die Frauen, die im Alltag soviel weniger Rechte hatten als die Männer, bestanden um so eindringlicher auf ihrer Gleichberechtigung bei Nacht. »Wie du mir, so ich dir«, beharrten sie im Bett, oder

»Nun bin ich an der Reihe« – so sagte die Frau zu ihrem Mann, nachdem er sie dreimal beschlafen hatte und nun schlafen wollte.

Die Sitten waren in den Städten ebenso lose wie an den Fürstenhöfen und auf den Herrensitzen des Adels. Die Bürger, die durch Handel und Handwerk im Schutze der Mauern wohlhabend geworden waren, ahmten, wenn auch im kleinen, die Lebensformen und Bräuche der Vornehmen nach. Sie erwarben allmählich nicht nur auf der Apenninenhalbinsel, in England und in Frankreich, sondern auch innerhalb des Römischen Reiches Deutscher Nation eine wachsende politische Selbständigkeit. In Italien war die Erinnerung an die »res publica« des alten Rom nie ganz erloschen. Die reichen Bürger, die sich »Geschlechter« nannten, schlossen sich zum »Rat« zusammen, der als »Signoria« die Regierungsgeschäfte besorgte und die Unabhängigkeit der städtischen Gemeinschaft behauptete. Die Macht der Städte nahm während der Kämpfe zwischen Kaisern und Päpsten und der zeitweiligen Entmachtung des Heiligen Stuhles so zu, daß sich die »Signori«, die »Herren«, wie Fürsten verhielten. Ihr Einfluß war durch die militärische Leistungsfähigkeit der von ihnen angeworbenen Söldner gewährleistet. Was für die Städte im Land die Scharen ihrer Landsknechte bedeuteten, das waren für die großen Hafenstädte wie Venedig und Genua die gewaltigen Kriegsflotten. Sie schützten die Handelsschiffe und damit den Reichtum der Großkaufleute, die im fürstlichen Luxus ihrer Paläste lebten. Sie bildeten eine Oligarchie, die Herrschaft der wenigen Privilegierten, die aus ihrer Mitte den »Dogen« wählten. Im »Goldenen Buch« wurden alle Geburten und Heiraten der solchermaßen Bevorrechteten eingetragen, um die »Reinheit des Blutes« zumindest auf dem Pergament zu gewährleisten. Der Handelsadel verwandelte sich so allmählich in einen Geburtsadel, der die »Räte«, die Regierungen der Städte, stellte. Venedig konkurrierte mit Genua, das als

Liebeszauber: Ein Herz aus Wachs als Symbol für das Herz des Geliebten wird mit Wasser »getauft« und dann durch Funken zum Erweichen gebracht. Von einem unbekannten Künstler aus dem 15. Jahrhundert.

»Genova la superba« gepriesen wurde, um die Übermacht im Mittelmeerraum. Trotz des schmeichelnden Beinamens für Genua war Venedig die superbere Stadt. Es war nicht nur der wichtigste Umschlagplatz für den Handel mit Waren aus dem Osten des Mittelmeerraumes nach Europa, es hatte auch in den kriegerischen Wirren des Mittelalters vergessene Künste und handwerkliche Fertigkeiten in seinen Werkstätten wieder zum Leben erweckt. Venezianische Glas-, Stoff- und Seiden-Erzeugnisse, die venezianische Verarbeitung von Gold, Eisen und Bronze waren so vollkommen, daß sie als vorbildlich und unübertrefflich galten.

Die Venezianer waren auf ihre Leistungen im so vielseitigen Handel und ihr Verhältnis zum Geld, mit dem sie ihre waghalsigen Geschäfte finanzierten, so stolz, daß sie den Wahlspruch prägten: »Wir sind zuerst Venezianer und danach erst Christen.« Sie bauten mehr Kirchen als die meisten anderen Städte Italiens, aber die Geistlichkeit war von den Regierungsgeschäften ausgeschlossen: Die Priester hätten vielleicht Einspruch gegen den Kauf und Verkauf von Sklaven und Sklavinnen erhoben oder gegen die Ansiedlung von mohammedanischen und jüdischen Kaufleuten, die dem Geschäftsleben Venedigs zugute kam. Weder die Errichtung von Moscheen noch von Synagogen war durch die hohen Ratsherren verboten. Ihr Grundsatz war: Leben und leben lassen. Wenn die Venezianer gegen die Ungläubigen Krieg führten, geschah es nicht um des Glaubens, sondern um des Gewinnes willen, den der Krieg versprach. Die im Goldenen Buch eingetragenen Männer und Frauen gingen wohl zur Kirche, aber die beliebtesten Festtage waren nicht die christlichen Feiertage, sondern der Karneval, der vor der Fastenzeit tage- und nächtelang gefeiert wurde. Die Damen und Herren des venezianischen Adels, die Männer und Frauen der arbeitsamen Bevölkerung ergaben sich der sprichwörtlich gewordenen »ungezügelten Lüsternheit« der Lagunenstadt, den hemmungslosen Liebesfreuden, wie einst die Römer und Römerinnen während der Saturnalien. Um nicht erkannt zu werden und sich nicht zu erkennen zu geben, trugen beide Geschlechter Masken und Perücken, und man schminkte und puderte sich, um die Identität zu verbergen. Im Karneval war alles erlaubt. Reichgekleidete Frauen mit edelsteinbesetztem Kopfschmuck gaben sich muskelstrotzenden Matrosen hin. Doch die Männer im schlichten Kostüm der Schiffer waren oft genug verkleidete Herren, die auf diese Weise Liebschaften mit den Mädchen aus dem einfachen Volk suchten, ohne besorgt sein zu müssen, daß sie sich nicht auch mit Frauen ihres Standes ungehindert vergnügen konnten. Wer mit wem die Liebe genoß, war einerlei, wenn der Genuß nur vollkommen war.

Auf den Märkten von Venedig standen alle Waren feil, die der Erdkreis zu bieten hatte. Wer teilnehmen wollte an dem Überfluß, mußte dafür zahlen. Wer zahlen wollte, brauchte Geld. Geld war der Maßstab der Werte, Geld verdienen die gepriesene Kunst: Die in der Münze Venedigs geprägten Dukaten hießen »die Schlüssel zur Glückseligkeit«.

Venedig lieferte nicht nur seine Güter in von Reisigen beschützten Wagen über die Alpenpässe, sondern auch seine von den muselmanischen Lebensformen beeinflußten Bräuche an die Bürger der deutschen Städte, mit denen die venezianischen Kaufleute regen Warenaustausch betrieben. Genua, Florenz und Mailand waren die hauptsächlichen Lieferanten der französischen und niederländischen Städte, die ihrerseits italienische Sitten anzunehmen begannen und ihre abenteuer- und lebenslustigen Studenten auf die italienischen Universitäten, besonders nach Bologna, sandten. Die Verschmelzung der Sitten wurde zwar durch kriegerische Ereignisse verzögert, durch die Unrast und den Ehrgeiz von Machthabern, die ihre Einflußsphäre erweitern wollten oder in Erbstreitigkeiten verstrickt waren – aber aufhalten konnte diese Verschmelzung niemand.

Die wenigsten waren sich dessen bewußt, daß der Wandel ihrer Lebensgewohnheiten und Bräuche, der sich allmählich vollzog, mit den weltgeschichtlichen Begebenheiten und Strömungen in engem Zusammenhang stand. An den Fürstenhöfen und in den Burgen der Ritter und Grafen machte sich dies nicht so deutlich bemerkbar wie in den Städten, deren Bürger mit dem auf Handel und Gewerbe begründeten, zunehmenden Wohlstand die Lebensformen annahmen, die sie bis dahin nur vom »Hörensagen« gekannt hatten und nun nachahmten – gerade die Geschäftsreisen gaben ja mancherlei Anschauungsunterricht. In den Palästen und Schlössern tafelte man wie eh und je, am Spieß gebratene Wildschweine und Hirsche, Rebhühner und Wachteln wurden aufgetragen, die fetten Bissen mit den in eigenen Kellereien gekelterten Weinen und in eigenen Brauereien gegorenem Bier heruntergespült. An dem maßlosen Essen und Trinken bei den Gelagen durften auch die Frauen teilnehmen, da Wein ohne Weib, Bacchus ohne Venus die Lust nicht vollkommen machte.
Der Reiz solcher Freß- und Sauffeste wurde durch Schaustellungen aller Art gesteigert. Wer es sich leisten konnte, mietete sich Spielleute und Spaßmacher für die festlichen Zusammenkünfte, die gleichzeitig Schaustellungen des Reichtums der Gastgeber waren. Fahrende Akrobaten und Jongleure zeigten ihre Kunstfertigkeiten, Schauspielertruppen traten in Stegreifschwänken auf, die nur dann rechten Anklang fanden, wenn die Dialoge zotig und die von den Mimen eingenommenen Stellungen geschlechtlich gewagt waren. Man wollte auf den improvisierten Bühnen den Spiegel des eigenen Lebens oder die Spiegelung des nachbarlichen Treibens vorgehalten bekommen: Liebeständelei und Ehebruch, Kuppelei und Betrug – wobei es den Spaß erhöhte, wenn die häßlichen Übeltäter überrascht wurden und die Schönen schlimmstenfalls mit einem blauen Auge davonkamen. Die Reichen hielten sich Haus- und Hofnarren, berufsmäßige Wortverdreher, denen

jede Obszönität gestattet war und die ohne Scham und Scheu auch auf die Laster der anwesenden Herren und Damen freche Anspielungen machen durften. Wer mit derben Ausdrükken zurückhielt, galt ohnehin nicht als unterhaltender Gesellschafter. Denn es gehörte zum guten Ton, alle Ausdrücke, die den Liebesakt bezeichneten, in munterer Variation zu gebrauchen, um nur ja nicht den Zweifel an der Weltgewandheit und Erfahrung aufkommen zu lassen. Es gab wohl auch ernsthaftere Paare, die ihr Vergnügen am Schach- und Damespiel hatten oder sich Geschichten und Gedichte vortragen ließen. Die Mehrzahl aber ergötzte sich an der »ungezügelten Hetz« oder, wenn schon gespielt und nicht getändelt werden mußte, des Würfelspiels, das zur Leidenschaft ausartete, wobei die Einsätze so hoch waren, daß ein armer Adeliger durch Glück im Spiel über Nacht vermögend werden konnte – oder umgekehrt ein Reicher bettelarm. Die Jagd blieb der Lieblingssport der vornehmen Herren und Damen bei Tag. Sie gab, über die Freude am Jagen hinaus, Verliebten günstige Gelegenheit zum Stelldichein, ermöglichte zwanglose Verabredungen für die Nacht, die den Liebesfreuden gewidmet sein sollte. Der Tanz hingegen war in den Palästen und Schlössern, deren Herren auf Anstand hielten und auf ihren Ruf als fromme Christen achteten, untersagt. Die Kirche verwarf die tänzerische Annäherung eines Mannes an eine Frau, die nicht seine Ehefrau war, als »teuflische Erfindung«. Sich öffentlich an den Händen halten und im Kreise drehen, verleite, wie die Pfarrer behaupteten, unweigerlich zur Unmoral. Von dieser Auffassung rückten sie nicht ab, obwohl schon Thomas von Aquin erklärt hatte, daß das Tanzen eine sehr zuträgliche Körperübung sei, falls die Tanzbewegungen nicht die Sittsamkeit verletzten. Das war denn auch wohl der Grund, weshalb hohe und höchste Herren, die es nicht nötig hatten, auf das Eifern der Prediger zu hören, bei ihren Festen auch auf das Tanzen nicht verzichteten.

Die Bürger und Bürgerinnen ahmten das »süße Leben« der Fürsten und des Adels nach. Doch lag es am beschränkten Raum in den meist schmalen, steilen Häusern, daß die Festlichkeiten und Gelage nicht so gänzlich abgeschlossen veranstaltet wurden. Da sie nicht am häuslichen Herd stattfinden konnten, waren sie vorwiegend Volksfeste, die bei besonderen Gelegenheiten gefeiert wurden. Dabei ging es noch freier und zwangloser zu als in der feinen Gesellschaft, wenn auch in ähnlichen Formen. Die bevorzugten Zusammenkunftsorte in den Städten aber waren weder die öffentlichen Feste auf den Plätzen noch in den Gaststuben der Wirte, sondern die Badehäuser, die zu ungehemmter Geselligkeit einluden. In den Palästen und Schlössern gab es ebenfalls Badestuben. Es schickte sich, daß jeder männliche Gast von der Hausfrau oder ihren Töchtern, auch wohl von eigens dazu bestellten hübschen Mägden ins Bad geführt, gewaschen und abgetrocknet wurde. Auch Frauen ließen sich von Männern im Bade bedienen.

In den Bürgerhäusern waren Badestuben selten. Die männlichen und weiblichen Bewohner der Städte trafen sich in den öffentlichen Badehäusern nicht nur um der Reinlichkeit willen. Bereits in früher Morgenstunde blies der »Bader« mit dem Horn das Signal, daß alles zum Bade gerüstet sei. Es gab schmale Wannen für zwei Personen und große Wannen, in denen viele gleichzeitig baden konnten. In den meisten uns erhaltenen Darstellungen von Badestuben sitzen Mann und Weib nackt in der Wanne. Zwischen beiden liegt ein Brett, beladen mit Speisen und Getränken. In den Badehäusern stand Männern und Frauen nur ein einziger Auskleide- und Ankleideraum zur Verfügung, und es nützte wenig, daß einzelne Behörden die Bestimmung erließen, das Hemd dürfe erst in der Wanne abgelegt werden. Die nassen Hemden klebten so unangenehm an der Haut, daß die Badenden sich schon vorher aller Hüllen entledigten und einander ihre

Nacktheit zur Schau stellten. Der »Bader« nahm keine Kenntnis davon, ob die miteinander badenden Paare verheiratet waren oder nicht. In den Wannen, die Raum und Wasser für mehr als nur zwei boten, tummelten sich so viele Männer und Frauen, als nur Platz hatten. Was unter dem Wasserspiegel geschah, war die Sache der einzelnen und ihrer Partner, die es mit sich geschehen ließen. Es hieß allgemein: »Sie kehren heim, die Körper weiß gewaschen, die Herzen durch Sünde geschwärzt.« Das Baden blieb das volkstümlichste Vergnügen. Es wurde auch von den »Heilkünstlern« vorgeschrieben, besonders, wenn Ehefrauen trotz der Emsigkeit ihrer Männer keine Kinder gebären konnten. In einem Badespruch hieß es: »Für unfruchtbare Frauen ist das Bad das beste. Was das Bad nicht tut, das tun die Gäste.« Diese und ähnliche Ankündigungen zierten die Tore der Badeanstalten, die auch »Jungbrunnen« genannt wurden. In den meisten Ländern und Sprachen kursierte der Spottvers: »Das Bad und die Kur war allen gesund, denn schwanger ward Mutter und Tochter, Magd und Hund.«

Die allgemeine Sittenlosigkeit, die Mißachtung überlieferter Anstands- und Glaubensvorschriften* war so weit fortge-

* Frischauer schildert plastisch das Dirnenwesen und die Badefreuden des (späten) Mittelalters. In der Tat herrschte eine Freizügigkeit, die uns heute unvorstellbar ist. In den Augen der kirchlichen Autoritäten war es »Sittenlosigkeit«. Aber die »Mißachtung überlieferter Anstands- und Glaubensvorschriften« stieß doch an unverrückbare Grenzen – nur waren es andere als heute. Das Inzesttabu, das viel umfassender war als in unserer Zeit, haben wir schon erwähnt. Absolut verboten war z. B. der Analverkehr. Wenn in einer Badestube ein Mann solches versuchte, wurde er umgehend dem Hochgericht und dem Henker zum Vollzug einer grausam ausgestalteten Todesstrafe zugeführt. Mit der Todesstrafe bedrohte die »Gerichtsordnung« Karls V. am Ende des Mittelalters auch die Homosexualität, wenngleich sie nicht selten war. In den Badestuben wurde sie nicht geduldet. Zu vermerken bleibt noch, daß die von Frischauer geschilderten Zustände nur für die Zeit vom Hochmittelalter bis zur Re-

schritten, daß ein unbekannter französischer Dichter der Zeit nicht davor zurückscheute, das sonst so gefürchtete Jüngste Gericht in seiner Erzählung von der Liebe des jungen Grafensohns Aucassin zu Nicolette zu verspotten. Daß Aucassin und Nicolette sich trotz des Widerstandes ihrer Eltern und allen nur erdenklichen Ungemachs in zärtlicher Liebe vereinten und als Graf und Gräfin das Paradies auf Erden fanden, trug zur Volkstümlichkeit der Erzählung bei, die ein Sittenbild der Zeit war, in der die Lebenslust gegen die Angst vor der Hölle mutig und übermütig ankämpfte.

Noch einmal aber werden – an der Wende vom Mittelalter zur Renaissance – alle Schrecken der Hölle heraufbeschworen in einer großartigen dichterischen Vision: in Dantes »Göttlicher Komödie«. Mit seinem vollen Namen hieß der Dichter Durante Alighieri, was »Langwährender Schwingenträger« bedeutet – ein wahrhaft sinnbildlicher Name, der prophetisch die Dauer der vielfältigen Wirkung seines Werkes voraussagt. Dante hat seine in unvergleichlichen Versen verfaßte Dichtung als »Commedia« bezeichnet mit der Erklärung, daß die Aktion den Leser vom Elend zum Glück geleite. Er entschuldigte sich, allerdings nicht ohne Selbstbewußtsein, für die Art seiner Ausdrucksweise, die er als »nachlässig und niedrig« bezeichnete –: »nämlich die allgemeine Sprache, in der sich auch die Weiber einander mitteilen.« Dante, den die glühende Liebe zu einer Frau, die nicht die seine war und die er nie besessen hatte, zur Niederschrift seiner nicht minder berühmten Liebesgedichte antrieb, war im Grunde ein

naissance zutreffen. Vorher fehlte die Kultivierung des Badelebens – später wurden, in geradezu rasanter Eile, die Badestuben geschlossen und die Prostituierten immer mehr in die Illegalität getrieben. Ob das Aufkommen der Syphilis der Grund dafür war, ist umstritten. Die Reformation jedenfalls blies in den von ihr beherrschten Landstrichen dem lustigen Leben am gründlichsten das Licht aus – aber auch in katholischen ging es von nun an sittsamer zu (siehe auch S. 319). [G. L.]

Frauenverächter. Er tat seiner Ehefrau, die einem uralten Florentiner Adelsgeschlecht entstammte und die ihm zahlreiche Kinder geschenkt hatte, in seiner Dichtung keinerlei Erwähnung. Die Liebe in der Ehe beflügelte seine Phantasie nicht. Er liebte Beatrice, »die Herrin seines Herzens«, mit romantischer Inbrunst bis zur Besinnungslosigkeit, bis über den Tod hinaus – über ihren Tod hinaus, der sie, die Gepriesene, himmlisch Reine, die zwar zu Lebzeiten mit einem anderen Mann verheiratet gewesen war, in den Himmel hob – an die Seite der Heiligen Maria, die als »Jungfrau und Mutter, Tochter Deines Sohnes, bescheidenstes und höchstes der Geschöpfe« angerufen wird.

Die »Göttliche Komödie« ist die erste große Dichtung in der »Vulgärsprache«, der Sprache des italienischen Volkes. Sie sollte allen verständlich und dem Gemüt aller zugänglich sein, ohne sich jedoch »gemein« zu machen. Nach einem abenteuerlichen, an Enttäuschungen reichen und unbefriedigten Leben als Politiker und Vorkämpfer für die Einigung der in so viele Kleinstaaten aufgeteilten Apenninenhalbinsel unter einem römischen Kaiser, der auch deutscher Nation sein könnte, als zum Tode verurteilter Flüchtling entsann sich Dante der ersten Begegnung mit Beatrice, als sie beide neun Jahre alt waren. Er schrieb: »Von Stund' an – ich bekenn' es – beherrschte die Liebe meine Seele.« Er haßte Portinari, den Vater Beatrices, der sie an einen reichen Geldmann verheiratet hatte, und rächte sich mit der Feder. Nicht nur an dem Verhaßten, sondern an allen Geldleuten, indem er sie in seiner dichterischen Darstellung der Hölle in eine der tiefsten Tiefen des Inferno verwies. In der Beschreibung seiner Höllen- und Himmelsreisen lehnte sich Dante an den römischen Dichter Vergil an, der die Unterwelt in seiner »Aeneis« geschildert hatte und in der »Commedia« als Dantes Berater leibhaftig wird.

Dantes »Inferno« ist ein unterirdischer Abgrund, der von der

Dante, geführt von Vergil, in der Hölle. Tonstich von Gustave Doré in der Prachtausgabe des »Inferno« aus dem Jahre 1861.

Erdoberfläche bis zum Mittelpunkt des glühenden Balles reicht. Es dampft und stinkt aus Sümpfen und Seen. Eisige Winde, glühende Stürme, Regen- und Hagelschauer lassen die Luft nicht zur Ruhe kommen. In den Höllenkreisen, in denen die Schlemmer Kot fressen müssen, die Verschwender und die Geizigen niemals Besitz erlangen, die Zornigen einander zerfleischen, die Gewalttätigen ständig bedroht sind, in Strömen von Blut zu ertrinken, und den Gleichgeschlechtlichen, die auf glühendem Sand einherwandern müssen, Feuer auf das Haupt fällt, halten sich Dante und Vergil nicht lange auf – immerhin lange genug, daß Dante einem seiner Lehrer und Freunde, der ein Homosexueller gewesen ist, begegnet. Er sieht auch die heuchlerischen Florentiner, die ihm in seinem Leben übel mitgespielt, die Betrüger und Veruntreuer,

die ihn um seinen Besitz gebracht haben, in kochendem Pech dahintreiben. Am Fuße des Abgrunds, im Mittelpunkt der Erde, steckt Luzifer, der Teufel der Teufel, im Eis und schlägt mit riesigen Flügeln um sich. Sein abscheuliches Gesicht ist dreiteilig. Blutige Tränen fließen über seine verzerrten Wangen. In jedem seiner drei Kiefer schmachtet ein Ausbund von Schlechtigkeit: Luzifer kaut unaufhörlich an den Erzverrätern Brutus, Cassius und Judas. Vergil und Dante durchschreiten den Erdmittelpunkt, um nun wieder im Tageslicht zu dem Berg zu gelangen, der das Fegefeuer beherbergt. Auch das »Purgatorio« ist in Kreise aufgeteilt. Aber die Büßer haben Gelegenheit, sich durch die Einsicht in ihre Sündhaftigkeit zu läutern. Ihre Strafen sind nicht unendlich. Sie können von Kreis zu Kreis aufsteigen, um schließlich in das »irdische« Paradies zu gelangen. Jetzt ist der Begleiter des Dichters nicht mehr Vergil. »Seine« Beatrice führt ihn, »in Strahlenkranz gekleidet«, in den Himmel, »doch ohne daß er sehend sie erkannte; nur durch geheime Kraft, die von ihr ausging, verspürt er alter Liebe Urgewalt«.
Auf seinem Weg durch Hölle und Fegefeuer hinauf zu Gott, zur letzten Läuterung, hat der Dichter, dem nichts Menschliches fremd war, seinem Unmut über die Schlechtigkeit jener Menschen Luft gemacht, die seinen Lebensweg so erschwert hatten. Unbarmherzig waren seine Schmähungen der Männer und Frauen, die ihm Übles angetan hatten, unbarmherzig seine Verdammung der Städte, in denen es ihm übel ergangen war: Bologna, das voller Kuppler war, seine Heimatstadt Florenz, die Lieblingsschöpfung des Teufels, und das abscheuliche Pisa, dessen Nachbarn der Dichter aufrief, die Mündung des Arno zu verstopfen, damit der Fluß alle Pisaner ersäufe.
Nicht nur Dante, auch der Dichter Petrarca, der als »der Vater der Renaissance« gepriesen wurde, war empört über das sittenlose Treiben auf Erden. Die Kritik des Dichters beeinflußte die Meinung des Volkes nicht. Es hatte ohnehin seine

eigene Meinung. Es spottete über das den Priestern und Mönchen auferlegte Zölibat: »Solange der Bauer Weiber hat, braucht der Pfaffe nicht zu heiraten.« Und: »Die Pfaffen nehmen ihr Kreuz auf sich, indem sie Schinken und Wildbret kreuzweis' aufs Butterbrot legen.« Und über die derb-sinnliche Lebenshaltung des Adels und der Kirchenfürsten waren zahllose Glossen im Umlauf, die Geiler von Kaisersberg später so zusammenfaßte: »Nur mehr der Name des Adels ist geblieben, nichts von der Sache bei denen, die edel heißen. Der Adel ist eine Nuß ohne Kern, aber voller Würmer, ein Ei ohne Dotter, keine Tugend, keine Klugheit, keine Frömmigkeit, keine Liebe zum Staat, keine Leutseligkeit. Die Adeligen sind voll Liederlichkeit, Übermut, Zorn, allen Lastern mehr ergeben als alle anderen.« Allenthalben Laster und Sittenlosigkeit – und dann kam die Zeit, da es schien, als sollten alle Strafen, die Dante der sündigen Menschheit in der Hölle zugedacht hatte, schon auf Erden über sie hereinbrechen. Die schlimmste Seuche, die je in Europa gewütet hatte, suchte Land um Land, Stadt um Stadt, Dorf um Dorf heim: die Pest, der Schwarze Tod. Sie äußerte sich in dieser und jener Krankheitserscheinung, und da der Mensch, den sie erfaßt hatte, nicht nur selbst starb, sondern jeden, der in seiner Nähe war, angesteckt haben konnte – durch seine Ausatmung allein oder dadurch, daß man einen Gegenstand anlangte, den der Pestkranke berührt haben mochte –, zersetzte die Krankheit alle menschlichen Bindungen. Sie hatte zwei entgegengesetzte Wirkungen zur Folge: die Jagd nach dem Erleben, bevor es zu spät sein konnte, und die Suche nach dem ewigen Leben, da das irdische so bedroht war. Wer gläubig war, hatte das Bedürfnis zu büßen. Scharen von Männern und Frauen – niemand wußte, woher sie kamen – zogen von Ort zu Ort, Fahnen schwingend und düstere Lieder singend. Wenn sie sich einer Stadt näherten, läuteten alle Glocken, und alle Einwohner strömten zur Kirche. Dort warfen sie sich neben den Teilnehmern des Büßerzuges auf die Steinfliesen und geißelten sich unter stundenlangem Absingen von Litaneien und Gebeten, verlasen »vom Himmel gefallene Briefe«, die das sündhafte Treiben der Laien und Pfaffen verdammten, und mahnten sich und die anderen zu tätiger Reue.

Diese Atmosphäre der Verzagtheit und Verzweiflung schilderte Giovanni Boccaccio, der in Paris geborene, in Neapel aufgewachsene uneheliche Sohn eines florentinischen Kaufmanns, mit all ihren grausigen Einzelheiten in seinem »Decamerone«. Der Titel der unverwüstlich lebenslustigen Dichtung meint die »deka hemerai«, die zehn Tage, die sieben junge Damen in der Gesellschaft dreier Männer von guter Lebensart auf der Flucht vor der Seuche in einem idyllischen Landhaus bei Florenz verbringen, wo man die Vöglein singen hört, die Fluren grünen, die vollen Kornfelder nicht anders wogen als das Meer und wo der Himmel seine ewige Schönheit nicht verleugnet. Die Damen und Herren kommen überein, daß jeder von ihnen jeden Tag eine Geschichte erzählen soll. Ob es die sieben reizvollen Frauen und die drei geistreichen Männer tatsächlich gegeben hat, sei dahingestellt. In der Gestaltung Boccaccios sind sie aus Fleisch und Blut und keineswegs prüde. Boccaccio, der sie beschrieb und über sie schrieb, erwähnt, daß in Florenz allein hunderttausend Menschen dem Schwarzen Tod zum Opfer gefallen seien. Furchtbare Ernte hatte die Pest gehalten und unermeßliches Leid verbreitet. Der Dichter aber wollte die Freuden des Lebens in seinem Werk zum Blühen bringen.

Die Novellen, in denen Betrüger und Betrogene, Pilger und Heilige, Geizhälse und Wüstlinge, sehnsüchtige Damen und liebesbedürftige Ritter, Räuber und Helden, Narren und Könige, Päpste und Mönche auftraten, waren nicht von ihm erfunden. Er hatte volkstümliche italienische Anekdoten, französische Fabliaux und orientalische Märchen gesammelt, variiert und in eine ähnliche Form gebracht wie das Buch von

»Tausendundeiner Nacht«. Durch den Mund der handelnden Personen verspottete Boccaccio die Askese, die Keuschheit, die Beichte. Er verhöhnte Mönche und Nonnen, Bischöfe und Äbtissinnen. Nichts war ihm heilig, weder Religion noch Reliquien. Er machte sich lustig über das »hochheilige und teure Andenken, nämlich eine Feder, die Erzengel Gabriel in der Kammer der Jungfrau Maria verloren hat, als er in Nazareth zur Verkündigung zu ihr gekommen war«. Er ließ den Stammvater Abraham sich zum christlichen Glauben bekehren aus der Überlegung, daß das Christentum göttlichen Ursprungs sein müsse, da es soviel priesterliche Sittenlosigkeit und Habgier überdauert habe. In den Spaß mischte sich Ernst, wenn er den Juden Melchisedek dem Sultan von Babylon, Saladin, auf die Frage, welche der drei Religionen die beste sei, die jüdische, die christliche oder die mohammedanische, antworten ließ: »Jedes Volk glaubt seine Erbschaft, nämlich sein wahres Gesetz zu haben und seine Gebote befolgen zu müssen« (und damit Lessing das Vorbild für die Ringparabel in »Nathan der Weise« lieferte). Er benützte Sprüche wie: »Wenn ein Frauenzimmer erst einmal zwei Männer gehabt hat, so können hundert Teufel sie nicht abhalten, daß sie auf hundert kommt«, oder, mit eindeutigem Hinweis auf die so beliebte These von der Unersättlichkeit der Frauen, wenn auch in zweideutiger Fassung: »Gut Loch will gebohrt sein.« Da gab es volkstümliche, witzige Geschichtchen, wie die von dem impotenten Ehemann, der die Treue seiner Frau erproben wollte und ihr nahelegte, einem berüchtigten Ritter ein Stelldichein zu gewähren, während er selbst sich bewaffnet unter dem Bette verbarg. So geschah es. Aber die Kraft und Tatkraft des Liebhabers flößte dem Ehemann solche Angst ein, daß er stillschweigend lauschte, während seine Frau »die gewaltigen Stöße« empfing. Im Volksmund sagte man: »Gibt es überhaupt einen Mönch, der es nicht mit den Weibern triebe?« Aber daß es auch keine Nonne gäbe, die es nicht mit

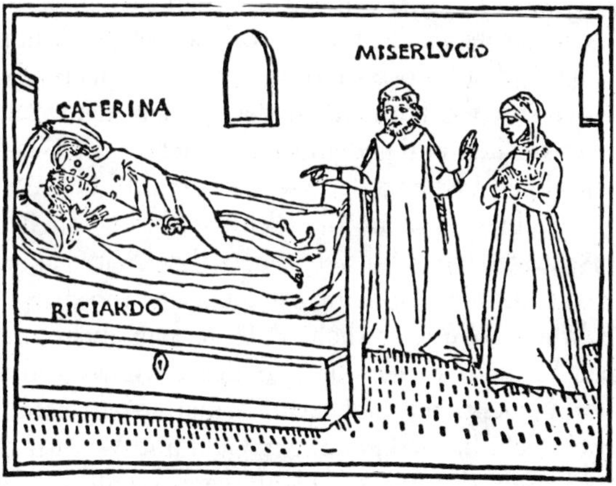

Zwei Holzschnitte aus einer 1492 in Venedig gedruckten Ausgabe des »Decamerone« (entstanden zwischen 1349 und 1353) von Boccaccio.

den Männern getrieben hätte, zeigte Boccaccio in der Geschichte von dem jungen Masetto, der mit seiner unerschöpflichen Manneskraft alle Nonnen eines Klosters, die jungen und die alten, zufriedenstellte. Der Dichter, der an die freie Liebe glaubte und sie sich in seinem abenteuerlichen Leben nicht versagte, tadelte weder die genußsüchtigen Mönche und Nonnen noch die adeligen und bürgerlichen Männer und Frauen, die »ihr Geschlecht zärtlich vereinten«. Er wünschte die Wirklichkeit nicht zu verheimlichen. Seine Leser sollten wissen, daß die Mönche und Nonnen, die während der Pest ihre Klöster verlassen hatten und nach dem Abflauen der Seuche zur Rückkehr gezwungen worden waren, die weltlichen Genüsse, denen sie sich außerhalb der Klostermauern ergeben hatten, nicht aufgeben wollten. Wohl bekannte er am Schluß des »Decamerone«, daß er vielleicht Vorwürfe verdiene, wegen der Freiheiten, die er sich herausgenommen habe, aber »über die Mönche habe ich die Wahrheit geschrieben«.

Das »Decamerone« aber wurde so bekannt, daß man über diesem Werk den »Corbaccio« vergaß, Boccaccios Novelle von dem verstorbenen Ehemann, dessen Geist dem von seiner Witwe betrogenen und gedemütigten Dichter die Geschichte seiner unseligen Liebe zu der Schönen erzählt. In dieser imaginären Beichte werden alle Fehler des weiblichen Geschlechts aufgedeckt und vergröbert. Die Witwe, die sinnbildlich für alle Frauen steht, ist tückisch, verschlagen und geschlechtlich so unersättlich, daß sie sich nicht mit zwei oder drei Liebhabern begnügt, sondern, wie Messalina, die Bordelle aufsucht, um sich zwar ermatten zu lassen, aber doch noch nicht befriedigt zu sein. Geld und Wollust bestimmen das Dasein der Frauen. Denn wenn sie alt und häßlich geworden seien und keinen Liebhaber mehr fänden, dann bezahlten sie einen kräftigen Stallknecht – mit dem Geld ihrer Gatten. Kein Mann, der nicht die Illusion verlieren wolle, dürfe seine Frau am Morgen beobachten, wenn sie ungekämmt, hustend und spuckend aus dem Bette steigt. Vielleicht um bei sich selbst Ekel zu erregen und so seine Enttäuschung über den Verlust der heißgeliebten Witwe zu überwinden, ließ Boccaccio den Geist des Ehemanns die intimen

Körperteile der Frau so widerlich schildern, daß ihm selbst die Lust an der Liebe für einige Zeit vergangen sein mag.
Der Meister der schlüpfrigen Prosa fand mehr Nachahmer, als er Vorbilder gehabt hatte. Die meisten verherrlichten oder verunglimpften die Frauen, je nach ihren Erlebnissen. Alle aber ließen sich über die »Verlogenheit und Lasterhaftigkeit« der Geistlichkeit aus, die den christlichen Glauben und die Kirche in Verruf brachte. Die Redensarten und Sprichwörter, die im Umlauf waren und von Mund zu Mund gingen, konnten weder durch Warnungen noch durch Drohungen ausgemerzt werden. Wer sich nicht taub stellte, weil er nicht hören wollte, der mußte die Aussprüche hören, mit denen auf den Marktplätzen und in den Badestuben unverblümt Kritik an der Kirche geübt wurde. Da hieß es: »Wer's mit Frommen hält, wird fromm – sprach der Mönch und schlief in einer Nacht bei sechs Nonnen.« Oder: »Müßiggehen mag ich nicht, sagte die Nonne – und stieg zum Pater ins Bett.« Und: »Die Glocken läute ich selbst, sagte der Bauer und stieß den Küster von seiner Frau.«
Schon Boccaccio hatte von einer schönen und artigen Einsiedlerin erzählt, die von einem Mönch in der Kunst belehrt wurde, »den Teufel in die Hölle zu schicken«. Der unverschämte Dichter Pietro Aretino verdeutlichte diese sinnbildliche Redewendung etwa zwei Jahrhunderte später durch die unverblümte Beschreibung: »Dann hielt er mit seinen Händen sanft ihre Hinterbacken auseinander – es war, als ob er die Blätter eines Meßbuches aufschlüge – und betrachtete hingerissen ihren Arsch. Der war weder ein spitzes Knochengerüst noch ein schwabbeliges Fettkissen, sondern gerade die gute Mitte: ein wenig zittrig und schön rund, schimmernd wie beseeltes Elfenbein. Die Grübchen, die man mit soviel Vergnügen am Kinn und an den Wangen schöner Frauen sieht, zierten auch diese beiden zarten Backen ...«
Noch immer zwar sollten Keuschheitsgürtel die eheliche

Treue beschirmen. Und in der Tat konnten Ehefrauen, die »verschlossen« waren, sich nicht dem natürlichen Geschlechtsverkehr hingeben. So dünkte es manch wenig Erfahrenen unbedenklich, wenn in seiner Abwesenheit die Sinne der Eheliebsten bei unzüchtigen Gesprächen mit diesem oder jenem Freund des Hauses in Aufruhr gerieten – nicht minder als die des Hausfreunds: Der Gatte glaubte ja die eheliche Treue seiner Frau geschützt durch das goldene, silberne oder eiserne Keuschheitsschloß, das er seiner »Hausehre« an jedem Morgen um den reizenden Schoß legte. Aber nicht umsonst hieß es: »Die Frauen und ihre Liebhaber wußten es freilich besser.« Die Schönen hatten ihren Freunden nicht nur das »verschlossene« Paradies zu bieten.

In Mönchsklöstern, in denen es keine Frauen geben durfte, behalfen sich die Kuttenträger so ausschweifend mit den »männlichen Gegebenheiten«, daß der Papst eigens von ihm ausgesandten Predigermönchen befahl, »das Laster der Sodomie« auszurotten und die gleichgeschlechtlichen Sünder als Ketzer zu brandmarken. Aber die Beschuldigten entschuldigten sich mit der Erklärung, daß doch nach den Lehren der Kirchenväter nur das Weib des Teufels sei und nicht der Mann. Die Anziehungskraft, die das starke Geschlecht auf das starke Geschlecht ausübte, beeinträchtigte die Wirkung des schwachen Geschlechts auf die Männerwelt allerdings nur in Ausnahmefällen. »Die Frauen gewannen das Spiel« – aber sie mußten so beschaffen sein, wie die Männer sie wünschten. In einem Volkslied aus der so sinnlichen Zeit war das weibliche Schönheitsideal in allen Einzelheiten und international festgehalten: »Ain Haubt von Behmer Land, zway weiße Ärmlin von Praband, ain Brust von Schwaben her, von Kernten zway Tüttlein ragend als ain Speer, ain Bauch von Oesterreich, der wär schlecht und geleich, und ain Ars von Pollandt, auch ein Bayrisch Fut daran, und zway Füßlen von dem Rein: Das möcht ain schöne Frau gesein.«

Die obszöne Derbheit der Ausdrucksweise war im schöngeistigen Zeitalter so allgemein geblieben, daß niemand Anstoß nahm an den vertrauten Worten, die das Geschlecht kennzeichneten. Aber die Sprache, die den weiblichen Reizen gewidmet war, wurde doch allmählich poetischer, vor allem die Schilderung der Brüste. Das Verlangen nach zauberhaften Brüsten, deren Anblick die Sinnlichkeit anfachte und zur Lust einlud, wirkte wie ein Wegweiser zum wahren Ziel. Bei dem Hohen Adel und dem »niedrigen Volk« hieß es: »An der Jungfer und dem Fisch der mittlere Teil der beste ist.« Zahllose vulgäre Variationen dieser Feststellung kursierten im Volksmund aller Sprachen. Dennoch wagten nur wenige Maler, die weiblichen Schamhaare und die Schamspalte darzustellen, ebensowenig wie die körperliche Beschaffenheit der Männer für das Liebesspiel. Mochte man sonst den Körper nackt darstellen – das »Letzte« verhüllte doch ein Tuch, eine Hand, eine Ranke oder das zum Symbol der »Sittlichkeit« gewordene Feigenblatt. So wollte man verhüten, daß die nach wie vor offiziell verbotene Sinnlichkeit offen angeregt werde. Und wenn bei Ausgrabungen, wie sie jetzt beliebt wurden, antike Statuen gefunden wurden, hielt man es für passend, die Merkmale der erregten Männlichkeit von den marmornen Körpern abzuschlagen und die Körperstellen, von denen sie aufgeragt hatten, mit züchtigen Feigenblättern zu bedekken. Doch nicht alle Hüter ausgegrabener Denkmäler vernichteten die ärgerniserregenden Glieder, wie die Kirche es befahl. Viele bewahrten die abgetrennten Sinnbilder der Männlichkeit auf. Eine Sammlung Phallen erhielt sich bis auf den heutigen Tag in den geheimen Ausstellungsräumen des Vatikans, die nur »Berufenen« zugänglich sind, und in Kellerräumen mittelitalienischer Museen, die nur mit ausdrücklicher kirchlicher Genehmigung betreten werden dürfen.

Aber trotz des kirchlichen Bannes gegen die Zurschaustellung des membrum virile in der Kunst ließen sich die Männer der Renaissance nicht verbieten, zu zeigen, was sie hatten, und die Frauen nicht, sehen zu wollen, was sie begehrten. In Novellen und Anekdoten aus der Renaissance kam die Natürlichkeit dieser Wünsche, der Aufruhr gegen die Scheinheiligkeit der falschen Scham unverhohlen zum Ausdruck. Weder Fürstinnen noch Bäuerinnen ließen ihr Lustbegehren beschränken. Wer etwas auf sich hielt, fügte sich wohl nach außen hin den Anordnungen der Kirche – aber nur nach außen hin und nur so weit, als kein empfindlicher Schaden durch Widerspenstigkeit entstehen konnte. Die Hemmungslosigkeit im Stillen der Liebeslust nahm bei allen Völkern Europas und in allen Gesellschaftsschichten nur noch zu. Zwar war es verboten, daß Statuen männliche Geschlechtsmerkmale in Erregung aufwiesen. Aber es war nicht verboten, daß Ritter und Reisige sich ihre Rüstungen so schmieden ließen, daß unter dem Harnisch ein »Gliedschirm« aufragte, der so beschaffen war, daß er auch ein erregtes Glied beherbergen und schützen konnte. Die Prunkrüstungen der Könige und ihrer Höflinge deuteten so die ständige geschlechtliche Bereitschaft der Herren an und stellten durch das Eisen die Ausmaße ihrer Glieder zur Schau, die sie durch die Schaustellung zugleich anboten: Die Männer wirkten auf die Frauen so, als ob sie mit »eingelegter Lanze« auf sie zielten. Und jede Dame konnte sehen, wie der Mann, der um sie warb, beschaffen war, und konnte stolz sein auf den von ihr Erwählten. Was den edlen Herren recht war, konnte ihren Landsknechten nur billig sein: Prall lagen unter dem grellbunt geschlitzten Wams die Hosen den Schenkeln an, und zwischen den beiden Hosenbeinen zeigte ein mächtiger, oft versteifter und, wo es not tat, dick ausgepolsterter Hosenlatz (auch Braguette genannt) an, was sein Träger zu bieten hatte. Kein Wunder, daß die Bürger diese Mode begeistert mitmachten. Kein Wunder aber auch, daß die Geistlichen gewaltig wider den »Hosenteuffel« wetterten: »Unsere jungen Kumpanen lassen den Latz vorn

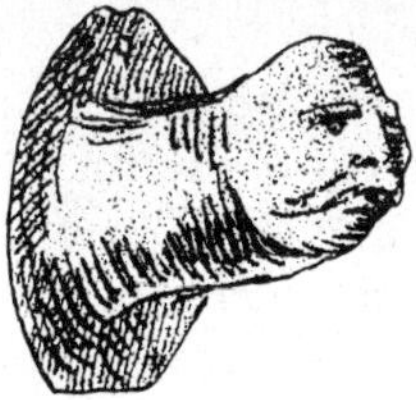

Der Gliedschirm der Ritterrüstung, das Vorbild für den Hosenlatz der Landsknechte.

mit dem Höllenfeuer über die Maßen groß machen, so daß der Teufel darin sitzt und zu allen Seiten hinausschaut, allein zum Ärgernis und bösen Beispiel, ja zur Verlockung und zur Verführung armer, wahnsinniger und unschuldiger Mägdlein.« In beinahe allen Sprachen Europas und in allen erdenklichen, mehr oder weniger obszönen Fassungen und Lesarten aber machte das Sprichtwort die Runde: »Ist die Rut' gut, tuts jeder Fut gut.«

Weder die Konzile, die eine Reform der Kirche anstrebten, noch die Einrichtung der Inquisition, die von den Dominikanern, den »Spürhunden des Herrn«, betrieben wurde und diejenigen Männer und Frauen, »deren Lebensweise und Sitten mit dem rechten Glauben in keiner Weise in Einklang stehen«, als Ketzer brandmarkte, vermochten der immer mehr um sich greifenden Sittenlosigkeit Einhalt zu gebieten. Die Zersetzung der Christenheit schien unaufhaltsam, obwohl die weltlichen und geistlichen Fürsten alle Machtmittel einsetzten, um die zweifelnden und verzweifelnden Gläubigen

zum Glauben zurückzuführen. Konnte es verwundern, daß angesichts dieser Situation aus Rom, wohin die Päpste aus der Verbannung zurückgekehrt waren, der in verschiedenen Fassungen überlieferte Satz zu hören war: Wenn das Christentum auch nicht durch Wunder bestätigt sei, so müsse es doch schon um seiner Moralität willen angenommen werden. Es sei zu erfinden. So unaufhaltsam der Zerfall schien – die Kirche behauptete sich dennoch, nicht zuletzt dadurch, daß sie allenthalben Spitäler, Armen- und Waisenhäuser, Schulen und Pfandleihanstalten unterhielt, vor allem aber durch das beispielhafte Leben und Wirken einzelner Geistlicher, die sich ganz der Gottesfurcht und Frömmigkeit weihten. Nicht nur die guten Beispiele wirkten sich zur Bekehrung der Sündigen aus, nicht nur die Schrecken der Inquisition zwangen zur Verehrung der verblaßten Symbole. Noch mehr zugunsten der Kirche aber wirkten sich zwei weltgeschichtliche Ereignisse aus, das erste ein für die Christenheit äußerst bedrohliches, das andere ein Hocherfreuliches. Die Bedrohung kam von Osten: Die Türken hatten Konstantinopel erobert und drangen als »Geißel Gottes« brandschatzend und mordend nach Europa ein. Dafür hatte es im Westen einen großen Sieg gegeben: Die »Reconquista«, die Wiedereroberung der vom Islam beherrschten Gebiete der Iberischen Halbinsel, wurde durch Ferdinand von Aragon und Isabella von Kastilien, die »allerkatholischsten Majestäten«, mit der Vertreibung der Mauren aus ihrem letzten Herrschaftsbereich in Spanien abgeschlossen. Beide Geschehnisse brachten einen Umschwung mit sich, der von der zielbewußten Geistlichkeit ausgenutzt werden konnte. Die Kirche verlor nicht nur nicht ihre Macht. Sie stärkte sie durch Bündnisse mit den Mächtigen und Reichen der Erde, die sich ihrerseits der Kirche bedienten, um ihren Reichtum und ihre Macht zu stärken.
In diesem magischen Kreis stand das »Goldene Zeitalter« der Renaissance. Sie war keine Wiedergeburt im wahren Sinn des

Wortes, sie war eine Wiederbelebung verschütteter geistiger Werte und vergangener Kunst. Was durch die Jahrhunderte sich angebahnt hatte, langsam erst, dann immer stärker, brach mit voller Stärke durch, als griechische Gelehrte, die vor den Türken geflohen waren, nach Italien kamen. Als einziges Gepäck brachten sie Manuskripte mit, kostbare Handschriften der Werke jener antiken Schriftsteller, die man im Abendland vergessen oder allenfalls durch Vermittlung der Araber gekannt hatte. Die italienischen Humanisten, längst schon aufgeschlossen für alles geistige Gut aus dem klassischen Altertum und das auf ihm beruhende Menschenbild, empfingen die Flüchtlinge aus Konstantinopel mit offenen Armen. Die Wissenschaft, die Dichtung, die bildenden Künste des Altertums wurden Mode. Von den Gelehrten angeregt, glichen die Reichen ihre Lebensform den Vorbildern an, die das genußfreudige und genußverständige Altertum gab. Es galt nicht mehr nur für vornehm, üppig zu essen, gut gekleidet zu sein und in prunkvoll eingerichteten Räumen zu leben. Wer wirklich vornehm war, erweiterte seine Kenntnisse in den Wissenschaften und machte sich mit den Dichtungen des Altertums vertraut. Und eine revolutionäre Erfindung ermöglichte es, solches Wissen weiteren Kreisen zugänglich zu machen. Der Mainzer Johann Gutenberg hatte aus Metall gegossene, bewegliche Buchstaben erdacht. Das erste Werk, das aus Gutenbergs Werkstatt kam, war eine lateinische Bibel.

Das Buch der Bücher, die Heilige Schrift, erlebte eine Renaissance, gleichzeitig mit den unheiligen Schriften, die in den Bibliotheken der Paläste und Kirchen, in Adels- und Bürgerhäusern gesammelt und gehortet wurden und zu einer geistigen Gemeinschaft zwischen Frauen und Männern beitrugen. Epikur wurde der beliebteste Philosoph, denn seine Lehre von der Glückseligkeit in der Lust deutete man dahingehend, daß alle Vergnügungen als erlaubt und unschuldig gelten könnten, sofern nicht das Gegenteil bewiesen sei, und daß das Leben dazu da sei, genossen zu werden. Ein »Epicuri de grege porcus« zu sein, »ein Ferkelchen aus der Herde Epikurs«, das wurde zum Credo der Lebenslustigen: Die Jungfräulichkeit, so erklärte man, sei im Aussterben, die Keuschheit eine überlebte Gewohnheit und die Unzucht keine Sünde, auch nicht die sogenannte Unzucht »wider die Natur«. In Venedig und in anderen Städten griff »das scheußliche und verwerfliche Laster der Sodomie« immer mehr um sich. Die Dogen ernannten in jedem Stadtteil zwei Sittenhüter, die dafür sorgen sollten, daß der gleichgeschlechtliche Verkehr verhindert werde. Die Aufgabe dieser Tugendwächter war um so schwieriger, als die Männer, die sich in ihrem Lustempfinden nicht beschränken lassen wollten, Frauenkleider anlegten und sich im Schutze der Masken trafen. Auch der Wettbewerb der von den Dogen geförderten Prostitution half nicht im Kampf gegen die gleichgeschlechtliche Lust. Es gab elftausendsechshundert »behördlich bekannte« Dirnen in der Lagunenstadt und überdies einen geschickten Unternehmer, der Gutenbergs Erfindung zur Herstellung eines begehrten Druckwerkes ausnutzte: Es war ein »Verzeichnis der wichtigsten und geehrtesten Kurtisanen Venedigs samt Namen, Wohnung und Gebühren«. In Florenz waren die jungen Männer so gegen die Ehe eingenommen, daß der Rat in der Erkenntnis, nur eine hohe Mitgift könnte sie zur Verheiratung bewegen, eine Stiftung errichtete, deren Zweck es war, den Mädchen im Falle ihrer Eheschließung eine stattliche Mitgift auszuzahlen, wenn ihre Väter vorher kleine Prämienzahlungen geleistet hatten. Ein Zeitgenosse schrieb: »Die Zeiten sind dem Heiraten nicht günstig.« Aber auch nach dem Empfang reicher Mitgift blieben die Ehemänner ehefeindlich. Die Frauen behielten zumeist ihren Mäd-

»Venus« von Lucas Cranach d. Ä., 1472–1553, im Städelschen Kunstinstitut, Frankfurt/M.

1532

chennamen; es mußte schon eine erfreuliche Ehe sein, wenn sie dem eigenen Namen auch den ihres Mannes hinzufügten. Das Geschäft war abgeschlossen. Es hatte dazu gedient, das Mädchen unter die Haube und den Mann an die Kasse zu bringen. Was nachher geschah, ob aus der Geldgemeinschaft eine Bettgemeinschaft wurde, war nicht so wichtig.

Viele Frauen der italienischen Städte waren ebenso gebildet wie die Männer, von denen sie sich jedoch dadurch unterschieden, daß sie einer anscheinend fraulichen Neigung zur Religiosität nachgaben: Sie beichteten regelmäßig – freilich nur, wie es hieß, weil es ihnen Vergnügen machte, über ihre Sünden zu sprechen. Die wohlhabenden Frauen hielten viel auf ihr Aussehen. Sie liebten es, ihr Haar blond zu färben und es durch falsche Locken voller erscheinen zu lassen. Sie parfümierten sich übermäßig und schminkten nicht nur die Wangen, sondern auch die Brüste, die sie nur mit losen Tüchern oder Schleiern bedeckten – Grund genug für mancherlei Tugendbolde, über die »Entblößungssucht« zu zetern. Und um der eleganten Linie willen schnürten die Damen ihre Taille. Sie »erduldeten« – wie ein zeitgenössischer Dichter schrieb – »aus Eitelkeit ebensoviel Qual wie die Märtyrer für ihren Glauben«. Die Männer liebten es, ebenso glänzenden Schmuck zu tragen wie die Frauen. Sie gefielen sich in anliegenden Ärmeln und buntfarbigen Hosen, die eigentlich »Beinlinge« waren und den unteren Teil des Körpers gleichsam in zwei Hälften spalteten, um die »goldene Mitte« zu betonen. Samt und Seide, Spitzen und Rüschen, Pelzkrägen und mit Goldfäden durchwirkte oder bestickte Taschentücher vollendeten die Eleganz sowohl der Männer wie der Frauen, die sich außerdem in der Extravaganz ihres oft mit Federn geschmückten Kopfputzes gefielen. Die gezierte Vornehmheit des geselligen Beisammenseins machte sich nicht nur in der kostbaren Kleidung bemerkbar. Auch das gesellschaftliche Benehmen, die Gesten des Anstands, waren nun »nobel« und

Das antike Thema vom lüsternen Pan und der Nymphe findet in der Renaissance unzählige Darstellungen, so hier von Agostino Carracci.

»galant«. Wer etwas auf sich hielt, führte bei Tisch die Speisen nicht mehr nur mit dem Löffel oder den Fingern zum Mund, sondern bediente sich der neuartigen kunstfertig hergestellten »Gabeln«, die für die Reichen aus Silber, für die ganz Reichen aus Gold hergestellt wurden. Man machte die Gerichte köstlicher mit seltenen Gewürzen, die aus dem Orient eingeführt wurden, man trank erlesene Weine, deren Blume dem Geschmack der Speisen angepaßt war. Tischgespräche gewandt und witzig zu führen, gehörte zum guten Ton. Das »bel parlare«, das »Schönsprechen«, wurde einstudiert und zur Meisterschaft vollendet. Das bedeutete allerdings nicht, daß »Unanständigkeiten«, die das Geschlechtsleben betrafen, als unanständig galten. Wie die Mahlzeiten durch das Hinzufügen von exotischen Gewürzen schmackhafter wurden, so wurden die munteren Reden, die sie begleiteten, durch freche Zoten erfreulich belebt. Die beliebtesten Obszönitäten bezogen sich auf die Häufigkeit des Geschlechtsverkehrs, auf die Leistungsfähigkeit der Männer im Liebesspiel. Dieses Thema war in Florenz ebenso geschätzt wie in Paris. Und in seiner Beschreibung Wiens ließ sich Papst Pius II. ganz unbefangen über die Lebensgewohnheiten und Bräuche an der blauen Donau aus. Er schrieb, daß die wenigsten Wiener Ehefrauen sich mit einem Manne zufrieden gäben, obwohl es eine große Zahl öffentlicher Dirnen gebe. Es sei üblich, daß die Edelleute häufige Besuche in Bürgerhäusern machten, wo dann der Hausherr Wein auftrage und beiseite gehe, um den Gast mit der Hausfrau allein zu lassen. Daß die »lichten Fröwlein« hurten und soffen, wäre nicht zu verwundern; aber daß ehrbare Frauen den »Brauch des Ehebruchs oft gehept han«, das sei dem Papst in Wien besonders aufgefallen. In Frankreich war es nicht anders: Der wilde Vagant und Galgenvogel François Villon hat es in seinem »Großen» und »Kleinen Testament« geschildert. Das Bordell, in dem er als Zuhälter der dicken Margot hauste und Unzucht

Spielerische Freude an der Darstellung des menschlichen Körpers läßt dieses Alphabet erkennen. Holzschnitt nach Peter Flötner von Martin Weygel, Augsburg, um 1560 (Bayerische Staatsbibliothek München).

mit ihr trieb, wenn sie nicht gerade ein »Herr« in Anspruch nahm, kann als Muster all der kleinen und großen Häuser gelten, in denen »Liebe gemacht« wurde. Das »aimer« war der schönste Zeitvertreib der Armen und der höchste Genuß der Wohlhabenden, denn sie alle wußten, daß das »Fudeln« nicht nur im Ehebett Spaß machte. Man fudelte und kindelte in allen europäischen Ländern auch mit den Bräuten anderer Männer. Es war eine Art von Loskauf, den die Mädchen leisten mußten, bevor sie ins Ehebett durften. Welcher Art das »Fudelgeld« war, hing von der Jungfer und den Fudlern ab, die durch die Berührung der »Fud« Kindersegen heraufbeschworen – besonders am Weihnachtsfest, das dem göttlichen Kind geweiht war.

Die als unkeusch geltenden Bräuche des Geschlechtlichen wurden im Volksmund als »majestätisch« bezeichnet. Sie konnten, trotz aller Bemühungen der Behörden, um so weniger ausgemerzt werden, als man die »Majestät« der habsburgischen Kaiser des Römischen Reiches Deutscher Nation als »unvermögend« verspottete (wenn auch in geschlechtlicher Hinsicht zu Unrecht). Kaiser Friedrich III., des Papstes Pius II.

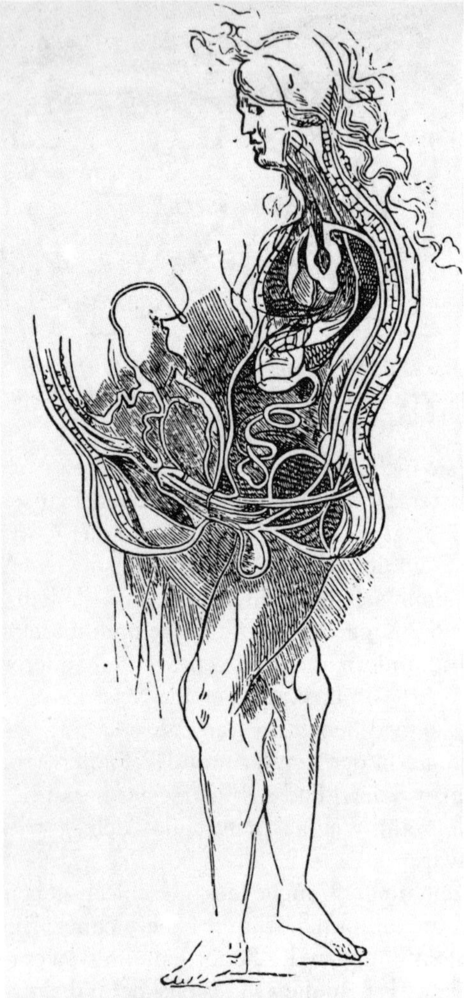

Leonardo da Vincis berühmte anatomische Darstellung des Geschlechtsakts

guter Freund, hatte weder Macht im Römischen Reich noch in den ererbten österreichischen Ländern. Man machte sich darüber lustig, daß er die fünf Buchstaben A, E, I, O, U auf Pergament und Papier immer wieder aufschrieb, um zu bekunden, daß Österreich fortdauern werde: »Austria Erit In Orbe Ultima.« Der Kaiser setzte alle seine Zuversicht in die Anziehungs- und Zeugungskraft seines Sohnes Maximilian, der die reichste Erbin der Erde, Maria von Burgund, zur Frau gewonnen, laut Kammerherrnbericht in der Brautnacht »neun Gänge« mit ihr getan und den Sohn aus dieser Verbindung mit der Tochter der »Allerkatholischsten Majestäten« verheiratet hatte. Das Kind aus dieser Ehe aber würde die Welt beherrschen, daran glaubte der Kaiser bis zu seinem letzten Atemzug – A, E, I, O, U, das konnte man auch so lesen: »Alles Erdreich Ist Oesterreich Untertan.«

Doch zu seinen Lebzeiten beherrschte das Geld die Welt, vor

Die »Oben-ohne-Mode« ist keineswegs eine Erfindung unserer angeblich so sittenlosen Zeit: Gegen Ende des 16. Jahrhunderts war sie, wie dieses Bild zeigt, am französischen Hof durchaus gebräuchlich.

allem der unermeßliche Reichtum der großzügigen Kaufleute aus dem Hause Medici, die sich Florenz unmittelbar und die meisten Städte Italiens mittelbar untertan gemacht hatten. Die fürstliche Prunkentfaltung und Freigebigkeit des Lorenzo de Medici, der den Beinamen »Il Magnifico« gewann, »der Prächtige«, zog die großen Künstler der Zeit an seinen Hof und wurde beispielgebend für seine Standesgenossen, die – wie er – Paläste und Kirchen erbauten und sie verschwenderisch mit Gemälden und Statuen ausschmückten. Lorenzo vollendete, was seine Vorväter begonnen hatten. Er verwandelte seine Stadt in ein Museum, in ein Heim der Musen. Schon von seinen Zeitgenossen wurde er als der geistige Vater der Größten in der Malerei und Bildhauerei der Renaissance bezeichnet. Leonardo da Vinci und Michelangelo verdankten Ansporn und Beginn ihrer unermeßlichen Leistungen dem künstlerischen Milieu seines Florenz. Doch dann stand gegen ihn und seinen Ruhm auf: der Dominikanermönch Girolamo Savonarola, Prior des florentinischen Klosters San Marco, der Lorenzos zärtliche Gewaltherrschaft über die Florentiner zu brechen und das Christentum zu reformieren entschlossen war. Savonarola predigte vor Tausenden von Männern und Frauen, die er mit der Macht seiner Rede in Angst und Schrecken versetzte und im Namen Jesu Christi zum Aufruhr gegen die bestehende Ordnung aufrief. In seinen Predigten geißelte Savonarola Dichter und Künstler der Renaissance, die sich gegen die christlichen Tugenden vergingen. Ihre Kunst sei ein Greuel – Dienst an den heidnischen Göttern und eine schamlose Schaustellung nackter Weiber und Männer. Er zieh die Männer, die sich mit Geldgeschäften befaßten, als diabolische Schufte mit »Hurenstirnen«: »Ihr sagt, das gute und selige Leben bestehe im Gewinn, der Christus sagt, selig sind die, die da Leid tragen, denn sie sollen getröstet werden.« Savonarola widerstand den Bestechungsversuchen Lorenzos, der »seine Ohren von dem Geschrei befreien wollte«. Noch populärer wurde er, als seine prophetischen Voraussagungen in Erfüllung gingen: Lorenzo starb in dem Jahr, das Savonarola als sein Todesjahr angegeben hatte, und die »Züchtigung von Gottes Hand«, die er verkündet hatte, der kriegerische Einfall König Karls VIII. von Frankreich in Italien, erfolgte genau zu dem Zeitpunkt, den er genannt hatte. Savonarola gelang es, Karl, der sich Neapels bemächtigen wollte, zu veranlassen, Florenz, das seine Oberherrschaft über Pisa und Livorno aufgeben mußte, zu schonen. Der Dominikaner entmachtete die Medici und führte ein »Regiment der Sittenzucht« ein. Die jungen Mönche seines asketischen Ordens überwachten die Einhaltung seiner Gesetze gegen die Unzucht, das Glücksspiel und die Eitelkeit. Aber die Menschentriebe waren stärker als ihre Gottesliebe. Die Anhänger der Medici bekamen Oberwasser gegen die »masticapaternostri«, die »Zerkauer des Vaterunser«, und griffen Savonarola und seine »stropiccioni«, seine »heulenden Heuchler«, an. Sie verlangten eine Erklärung von ihm, ob ihm seine Predigten »von Gott selbst« eingegeben seien. Aber sie wären, obwohl er die Antwort verweigerte, doch nicht erfolgreich gegen ihn gewesen, wenn er sich nicht in Briefen an Karl VIII. von Frankreich mit der Aufforderung gewandt hätte, der König solle ein Konzil einberufen, um die Kirche zu reformieren und Papst Alexander VI. als »Ungläubigen und Ketzer« des höchsten Hirtenamtes zu entkleiden. Den Befehl des Papstes, »bei deiner heiligen Pflicht des Gehorsams unverzüglich zu Uns zu kommen«, weigerte sich Savonarola zu befolgen. Auch den Kardinalshut lehnte er ab, den Alexander VI. ihm anbot, um ihn zu beschwichtigen. Er erklärte von der Kanzel, wenn der Papst ihn auffordern würde, etwas zu tun, das der christlichen Lehre oder dem Evangelium widerspräche, müsse er ihm erwidern: »In diesem Augenblick bist du nicht Hirt, nicht Römische Kirche, sondern du irrst.« Er forderte die Kirche heraus: »Die Wollust hat aus dir eine schamlose Hure gemacht, du bist schlimmer als ein Vieh, du bist ein abscheuliches Ungeheuer. Früher schämtest du dich wenigstens deiner Sünden, aber jetzt tust du auch das nicht mehr. Früher nannten die Priester ihre Söhne Neffen, jetzt nicht mehr Neffen, sondern Söhne, schlichtweg Söhne ... «

Diese Attacke Savonarolas war gegen Alexander VI. persönlich gerichtet, gegen Rodrigo Borgia, der als Priester und Kardinal, bevor er Papst geworden war, mit einer vornehmen Dame vier Kinder gezeugt und sie als leibliche Kinder anerkannt hatte. Alexander war ein brillanter Staatsmann und Diplomat, der kein Mittel scheute, auch nicht ein Bündnis mit dem türkischen Sultan, um Karl VIII., der ihn befehdete, in Schach zu halten. Er schloß eine »Heilige Liga« mit Venedig, Spanien, mit deutschen Fürsten, und er erwirkte auch, mit der Zustimmung der französischen Kardinäle, die Verurteilung Savonarolas als eines »Ketzers und falschen Propheten«. Savonarola wurde gehenkt, die Straßenjungen steinigten den im Todeskampf am Galgen sich Windenden, bevor sein Leichnam und die der Dominikanermönche, die gleichzeitig mit ihm verurteilt worden waren, zu Asche verbrannt wurden. Es schien, daß mit Savonarolas Scheiterhaufen die »Reformation« der Kirche ein Ende gefunden hatte.

Alexander war ein unermüdlicher Bauherr und ein unermüdlicher Liebhaber der Frauen. Es hieß, daß nicht nur er mit seiner Tochter Lucrezia eine Liebesbeziehung unterhielt, sondern auch ihr Bruder, sein Sohn Cesare, der als Wüstling berüchtigt war. Die Geliebte des Papstes, Giulia Farnese, wurde als die »Braut Christi« bezeichnet. Alles, was mit der Liebe zusammenhing, machte Alexander Freude. Er hatte auch nichts dagegen, daß die Ausschweifungen seines Sohnes Cesare angeprangert wurden. Seine geliebte Tochter Lucrezia sollte glücklich sein; auf welchem Thron und in welchem Bett sie ihr Glück fand, war ihm einerlei. Für seine mehr als fürstliche Hofhaltung, für seine mehr als verschwenderische Lebensführung brauchte Alexander Geld und immer wieder Geld. Er verkaufte Kardinalshüte, beschlagnahmte Güter, trieb Handel mit Ablaßbriefen und Ehedispensen, um für die »Bestellung seiner Tafel und Seidenbetten für sich und seine Kinder« zu sorgen. Das Jahr 1500 war ein Jubeljahr der Kirche. Er ernannte zwölf Adelige zu Kardinälen – jeder zahlte ihm zehntausend Dukaten dafür. Er machte aus der Kirche ein Unternehmen und hinterließ seinen Nachfolgern ein blühendes Geschäft, dessen kaufmännische Praktiken er ausgearbeitet hatte.

Auch Giuliano de Rovere, der als Julius II. nach dem raschen Tod Pius' III., des Nachfolgers Alexanders VI., zum Stellvertreter Christi gewählt wurde, war der Neffe eines Papstes. Mit siebenundzwanzig Jahren zum Kardinal ernannt, hatte er dreiunddreißig Jahre lang ungeduldig darauf gewartet, endlich Heiliger Vater zu werden. Julius II. war der Vater dreier natürlicher Töchter, die er zwar standesgemäß unter die Haube brachte, aber keineswegs so verwöhnte, wie dies Alexander VI. mit seinen Kindern getan hatte. Julius' II. Familie war die Kirche. Er war kein Menschenfischer, er warb nicht mit dem Kreuz. Er war ein Gewaltmensch, der den Helm öfters aufs Haupt setzte als die Tiara. Sein Hirtenstab war das Schwert. Er war der tatkräftigste Condottiere, der ungestümste Söldnerführer seiner Zeit. Sein Lieblingsaufenthalt war das Feldlager mit den improvisierten Zeltstädten, in denen die Marketenderinnen die Küche und die Bettstatt der Männer betreuten. Seine Redeweise war ebenso obszön und heftig wie die der Soldaten, die er als sein eigener Feldherr befehligte. Sein Gottesdienst war das Abfeuern der Belagerungsgeschütze, die er vor den Mauern der Städte auffahren ließ, die seinem eisernen Willen widerstanden. Geistliche Fragen interessierten ihn weniger als geistige und weltliche. Er hatte sich zum Ziel gesetzt, das »Patrimonium Petri«, den

Bacchus und Ariadne, von Annibale Carracci (1560–1609).

Kirchenstaat, gewaltig zu erweitern, erreichte aber trotz seines unbändigen Machttriebs nicht mehr, als daß er sich an der Macht halten konnte. Seine Geldgier war ebenso ausgeprägt wie seine Machtgier. Er brauchte Geld, immer mehr Geld, um seinen Ehrgeiz zu erfüllen, Rom zur wunderbarsten Stadt der Erde auszubauen. Und so ging Julius II. in die Geschichte nicht ein durch seine außerordentlichen Leistungen, sondern als der Auftraggeber Michelangelo Buonarrotis und Raffael Santis und als Bauherr der Peterskirche, dieses gewaltigsten aller Gotteshäuser, dessen Errichtung er Donato Bramante anvertraut hatte.

Michelangelo hat als Greis sein Leben und Wirken in wenigen Worten zusammengefaßt. Einem Priester, der sich bedauernd darüber äußerte, daß Michelangelo, der den weiblichen und den männlichen Körper so sinnlich darzustellen wußte, nie geheiratet und Kinder gezeugt habe, erwiderte er: »Ich habe soviel mit einer Frau zu schaffen gehabt, und diese Frau ist die Kunst. Sie hat mich stets gequält, und meine Kinder sind die Werke, die von mir zurückbleiben.« Michelangelo überlebte Raffael Santi – das Glückskind der Renaissance –, dessen hinreißendes Wesen Männer und Frauen bezaubert hatte. Auch als er schon ein erwachsener Mann war, behielt sein Gesicht die mädchenhaften Züge, und seine Augen verloren nicht den träumerischen Blick, der in seiner liebenswerten Kunst zum Ausdruck kam. Er schuf aus der Fülle seiner gefälligen Natur Kunstwerke, die gefielen. Kirchenfürsten, große Herren und Damen verwöhnten ihn. Selbst Papst Julius II., der Michelangelo in seiner unbeherrschten Ungeduld gedroht hatte, er werde ihn von dem Gerüst, auf dem er die Sixtinische Kapelle ausmalte, herunterwerfen lassen, behandelte Raffael mit zärtlicher Achtung. Böse Zungen behaupteten, daß der männliche Papst in den weibischen Maler verliebt gewesen sei und seine Liebe genossen habe. Die unschuldsvolle Sinnlichkeit, welche die etwa fünfzig Madonnenbilder verklärt, die Raffael Santi im Laufe seines kurzen Lebens gemalt hat, verrät nichts von der Sinnenfreude des jungen Lebemannes, der sowohl eine Geliebte nach der anderen gehabt hat als auch geistlichen Liebhabern fleischlich zu Willen gewesen sein soll und für seine kirchlichen Gönner heidnische Liebesszenen als Gegenstücke zu den frommen

Zwei Liebespaare: Rechts ein junges Menschenpaar, das in der Freude seiner Sinne vom Tod angerührt wird (Kupferstich von Hans Sebald Beham, 1529, in der Albertina, Wien), links das ungleiche Paar, der lüsterne Alte und die berechnende Junge, die ihren Liebhaber mit raffiniertem Streicheln seines Daumens reizt (Gemälde von Lucas Cranach d. Ä., um 1530).

Groteske, von antiken Vorbildern inspirierte Darstellung eines weiblichen Dämons im ornamentalen Schmuck der von Raffael ausgemalten Gemächer des Kardinals Bibiena im Vatikan.

Darstellungen auf der Leinwand verewigte. Kurz vor Raffaels Tod hieß es, er solle Kardinal werden. Daraufhin schob er die schon beschlossene Heirat mit der Nichte des Kirchenfürsten Bibiena hinaus, um kein Hindernis für seine Erhebung in den geistlichen Stand zu schaffen. Aber er quartierte die Braut in seiner Wohnung ein, um ihre Nähe nicht zu missen. Und sein frühes Ende wurde den »Vergnügungen ohne Maß« zugeschrieben, die er mit Maria da Bibiena genossen habe.

Seit der Renaissance haben sich die Vorstellungen über die Schönheit der europäischen Frauen unverändert erhalten, so wie ein zeitgenössischer Mönch sie beschrieb: Die Frauen sollten schlank sein, mit breiten Schultern und schwellenden Brüsten. Die Haut müsse hell und klar, aber nicht bleich sein, die Hände weiß und zart, die Beine lang, die Füße klein. Die Schönheit der Frau sei mit einer Harmonie zu vergleichen, »die sich auf geheimnisvolle Weise durch die Zusammenstellung, Verbindung und Zusammenfügung ... schöner Glieder ergibt, die, bevor sie sich zur Bildung eines Körpers vereinigen, unter sich abweichend und gegensätzlich sind«. Als die schönsten Frauen in Rom wie in den anderen durch die Re-

naissance verwandelten Städten Italiens galten die Kurtisanen, die »Cortigiane«. Das französische Wort »courtisane« hatte ursprünglich »Hofdame« bedeutet. Die Cortigiane aber führten ihren Namen nach der »corte«, dem Hof der römische Kurie. Diese Geliebten der Geistlichen, die als »Cortigiane oneste« galten, als »ehrbare Kurtisanen«, da sie ganz offenbar den Segen der Kirche hatten, zeichneten sich durch außergewöhnliche Bildung aus. Sie malten und zeichneten, sie sangen und tanzten, sie waren, wie die Hetären, ihre Vorbilder aus der Antike, belesen, und nicht wenige hatten literarische Begabung. Aber nicht nur »Cortigiane oneste« gab es in Rom. Wenn ein Mädchen, das seine Liebe feilhielt, eine Wohnung hatte, vier Wände, die ihm gehörten, konnte es als Kurtisane dem gehören, dem es »die Ehre ihres Leibes« gab. Solche Mädchen galten nicht als ehrlos wie die Dirnen in den öffentlichen Häusern oder die »Liebhaberinnen auf dem Strich«. Und sie, die eine »mittlere Stellung« einnahmen zwischen den Huren und den »ehrbaren Kurtisanen«, hatten meist einen »Hauptgeliebten«. Der unterhielt den Haushalt und pochte, je nach der Höhe seiner Geldleistung oder dem Wert seiner Liebesleistung, auf Treue. Die römischen Kurtisanen waren so beliebt, daß ein Dichter erklärte, eine Frau verletze die Natur, wenn sie nicht als Kurtisane lebe, denn nur wenn sie sich ganz und gar der Liebe widme, erscheine sie würdig, als Frau bezeichnet zu werden, da sie doch einzig zu diesem Zweck geschaffen sei.
Nicht nur in den Häusern und Wohnungen der Kurtisanen gab es die Kleinkunst der Renaissance: Schmucke Gefäße, die, wie im alten Rom, als Parfümflaschen und Lampen dem Priapus nachgeformt waren, Vasen und Schalen standen auf Phallusfüßen und waren mit eindeutigen Szenen der Lust verziert. Man trank, wie zu Zeiten des Properz und des Juvenal, Wein aus silbernen und goldenen Bechern, deren kunstvolle Ziselierung die Trinkenden zum Liebesrausch anregen sollte.

Wie die skurrilen Bildnisse und Allegorien, die Giuseppe Arcimboldi, den Surrealismus unserer Zeit vorwegnehmend, aus Gemüse und Obst, aus vielerlei Fischen oder aus Büchern gleichsam montiert hat, ist das Porträt des Bischofs Giovio auf dieser Spottmütze aus Phallen zusammengesetzt.

Die Platten der Tische wurden von geschlechtlich erregten Satyrn getragen. In der Renaissance der ungehemmten Sinnlichkeit, der sich Frauen und Männer freudig ergaben, fehlte nur eine Freiheit: Es war nicht erlaubt, sondern strengstens verboten, die Geschlechtsteile offen und unverhüllt zur Schau zu stellen. Man zeigte ihre Nachbildungen insgeheim und vertraulich vertrauten Freunden und Freundinnen, mit denen man die Freuden der Liebe in Fleisch und Blut oder im gemeinsamen Anblick der geschlechtlichen Sinnbilder genoß.
Die anmutigen Erzeugnisse römischer Kunstschmiede und Glasbläser fanden als Liebhabereien im ganzen europäischen Raum reißenden Absatz. Sie wurden vernichtet oder verschwanden in geheimen Verstecken, als die örtlich zuständigen Geistlichen, die nicht so aufgeklärt waren wie ihre Amtsbrüder im Bereich des Heiligen Stuhls, den Besitz der Gegenstände, die geschlechtliche Begierde hervorrufen könnten, als »Teufelswerk« verdammten. Wer solche in »satani-

Der berühmte Holzschuherpokal, so genannt nach einer Nürnberger Patrizierfamilie, ist eine Kokosnuß (damals eine »indische Rarität«) in vergoldeter Silberfassung von Peter Flötner (vor 1540). Germanisches Nationalmuseum, Nürnberg.

scher Lust erzeugte Objekte« besaß, verfiel der Inquisition: dem Gericht des Grauens, dem »Ketzer oder Lüstlinge beider Geschlechter« unterworfen waren. Fürchterlich war, wessen sich die von der Inquisition Verfolgten zu gewärtigen hatten. Nach der Verhaftung wurden sie in völliger Finsternis gehalten, auf dem nackten Steinboden liegend, oft so eng gefesselt, daß sie in ihrem eigenen Kot sitzen mußten. Unsagbar grausam waren die Torturen bei der Vernehmung. Entschlossen, um jeden Preis ein Geständnis der Sünde oder Unzucht zu erpressen, hatten sich die Inquisitoren scheußliche Folterwerkzeuge ausgedacht. Den Gemarterten wurden die Arme ausgerenkt, die Gliedmaßen gebrochen, die Füße langsam über Feuer verbrannt, Männern die Hoden, Frauen die Brüste zerquetscht. Die Qual wurde nach Möglichkeit hinausgezogen, um zu verhindern, daß die Gefolterten den Geist aufgaben.
In Spanien kannte die Inquisition kein Maß mehr, seitdem der Dominikaner Thomas de Torquemada zum Großinquisitor ernannt worden war und es als seine Lebensaufgabe betrachtete, Christus durch unbarmherzige Unterdrückung jeder Ketzerei und jeder verbotenen Lust zu dienen. Den von Torquemada geschulten Inquisitoren oblag es auch, alles, was aus dem neuentdeckten Amerika von den Eroberern ins geheiligte Mutterland gesandt wurde, auf seinen »sittlichen Wert« zu überprüfen. Es war an sich schon eine schwere Versuchung, die Statuen, Schalen, Vasen und Gefäße aus gleißendem Gold zu betrachten. Aber was sie in kunstvoller Formgebung darstellten, konnte in den Augen der Inquisitoren nur des Teufels sein: Diese Zurschaustellung des erregten männlichen Gliedes, diese lustvollen Umarmungen von Männern und Frauen, diese zuchtlosen beiderseitigen Berührungen der männlichen und weiblichen Körper, der glitzernde Ausdruck der von sinnlicher Freude schimmernden, durch eingelegte Edelsteine dargestellten Augen! Das durfte niemand sehen! Nicht einmal Seine Majestät, der allerkatho-

Der düstere Fanatismus der Inquisition und die Hoffnungslosigkeit der vom Tribunal Verurteilten spiegelt sich in diesem Gemälde des 1503 verstorbenen Spaniers Pedro Berrugueto, das im Prado, Madrid, hängt.

lischste König, sollte diesem Verführungswerk der Hölle ausgesetzt sein. Die Inquisitoren schmolzen ein, was die Soldateska der Conquistadoren im mexikanischen Reich Montezumas und im peruanischen Reich der Inka an derlei Kunstwerken und Gebrauchsgegenständen geraubt hatten, und lieferten das pure, das gereinigte Gold, in der königlichen Schatzkammer ab. Die Beute aus Übersee, die das Königreich Spanien zum reichsten Land der Erde machte, war unter unendlichem Blutvergießen und mit rücksichtsloser Habgier zusammengerafft worden. Die Frauen und Männer, die im Namen des Kreuzes hingemordet und vergewaltigt wurden, die Unglücklichen, die der Brutalität der Eroberer, die sie für »weiße Götter« hielten, hilf- und wehrlos ausgeliefert waren, hatten nach ihren sittlichen Grundsätzen heiter den sexuellen Freuden in allen Arten und Abarten gelebt und sie in ihrer Vorstellung mit ihren Gottheiten, den Sinnbildern der Fruchtbarkeit, geteilt. Alle Lust, die die katholische Kirche den Gläubigen als so verwerflich hinstellte, war den Indios heilig. Gerade deshalb wurde sie von den Kaplanen, die mit den wilden Scharen der Conquistadoren zogen, als »jedes Christen unwürdig« verdammt, wie man dann auch im Spanien der Inquisition jede Lust am Geschlechtlichen als »indianisch entartet« bezeichnete, als »viehisches Verhalten«. Der Geschlechtsverkehr war, auch wenn er ehelich vollzogen wurde, eine »schmutzige Angelegenheit«, außerhalb der Ehe eine »unverzeihliche Sünde«. Jeder Hinweis auf die Freuden der Liebe wurde als lüstern gebrandmarkt, als abscheulich und gottlos.
Wie die Indios in Wirklichkeit gewesen waren, erfuhr die Nachwelt durch Ausgrabungen. Die Fundstätten erbrachten nur wenige Goldschätze, aber zahlreiche aus Ton gebrannte Grabbeigaben. Aus ihnen ließ sich das Lebensgefühl der Indios, ihr Glaube an die Unsterblichkeit und das Weiterwirken ihrer Lebenskraft im Jenseits rekonstruieren. In vielen Grä-

Grabbeigaben (siehe auch Abb. S. 272) aus der Mochica-Kultur Alt-Perus (bis zum 800 n. d. Z.). Museo Nacional de Arqueologia, Lima.

bern wurden Gefäße gefunden, die »Chicha« enthielten, das aus gegorenem Mais hergestellte, berauschende Getränk, mit dem die Toten versorgt wurden, damit es ihnen auch nach dem Tod nicht fehle. Die Gefäße für »Chicha« waren gleichzeitig Sinnbilder des Rausches, der durch das lustvolle Trinken herbeigeführt werden sollte, des Rausches in geschlechtlicher Lust. Sie waren den männlichen und weiblichen Sexualorganen nachgeformt. Das Ansetzen dieser Gefäße an den Mund war gleichzeitig die symbolische Handlung des Geschlechtsgenusses mit den Lippen oder der Zunge. Denn bei den Indios bedeutete es durchaus keine Erniedrigung der Frau, wenn sie den Geschlechtsverkehr mit dem Mund ausübte. Im Gegenteil scheint dies eine verklärende Bedeutung gehabt zu haben, so wie die Belebung des künstlichen Gliedes bei dem ägyptischen Gott Osiris durch seine Gattin und Schwester Isis.

Das Geschlechtsleben der indianischen Männer war auf die

Frau eingestellt. Sie war die berufene Empfängerin der Zeugungskraft, die schon »der Schöpfer« ihr widmete, er, der Gott, der mit seinem riesigen Glied den Frauen die höchste Freude vom Altar her versprach. Sie sollte sie in jeder Öffnung ihres Leibes genießen, auf allen vieren, wie die geheiligten Tiere der Schöpfung, und ihre Bereitschaft dazu durch die geöffnete Vagina kundtun, wie die erhaltenen Keramiken es zeigen. Sie sollte den Männern ihre entblößte Scham zur Schau stellen und die Freude an ihrer Unersättlichkeit keineswegs verheimlichen. Sie sollte durch die kunstvolle Variation der Stellungen im Spiel der Liebe ihre Willigkeit und ihre Eignung zur Kunst der Liebe erweisen. Während die Spanier in ihrem von der Inquisition geknechteten Mutterland die Unterdrückung und Verdrängung der Triebe zur Basis einer verlogenen Moral machten, hatten die von ihnen beinahe völlig ausgerotteten Indios die Moral der natürlichen Instinkte zum Grundsatz ihres Lebens erhoben.*

* Frischauers Schilderung des Sexuallebens in den praekolumbianischen amerikanischen Hochkulturen erweckt den Eindruck, als habe es dort das gegeben, was sonst nirgendwo zu finden ist – ein freies, lustvolles Fließen der Libido. Sicher, soweit die dürftigen, zudem durch spanische Redaktion gefilterten literarischen sowie die archäologischen Quellen etwas aussagen – eine Tabuisierung bestimmter sexueller Vollzüge gab es nicht. Aber auf der anderen Seite sollten wir nicht vergessen, daß z. B. im Inkareich die Frauen recht wenig zu sagen hatten. In diesem »sozialistischen‹« Staat war genau geregelt, welcher Mann wie viele Frauen haben durfte – von gar keiner (Sklaven) über eine, sieben (Distriktbeamte) bis zu 30 (höchster Beamter). Zudem galten streng die Inzestschranken – mit Ausnahme des Inka, der von der Sonne abstammte und seine Schwestern heiratete – wie bei den altägyptischen Pharaonen. Bei den Azteken stoßen uns Heutige z. B. die Menschenopfer ab. Besonders feierlich wurde die Opferung von Jungfrauen durchgeführt. [G. L.]

Zeittafel

1466–1536 Erasmus von Rotterdam
1489 »Hexenhammer«
1491–1547 Heinrich VIII. (1509 König v. England)
1492–1549 Margarete von Navarra
1492–1556 Pietro Aretino
um 1494–1553 François Rabelais
1494–1576 Hans Sachs
1494–1547 Franz I. (1515 König v. Frankreich)
1500–1558 Karl V. (1516 Kg. v. Spanien, 1519–56 Kaiser)
1509–1564 Johann Calvin
1517 Luthers Thesenanschlag
1527–1598 Philipp II. (1556 König v. Spanien)
1533–1603 Elisabeth I. (1558 Königin v. England)
1534 Ignatius von Loyola gründet Jesuitenorden
um 1540–1614 Pierre de Brantôme
1542–1587 Maria Stuart (1561-68 Königin v. Schottland)
1547–1616 Miguel de Cervantes
1551–1589 Heinrich III. (1574 König v. Frankreich)
1552–1612 Rudolf II. (1576 Kaiser)
1553–1610 Heinrich IV. (1589 König v. Frankreich)
1555 Augsburger Religionsfriede
1562–1635 Lope de Vega
1572 Bartholomäusnacht (Karl IX. u. Katharina v. Medici)
1585–1642 Armand Jean Duc de Richelieu
1589 Edikt von Nantes
1599–1658 Oliver Cromwell
1602–1661 Jules Kardinal Mazarin
1613 Tirso de Molina bringt Don-Juan-Gestalt auf die Bühne
1618–1648 Dreißigjähriger Krieg
1622–1673 Molière
um 1622–1670 Hans Jakob Christ v. Grimmelshausen
1638–1715 Ludwig XIV. (1643 König v. Frankreich)
1644–1709 Abraham a Santa Clara
1652–1722 Liselotte von der Pfalz
1683 Die Türken vor Wien; erstes Kaffeehaus
1710–1774 Ludwig XV. (1715 König v. Frankreich)

6 »Liebenden ist alles erlaubt«

Von der Reformation zum Rokoko

Der erste Herrscher, der sich die Buchdruckerkunst zunutze machte, um seinen durch unaufhörliche Mißerfolge angeschlagenen Ruf gutzumachen, seinen »schlaffen Hintern zu vergolden«, wie seine Feinde spotteten, war Kaiser Maximilian I., den die Nachwelt als den »letzten Ritter« feierte, obwohl er der erste war, der sich auf seinen Feldzügen des Schießpulvers und der Kanonen bediente, der »unritterlichen Waffengattung mit zerstörender Fernwirkung«. Maximilian hatte, wie seine Gegner boshaft erklärten, »das Pulver nicht erfunden«, aber er benützte es hartnäckig in seinen kriegerischen Unternehmungen, die von einem Zeitgenossen im Stil der Renaissance mit dem von Horaz stammenden Vers beschrieben wurden: »Die Berge kreißen, und eine Maus wird geboren.« Die Maus allerdings, die dem zeit seines Lebens erbärmlich verschuldeten Maximilian geboren wurde, sein Enkel Karl V., ist dann der Beherrscher jenes Habsburgischen Weltreichs geworden, »in dem die Sonne nicht unterging«. Das Übermaß im Geschlechtsverkehr, das seine Tante Margarete mit ihrem kränklichen Gatten Don Juan, dem Sohn der »Allerkatholischsten Könige«, genossen hatte, war die Ursache für den frühen Tod des natürlichen Erben der spanischen Krone gewesen. Don Juans Schwester, Johanna, die Mutter Karls, und sein Vater Philipp der Schöne gewannen die Thronfolge. Er, Karl V., war daher von Geburt an bestimmt, König von Spanien und, wenn die Wahl auf ihn fiel, überdies Kaiser des Römischen Reiches Deutscher Nation zu werden.

Im Jubeljahr 1500 kam Karl V. zur Welt, fünf Jahre nachdem sein Großvater, Kaiser Maximilian, einen gedruckten

Aufruf erlassen hatte, in dem er die Völker vor den »Pösen Plattern« warnte, jener neuen Krankheit, die als »Strafe für Gottlosigkeit« über die Erde gesandt worden sei. Urheber dieser Strafe sei der »Geschlechtsteufel«, wie jeder am eigenen Leibe erkennen könne, der von der Krankheit heimgesucht worden sei. Nämlich gerade an den Genitalien von sündigen Männern und Frauen bildeten sich Geschwüre, widerwärtige Auswüchse, die zwar nicht schmerzten, die aber unfehlbare Vorboten einer grauenhaften Zersetzung des Körpers waren, sich erst an den Geschlechtsorganen und dann im Munde »gar abscheulich« bemerkbar machten, bevor sie sich in eiternden Schwären an den Beinen und an anderen Stellen des Körpers zeigten. Die üble Vergiftung des Blutes wurde, da sie bei französischen Soldaten, die Neapel belagerten, zum erstenmal ärztlich festgestellt worden war, »morbus gallicus« genannt, die »Französische Krankheit«. Da aber ihr Auftreten mit der Rückkehr von Matrosen zusammenfiel, die mit Kolumbus nach »Indien« ausgefahren waren, nahmen nicht wenige Mediziner an, daß sie aus Amerika eingeschleppt worden sei. Ein Veroneser Gelehrter, der fest daran glaubte, die Eingeborenen Amerikas hätten die Eroberer, die »Conquistadores«, angesteckt, der aber auch der geschlechtlichen Sauberkeit der Griechen nicht recht traute, schrieb ein Lehrgedicht, in dem er den Mythos mit der Gegenwart verband: Halb ernst, halb satirisch setzte er auseinander, daß der Hirte Syphilus auf der amerikanischen Insel »Hayti« gegen den Sonnengott aufbegehrt habe. Der Name Syphilus – das griechische Wort bedeutet »Schweineliebhaber« – sollte aber an Sypilus (ohne h) erinnern, einen Sohn der sagenhaften Niobe, die von Apollon und Artemis mit der Tötung ihrer Kinder bestraft worden war. Auch der Hirte Syphilus war vom Sonnengott bestraft worden, durch die Lustkrankheit, mit der er ihn als ersten Menschen heimgesucht hatte. Die Veröffentlichung dieser Fabel machte so großes Aufsehen,

daß die verheerende Geschlechtskrankheit von nun an auch wissenschaftlich »Syphilis« genannt wurde. In Frankreich bezeichnete man sie als »die großen Blattern«, »la grande vérole«. Sie verbreitete sich in der liebessüchtigen Bevölkerung so rapid, daß auch der galante König Franz I. nicht davon verschont wurde.
Franz hatte einen unerbittlichen Gegenspieler, Karl V. Beide jungen Herrscher bewarben sich um die Kaiserkrone. Beide versuchten die deutschen Kurfürsten zu bestechen. Beide sparten nicht mit Geld. Aber Karl hatte mehr. Das spanische Gold verhalf ihm im Deutschen Reich, das ein zeitgenössischer päpstlicher Legat als »eine einzige große Räuberhöhle« bezeichnete, zum Erfolg. Franz hatte zwar ein Bündnis mit dem Heiligen Stuhl abgeschlossen, aber Karl war als Nachfolger der Allerkatholischsten Könige und durch seinen unermeßlichen Reichtum überlegen. Man spottete nicht umsonst: »Der heilige Petrus hat das Fasten eingeführt, um seine Fische besser verkaufen zu können.« Karl sparte auch in Rom nicht mit dem gemünzten Gold und warf sich zum Schutzherrn der Kirche im Deutschen Reich auf, während in Spanien die Inquisition den Glauben schützte. Im Deutschen Reich jedoch waren die größeren und kleineren Landesfürsten entschlossen, sich ihrer Herrschaft ohne jede Einschränkung erfreuen zu können und vor allem »vom harten, drückenden Joch des Papstes« frei zu werden: Hier behielt sich ein Herzog die Klostervisitation als fürstliches Recht vor, dort ein anderer die »Reformation der Klöster« und die Sittenpolizei über die Geistlichkeit. Der Kurfürst von Sachsen nannte sich »oberster Handhaber aller guten Werke in Meinem Land«. Kein Wunder, daß in aller Öffentlichkeit gelehrte Prediger und Doktoren ihrer Mißachtung für das geistliche Rom Ausdruck gaben: »... die Kirche befindet sich in einer Babylonischen Gefangenschaft. Der Papst ist ein bepurpurter Affe.« Redensarten machten die Runde wie: »Wenn der Pater wiehert, so

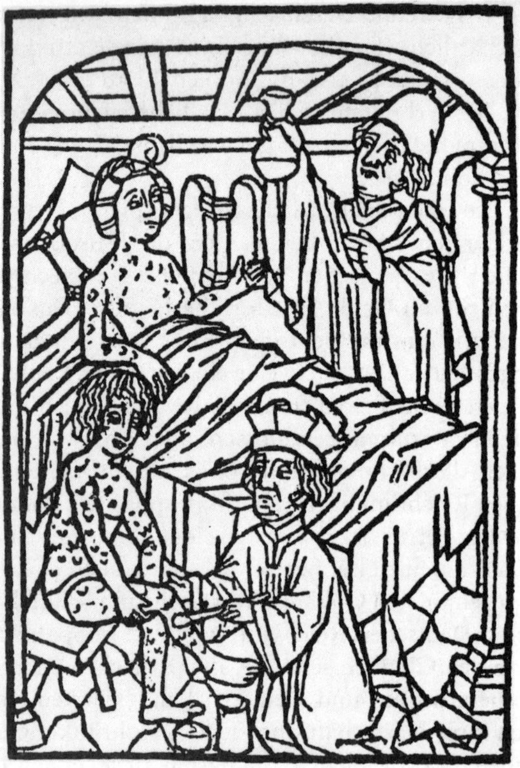

Zeitgenössischer Holzschnitt aus einem Traktat von Bartholomäus Steber über Vorbeugung und Behandlung der »Frantzosen«; Österreichische Nationalbibliothek, Wien.

tut die Klosterfrau den Riegel weg.« Oder: »Wer eine Frau aus dem Hurenhaus nimmt, hat kein Glück, und wer eine aus dem Kloster nimmt, wird's bereuen.«
Es konnte aber auch sündigen, wer wollte, ob Priester oder Nonne, ob Bürger oder Bauer: Die Sünde ward dem vergeben, der Ablaßzettel kaufte. Und so kannten Frauen und

»Der Mönch im Kornfeld.« Vorbild für dieses fälschlich Rembrandt zugeschriebene Blatt war »Das Paar auf dem Bett« (1646), denn die Stellung der Figuren ist auf beiden Blättern fast gleich.

Männer keinerlei Zurückhaltung, besonders die Frauen nicht. Sie hatten Sorge, daß sie »kein Schwert« bekämen, denn warnend hieß es: »Es gibt mehr Scheiden als Degen.« Natürlich gab es auch ernste Vorhaltungen wider die Unzucht, aber weder Ermahnungen noch Drohungen nützten etwas – hemmungslos und ohne Reu' ergaben sich die munteren Sünder und Sünderinnen ihrem lockeren Treiben, waren sie ja durch den Kauf von Ablaßzetteln von aller Sünde befreit. Das eigene Gewissen und nicht mehr der Glaube war die Richtschnur des Handelns: Nur wer es mit seinem eigenen Anstand für unvereinbar hielt, der Sinneslust bedenkenlos zu frönen, beachtete noch die Sittengesetze der christlichen Lehre, die, wie es schien, nur aufrechterhalten wurden, um aus denjenigen, die dagegen verstießen, Geld und noch mehr Geld durch den »Ablaß« herausholen zu können. Als Martin Luther seine Thesen gegen den Mißbrauch des Ablasses an die Tür der Schloßkirche zu Wittenberg anschlug, konnte er gewiß sein, Gehör und Anhang zu finden. Der gelehrte Mönch, den angesichts der nicht mehr aufzuhaltenden Sittenlosigkeit und des allgemeinen Verfalls des Glaubens die Frage gequält hatte: »Wie gewinne ich einen gnädigen Gott?«, formulierte die wesentlichen Sätze seines Bekenntnisses zu einem volkstümlichen Kampfruf: »Da unser Meister und Herr Jesus Christus spricht, tut Buße . . ., will Er, daß das ganze Leben Seiner Gläubigen auf Erden eine stete und unaufhörliche Buße sein soll . . . Derhalben irren die Ablaßprediger, die da sagen, daß durch des Papstes Ablaß der Mensch von aller Pein los und selig werde . . . Ein jeder Christ, so wahr er Reue und Buße hat über seine Sünden, der hat völlige Vergebung von Pein und Schuld, die ihm auch ohne Ablaßbrief gehört.«

Nicht nur durch seine Thesen und seine theologischen Schriften, sondern auch durch seine Traktate, die sich an das Volk wandten, beeinflußte Luther die Sitten. In seiner Abhandlung vom ehelichen Leben betonte er die Herrschaft des Triebes und den Anspruch des Menschen auf sinnliche Lust, indem er verkündete, man dürfe keinen Menschen zur Keuschheit verpflichten, da es Natur sei, den Trieb zu stillen. Allerdings stellte Luther die Ehe obenan: Die Sorge vor unkeuschem Lebenswandel müsse die Menschen bestimmen, möglichst frühzeitig zu heiraten. Wer nicht heirate, verfalle dem Laster. Der des Geschlechtsverkehrs Unfähige, der Impotente, dürfe nicht heiraten. Wenn sich die Unfähigkeit erst nach geschlossener Ehe herausstelle, so sei der unfruchtbare Teil verpflichtet, auf sein Recht als Ehemann zu verzichten, er müsse erlauben, daß die Frau heimlich ihre Lust mit Fremden kühle. Und wenn eine Ehefrau sich weigere, die eheliche Pflicht zu erfüllen, sei es dem Mann erlaubt, die eheliche Treue zu brechen. Er möge es im guten mit seiner Frau versuchen. Sofern sie sich aber hartnäckig weigere, so möge er sich vor Augen führen, daß, wenn die eigene Frau nicht will, es eine andere tut: »Will Fraw nicht, so kunn die Magd.« Scharf sprach sich Luther gegen das Verbot der katholischen Kirche aus, während der christlichen Feiertage und der Schwangerschaft geschlechtlich zu verkehren. Und ihm schrieb man jenen berühmten Rat zur guten Erhaltung der Ehe zu: »Aller Woche zwier sind der Weiber Gebühr, schadet weder mir noch dir, macht im Jahre hundertvier.«

Luthers Lehre von der »Freiheit eines Christenmenschen« fand nicht nur bei der bäuerlichen Bevölkerung Anklang und Anhänger, die glaubten, nun habe die Stunde der Befreiung von der Herrschaft von weltlicher und kirchlicher Bedrükkung geschlagen, sondern auch bei den Bürgern und Bürgerinnen der freien Städte, die die »anmaßenden Übergriffe« der Geistlichen satt hatten. Und viele deutsche Ritter und Fürsten fühlten sich von Luther, den sein Freund Philipp Melanchthon, der »Praeceptor Germaniae«, beriet, um so mehr angesprochen, als er die Auffassung vertrat, daß der Fürst als »Amtmann Gottes« für das Seelenheil seiner Untertanen mitverantwortlich sei. Auf dieser moralischen Verpflichtung begründe sich das sittliche Recht der Fürsten, das durch die Gehorsamspflicht der Untertanen gewährleistet werden müsse. Luther hatte denn auch die Fürsten gegen die Bauern, die mit der Losung »Christus hat alle Menschen mit seinem Blut erlöst und erkauft« sich in blutigen Aufständen erhoben hatten, aufgemuntert »wider die räuberischen und mörderischen Rotten der Bauern«. Er war für die bestehende weltliche Ordnung eingetreten. Die »Freiheit eines Christenmenschen« hatte für ihn nichts mit »äußerer Unfreiheit« zu tun, sondern könne, wie er erklärte, in jedem Stand bewahrt werden. Die willkürliche Vermengung von Glaubensfragen mit irdischen Zielen war von ihm als ein »Werk des Satans« abgelehnt worden.

Die Reformation breitete sich mit unwiderstehlicher Schnel-

ligkeit aus. Sie führte zu einer oft gewaltsamen Spaltung der Lebensgewohnheiten und Bräuche nicht nur in den deutschen Ländern, deren Herrscher sich zum Protestantismus bekannten, sondern auch in der Schweiz und in den nordischen Staaten. Das »reine Gotteswort«, in den neuen Glaubensgemeinden durch die Predigt verkündet, beeindruckte die Gläubigen mehr als die aufwendige Pracht, durch die sich die katholi-

Der geistige Kampf zwischen Reformation und katholischer Kirche fand seinen Niederschlag auch in Flugblättern, deren Karikaturen selbst vor den schlimmsten Herabsetzungen nicht zurückschreckten. Links der Antichrist, der verkündet: »Ich bin der Papst!«, rechts die gleiche Verteufelung Luthers: Der Reformator wird dargestellt als der Dudelsack des Satans.

sche Kirche erhaben gemacht hatte. Daß die Lust des äußerlichen Lebensgenusses unter der neuen Moral geschmälert wurde, nahmen die nach dem »inneren Licht« Strebenden gottergeben auf sich, und dies um so mehr, als die grauenhaften Kriege, die nahezu alle Länder verheerten, die Lebensfreude drosselten und nur die Aussicht auf das ewige Leben Glück verhieß. Diese Abkehr von den Freuden des irdischen

Daseins führte bei denen, die mit der »reinen Lehre« ganz Ernst zu machen meinten, zu einer »puritanischen« Sittenzucht, die oft genug in frömmelnde Heuchelei und unerbittliche Verfolgung selbst der harmlosesten »Sünder« umschlug. Der kriegerischen Handlungen, die während der Reformation ausgetragen wurden, waren zum größten Teil nur nach außen hin Glaubenskriege. Es ging auch Karl V. von Habsburg und Franz I. von Valois, die beide katholisch waren, zu allererst um die Behauptung und Erweiterung ihrer Einflußsphären, um die gewaltsame Lösung von Erbstreitigkeiten. Franz scheute nicht davor zurück, die ungläubigen Türken zu Hilfe zu rufen, und Karl zögerte nicht, Protestanten zum Bündnis anzuwerben, wenn es ihm für die Kriegführung nötig erschien. Der Glaube wurde für die fürstlichen Standarten mißbraucht, er war jeweilig ein zusätzliches Ornament zum Wappen der Herrscher, die einander bekämpften. Franz I. von Frankreich war in seinen Feldzügen gegen Karl V. trotz seines persönlichen Mutes so unglücklich, daß er sein heiteres Abenteurerleben für einige Zeit als Gefangener seines übermächtigen Feindes in Madrid unterbrechen mußte. Sein Königreich wurde in diesem traurigen Jahr von seiner geistreichen Mutter und seiner reizenden Schwester Margarete verwaltet, die den Beinamen »die Perle von Valois« erhielt, weil, wie die Fama wissen wollte, ihre Mutter sie durch das Verschlucken einer Perle empfangen hatte. Bereits gleich nach der Geburt sei Margarete von Liebe begnadet gewesen. Man erzählte sich: »Sie wurde lächelnd geboren und streckte schon als Säugling jedem die kleine Hand zum Gruß entgegen.« Sie war früh verliebt, und sie blieb verliebt bis an das Ende ihres Lebens, wenn auch in immer wieder andere Männer. Ihre erste Liebe galt einem Cousin, der aber in einer Schlacht fiel. Sie duldete die Leidenschaft des galanten Chevaliers de Bonnivet, der eine ihrer Hofdamen heiratete, um ihr immer nahe sein zu können, auch als sie zum erstenmal heiratete, den Herzog von Alençon, der sie ebensowenig liebte wie sie ihn. Als der Herzog und ihr Liebhaber starben, der Liebhaber als Held, der Ehemann im Krankenbett, heiratete Margarete den König von Navarra, Henri; ihm gebar sie eine Tochter, die die Mutter des großen Königs Heinrich IV. werden sollte. Man erzählte sich, Margarete habe dieses Kind durch einen verzeihlichen Irrtum ihres Gatten empfangen, der nur dieses eine einzige Mal zu ihr ins Bett gekommen sei, da er sie im nächtlichen Dunkel für eine andere Frau gehalten habe. Aber solche Gerüchte mochten darauf zurückzuführen sein, daß Henri zu Margarete eine lediglich kameradschaftliche Beziehung unterhielt, die vor allem darin bestand, daß sie sich gegenseitig ihre Liebeserlebnisse nicht nur nicht übelnahmen, sondern einander dazu verhalfen und sich, ohne einander zu lieben, gern alle Einzelheiten ihrer Abenteuer erzählten. Ihre gegenseitigen Beichten wurden die Grundlage des »Heptameron«, der entzückenden Liebesgeschichten, die Margarete von Navarra niederschrieb.

Margarete hatte ihre Fähigkeit zu schreiben schon in den Briefen bewiesen, die sie dem unnahbaren und unerbittlichen Karl V. nach Madrid geschrieben hatte, um die Freilassung ihres gefangenen Bruders Franz, des Königs von Frankreich, zu erwirken. Sie hatte schließlich auch persönlich vermittelt und es erreicht, daß Franz auf Ehrenwort Spanien verlassen konnte. Er betrat französischen Boden, rief glücklich: »Jetzt bin ich wieder ein König« – und begann noch am ersten Abend eine Liebesbeziehung mit einer achtzehnjährigen Ehrendame, die es als Ehre betrachtete, den König, der ein ganzes Jahr enthaltsam wie ein Mönch, allein in einer Zelle, gelebt hatte, im Bett zu entschädigen. Dies tat sie so zufriedenstellend, daß er sie mit einem Herzog verheiratete und ihr Liebhaber blieb, obwohl er selbst heiratete und auch in der Ehe zahlreiche Liebschaften unterhielt. Die Seitensprünge, durch die er seine Frau mit seiner Geliebten und seine Ge-

Titelkupfer der im Jahre 1559 von Claude Bruget besorgten Erstausgabe des »Heptameron« von Margarete von Navarra.

liebte mit anderen Frauen betrog, ermangelten jedoch niemals des Charmes. Er gab die Syphilis, gegen die er vergeblich mit dem als einzigem Mittel anerkannten Quecksilber ankämpfte, vergnügt an die »petite bande« junger Frauen weiter, die seine Nächte verschönten. Seinem Erben aber erteilte er auf dem Totenbett den Rat, sich nie von einer Frau beherrschen zu lassen – »von einer nicht, aber von vielen!« So hatte es der alte Lüstling, »le vieux galant«, zeit seines Lebens gehalten. Die Epoche Franz I., die für seine Nachfolger auf dem französischen Thron beispielgebend war, hatte, schon vor seiner Schwester Margarete, der Meister der genial derb humoristischen Satire François Rabelais in seinem Roman »Gargantua und Pantagruel« geschildert. In einem Vorwort erklärte er, daß es besser sei, über das Lachen zu schreiben als über Tränen, denn das Lachen gehöre zum Wesen des Mannes: das Lachen über das Laster, über Unsitten und die Aufgeblasenheit der Menschen. Im Reich der Narrheit, das Rabelais seinen Riesen Pantagruel durchwandern läßt, gibt es keine Scham und keine Scheu, in seinen Redewendungen weicht er weder anstößigen Worten noch anstößigen Darstellungen aus. Weder wurde der Penis in allen landläufigen Abwandlungen des Wortes, »wofür er stand«, und in seiner vielseitigen Tätigkeit verheimlicht noch das leibliche, weibliche Ziel seines Strebens in allen Wortfassungen, die sich der geschilderten Gelegenheit boten. Aber so obszön die Redewendungen auch waren, Rabelais scheint es keineswegs darum zu tun gewesen zu sein, lüsterne oder lustanregende Phrasen um der Lust willen zu gebrauchen. Es ging ihm nicht darum, Sinnlichkeit durch die Lektüre zu erwecken. Er wollte vielmehr nichts anderes, als die rohe Ungebundenheit des Geschlechtslebens seiner Zeit so gemein zeigen, wie sie war. Das weibliche Geschlecht verschonte er keineswegs mit seinem grimmigen Spott: Die Frauen sind eben geil und schamlos. Sie können nicht genug bekommen von dem »festen Knüppel«. Vor keiner Übertreibung scheut Rabelais zurück: Pantagruel begegnet auf seiner Wanderung Frauen, deren Clitoris, der »laborator naturae«, so mächtig entwickelt ist, daß sie ihn mehrmals um den Leib schlingen und als Lanze gebrauchen können, wenn sie sich einer Waffe bedienen wollen. Rabelais' Geringschätzung der weiblichen Tugend geht so weit, daß er Pantagruel einen Mann kennenlernen läßt, der in einem über die Schulter geschlungenen Sack zwei kleine Mädchen von höchstens zwei bis drei Jahren mit sich trägt, das eine vorn, das andere hinten. Pantagruel will wissen, ob diese beiden Mädchen noch Jungfrauen seien. Der Mann erwidert, daß er die Mädchen nun seit zwei Jahren mit sich herumtrage, und was die betreffe, die er vorne trage und immer unter den Augen habe, so glaube er, daß sie noch Jungfrau sei. Dafür glaube er einstehen zu können. »Was aber die dahinten angeht« – er wies mit dem Daumen zurück –, »von der weiß ich gar nichts.«

Ganz dem »grobianischen« Geschmack der Zeit entsprechend ist diese groteske Karikatur, die man François Rabelais zugeschrieben hat: Papst Julius II.; die Nadeln sollen andeuten, daß er an den »Franzosen« litt.

Der große Pan mit dem gewaltigen Phallus – in der erotischen Kunst der Jahrhunderte unverändertes Symbol männlichen Geschlechtsverlangens und männlicher Geschlechtskraft.

Gab es überhaupt noch Jungfrauen in Frankreich? Oder wurde die Unzucht schon von frühester Kindheit an geübt? Margarete von Navarra befleißigte sich im Sittenbild des »Heptameron« einer nobleren Sprache als Rabelais, den sie sich nicht zum Vorbild genommen haben mag, obwohl er sich der Gunst ihres königlichen Bruders Franz erfreute. Sie hielt sich nicht nur an den Stil Boccaccios, sondern auch an die Form der Rahmenerzählung, die er zu höherer Wirksamkeit seiner kleinen Geschichten gewählt hatte. Auch in der Darstellung der schlüpfrigsten Szenen blieb sie, vielleicht ohne es zu wollen, Prinzessin, obwohl sie mit dem obszönsten Dichter ihrer Zeit, Clement Marot, eine Liebschaft unterhielt. Und wenn ihr doch ein ordinäres Wort in die Feder kommt, so schreibt sie es »mit Unbehagen«, obwohl die Situation, die sie beschrieb, ihr behagt haben mag. Margarete war für die Elegance in der Liebe. Es war reizvoll, wenn eine Dame einem Verehrer ihr Strumpfband als Zeichen ihrer Gunst schenkte. Es war nichts dagegen zu sagen, daß sie den fleischlichen Begierden der Männer nachgab, denn hatte sie nicht selbst die gleichen Begierden? Aber Margarete wünschte den Respekt der Männer für die Liebe und für die Frau: Die Manieren der Männer wollte sie veredeln, ihre Annäherung an die Frauen verfeinern, damit die Beziehung der Geschlechter zueinander nicht nur von der nackten Geschlechtlichkeit abhänge. Sie erhob die Gefühle des Herzens und die Empfindungen der Sinne zur Religion wie den Glauben an Gott und erklärte: »Um Gott lieben zu können, muß man erst einen Menschen wahrhaft lieben.«

Die Königin von Navarra neigte dem Protestantismus zu. Sie protegierte auch Calvin, der eine neue Theologie der Prädestination verkündete – die Lehre von der absoluten Allmacht und Gerechtigkeit Gottes, der von Uranfang an jeden einzelnen zur Gnade oder zur Verdammnis vorherbestimmt habe. »Mit Furcht und Zittern« müsse der Mensch sich um sein ewiges Heil bekümmern, indem er durch die vollkommene Erfüllung seiner irdischen Pflichten und in ständiger Bußbereitschaft dazu beitrage, die Welt zur höheren Ehre Gottes umzugestalten. Margarete, die Sünderin aus Liebe zu Gott und den Menschen, war trotz ihrer Fürsprache für Calvin keine Anhängerin des Calvinismus, dessen Pfarrer, der Pres-

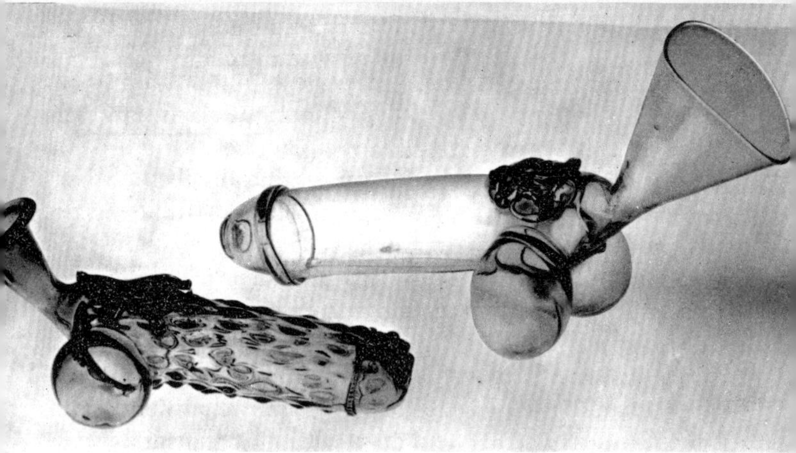

Deutsche »Scherzgläser« aus dem 17. Jahrhundert, 26 und 37 Zentimeter lang (Germanisches Nationalmuseum, Nürnberg).

byter, das Leben der Mitglieder ihrer weitverbreiteten Gemeinden äußerst streng kontrollierten. Margarete wurde in Frankreich sowohl als »Mutter der Renaissance« wie auch als »Mutter der Reformation« bezeichnet. In Wirklichkeit aber war sie eine Vorläuferin des Rokoko, des Zeitalters der mit der Liebe tändelnden, unaufhörlich verliebten europäischen Männer und Frauen – vor dem Ausbruch der Großen Revolution.

Eine der fünf Damen, die am Hofe der Königin von Navarra an den im »Heptameron« zusammengefaßten losen und zweideutigen Gesprächen teilnahmen, hieß Madame de Bourdeille. So behauptete zumindest ihr Sohn, Pierre de Bourdeille, der sich als Schriftsteller nach der Abtei Brantôme nannte, mit der König Heinrich II. von Frankreich ihn belehnt hatte. Der weitgereiste, welterfahrene adlige Lebemann wurde weltberühmt durch sein Werk »Das Leben der galan-

ten Damen«. Was er erlebte und erlauschte, was er mit eigenen offenen Augen sah und was ihm unter dem Siegel der Diskretion mitgeteilt wurde, notierte er als »Chronist des Skandals« mit spitzer Feder – so unbefangen und selbstverständlich, als berichte er über den Ablauf höchst natürlicher Ereignisse. Er unterteilte sein Manuskript in sieben Kapitel, deren Titel einer Inhaltsangabe gleichkamen – vorausgesetzt, daß die Leser mit den örtlichen Gegebenheiten und höfischen Gepflogenheiten vertraut waren. Brantôme plauderte über die gebräuchlichen Intimitäten und Frivolitäten seiner Standesgenossen und Standesgenossinnen in ebenso freier und ungezwungener Art, wie sie selbst es für gewöhnlich taten. Auch Brantôme lebte dem Rokoko voraus. Er war ein leichtherziger und sinnlicher Vorkämpfer für die Freiheit des weiblichen Geschlechts – im Bett. Die Keuschheit junger Mädchen und die Treue von Ehefrauen waren für ihn überalterte Begriffe, Vorurteile, die nicht standesgemäß waren und mit denen der Adel um der Erhaltung seiner so erfreulichen Lebensform willen aufräumen müsse. Die Gebräuche der überkommenen Sittlichkeit waren, wie Brantôme nicht ohne Genugtuung erzählt, ohnehin außer Gebrauch. Diese Tatsache beweist er durch Beispiele, die er in einander überstürzenden Anekdoten anführt, um der vergnügten Verführung das Wort zu reden. Er legt seinen Damen, seinen geliebten »galanten Damen«, Aussprüche in den Mund, die sie getan haben müssen, da er sie in ihrer Reichhaltigkeit auch mit der ausschweifendsten Phantasie nicht hat erfunden haben können.
Man sprach bei Hof ungeniert über alles. Katharina de Medici, deren Vater und Mutter an der Syphilis gestorben waren, bevor sie, »die Florentinerin«, als vierzehnjähriges Mädchen mit dem gleichaltrigen späteren König Heinrich II. verheiratet wurde, sagte freimütig über ihre Scheide aus: »Ich trage dort drei schöne Farben zu gleicher Zeit: Schwarz, Weiß und Rot. Denn jener Mund dort ist rot wie Korallen,

das krause Haar ringsherum schwarz wie Ebenholz und die Haut weiß wie Alabaster.« Wie Katharina nicht zurückhaltend war in der Schilderung ihrer Reize, so war Brantôme es nicht in seiner Darstellung mangelnder fraulicher Zurückhaltung. Dabei hatte Brantôme durchaus nicht die Absicht, boshaft zu sein. Er war Beobachter und Berichterstatter der überschäumenden Sinnlichkeit am Hof der französischen Könige, die sich nicht nur wahllos mit jeder Frau, die sie reizte, geschlechtlich vereinigten, sondern auch alles hören und sehen wollten, was geeignet erschien, ihren Trieb anzuregen. Brantôme war offenbar, wenn nicht immer, so doch häufig dabei. Alles, was die Sinne anregen, die Männer und Frauen aufregen konnte, war willkommen. Wenn die Wirklichkeit im Bett nicht genügte, mußte die Nachahmung bei Tisch herhalten. Aus Florenz und Rom wurden die berüchtigten »Liebesgefäße und -becher« nach Frankreich importiert. Auf Platten und Tellern als »Spiegeln der Liebe« waren orgiastische Szenen eingraviert. Über einen der Becher, der die Form eines gewaltigen männlichen Gliedes hatte und die Tafel des Königs zierte, berichtete Brantôme: »Dieser Becher hatte wunderbare Wirkungen zur Folge. Die Damen setzten ihn an die Lippen, sie umschlossen ihn zärtlich. Denn sie erkannten, der Mund ist nicht nur zum Sprechen und zum Küssen gut: Wenn eine schöne Frau verliebt trinkt, tut sie dar, daß sie liebt.«

Brantôme war nur einer von vielen Beobachtern der höfischen Zuchtlosigkeit in Frankreich, die freilich an den geistlichen und weltlichen Höfen ebenso wie in den so reich gewordenen Städten Italiens mit südlicher Unbefangenheit nur als durchaus natürlich bewertet wurde. Er scheint mehr belustigter Kritiker als lustvoller Teilnehmer an den Ausschweifungen gewesen zu sein, die ihn zur Niederschrift des »Lebens der galanten Damen« bewogen. Die Verfasser der italienischen Gegenstücke seines lebensvollen Bildes hingegen wa-

Erotisch-mythologische Szene eines französischen Klassizisten, frei nach Giulio Romano; aus »Amusements de l'Innocence – Tableaux tirés de la Mythologie« (Kupferstichkabinett Berlin).

ren, wie sie selbst unverhohlen gestanden, Praktiker der Liebe, emsige Mit- und Schauspieler auf der Bühne des Geschlechtlichen. Vor allem Pietro Aretino, den man als »Geißel des Fürsten« bezeichnet hat und als »Fürst aller Laster«. Aretino gab vor, unehelicher Sohn eines Edelmanns zu sein, der ein unschuldiges Malermodell namens Tita zwischen zwei Pinselstrichen verführt habe. Aus dieser pittoresken Situation seiner Empfängnis leitete er seine Vorliebe für farbenfreudige Malerei ab. In Wirklichkeit war sein Vater ein armer Schuster in der kleinen Stadt Arezzo, der für seinen heranwachsenden Sohn nicht mehr tun konnte, als ihm die Schuhe für den Beginn seiner Wanderschaft durchs Leben zu besohlen. Als Lakai hielt er sich in Rom, als Straßensänger in Vicenza und als Hurenwirt in Bologna über Wasser; er wurde als Galeerenknecht eingefangen, ruderte sich frei und fand in einem Kloster Aufnahme, wo er allerdings wegen seines unzüchtigen Verhaltens nicht lange bleiben konnte. Aretino floh nach Rom und wurde Küchenjunge im Palast des unendlich reichen Geldmaklers Chigi. Aber er war, wie er selbst schrieb, nicht damit zufrieden, »Latrinen auszubürsten, Nachttöpfe zu säubern und von Köchen und Hausburschen zu unzüchtigen Handlungen mißbraucht zu werden ...« Bei einem Küchenjungen dauerte es nicht lange, »bis er von den ›Franzosen‹ über und über gesprenkelt« war. Die »Franzosen« – so nannte man in Rom die Syphilis, aber auch die als harmloser befundenen venerischen Krankheiten Schanker und Tripper. Aretino jedoch wünschte, daß der Teil seines Körpers, von dem er sich das meiste versprach, nicht Schaden nehme. So kam er, dem als Dichter später der Beiname »der Göttliche« verliehen wurde, auf den Einfall, sich mit der Feder an seinem so reichen Brotgeber für die armselige Dienststellung zu rächen: Er schrieb boshafte Satiren, die er den Gästen des Palazzo Chigi zu lesen gab. Die witzig formulierten frechen Bosheiten kamen so gut an und wurden in der Hier-

archie der Kirche Stufe um Stufe so lange weitergegeben, bis man sie im Vatikan dem Papst zur Ergötzung Seiner Heiligkeit vorlas – mit dem Erfolg, daß Aretino aus der Küche in die Hofhaltung des Heiligen Stuhls übersiedelte. Allerdings genoß er nur so lange Narrenfreiheit, wie Leo X. lebte. Da seine Unverschämtheit auch die Kardinäle nicht verschonte, die zusammengetreten waren, um den Nachfolger des verstorbenen Papstes zu wählen, wandte sich das gesamte Konklave gegen den unliebsamen Spaßmacher, der es daraufhin vorzog, St. Peter so lange den Rücken zu kehren, bis ein ihm gewogener Stellvertreter Christi das Pontifikat zugesprochen erhalten würde. Als nun wieder ein großzügiger Medici als Papst Clemens VII. die Tiara trug, schrieb Aretino für die zwanzig »Positiones amoris«, die »Stellungen der Liebe«, die Giulio Romano gemalt und Marcantonio Raimondi in Kupfer gestochen hatte, »für jede Spielart der Liebe ein höchst unsittliches Sonett ...«, wie Giorgio Vasari erzählt, »so daß ich nicht weiß, ob das Auge mehr durch Giulios Darstellungen oder das Ohr mehr durch Aretinos Worte beleidigt wurde«. Der Papst jedenfalls fühlte sich weder durch die lehrhaften Darstellungen der Geschlechtsvereinigung noch durch die lüsternen Kommentare Aretinos beleidigt. Er fühlte sich geschmeichelt, als Aretino ihm ein Preisgedicht widmete, und belohnte ihn mit dem Titel und den Einkünften eines Ritters von Rhodos.
Mit seinen Sonetten und Satiren machte sich Aretino einen großen Namen, und so fand er Drucker und Verleger, die seine Schriften in allen Sprachen der gebildeten Welt herausgaben. Er suchte und fand auch die Gelegenheit, sich an Karl V. und Franz I. heranzumachen. Aber er nahm weder Karls V. Einladung, an den kaiserlichen Hof zu kommen, an noch Franz' I. Aufforderung, in Paris der »Dichter des Königs« zu werden. Er fühlte sich in Venedig in seinem Palast am Canal Grande, der »schönsten Straße der Welt«, so wohl, daß er be-

Der »Gruppensex« ist nicht erst in unseren Tagen erfunden worden, sondern eine uralte Sache: Was Giulio Romano (1499–1546) hier gezeichnet hat, ist schon zweitausend Jahre vorher ganz ähnlich von einem etruskischen Künstler im »Grab der Stiere« von Tarquinia festgehalten worden.

schloß, nicht an fremden Höfen Schutz zu suchen, sondern in der Lagunenstadt zu bleiben. Venedig war das »goldene Asyl« Aretinos, die Zuflucht seiner Sinne und die vom Wasser umspülte Festung, aus der er seine Angriffe auf die Großen der Welt ungehindert und seine Ausflüge in die Welt mit sicherem Geleit unternehmen konnte. Seine Angriffe waren

seine Werke – und seine Briefe. Sie schickte er an alle bedeutenden Fürsten, Geistlichen, Feldherren und vornehmen Damen, über die er etwas Nachteiliges wußte oder in Erfahrung gebracht hatte. Die Antworten, die er im Lauf der Jahrzehnte empfing (er hat nur einen Teil veröffentlicht, der allerdings achthundertfünfundsiebzig eng bedruckte Seiten umfaßte), waren die Fäden des riesigen Netzes, mit dem er den Ruf und die Verrufenheit seiner Zeitgenossen einfing. Bald brauchte er auch nicht mehr selbst Skandale aufzuspüren – sie wurden ihm von den Feinden und Feindinnen der Herren und Damen, die etwas auf dem Kerbholz hatten, zugespielt, damit er sie zugunsten der Angeber und Angeberinnen für seine Zwecke verwende. Seine Zwecke aber waren eindeutig: Er wollte Geld und Macht – Geld für seinen luxuriösen Lebenswandel und Macht, um sich für die Demütigungen seiner Jugend zu rächen und mehr und immer mehr Geld einzuheimsen. Außerdem machte es ihm Spaß, die Sittenlosigkeit seines Zeitalters aufzuzeigen und sich am Entsetzen, das seine unverblümte Schamlosigkeit hervorrief, zu ergötzen. Er war der Liebling der venezianischen Kurtisanen und der Freund Tizians, der sein Porträt malte, das in Medaillen geschlagen, in Bronze gegossen und in Majolika-Teller gebrannt wurde.
Seine »Ragionamenti«, seine »Kurtisanengespräche«, widmete Aretino seinem Lieblingsäffchen Joko: ». . . Wenn du nicht so geschmacklos wärest wie die Fürsten mit ihren Großen-Herren-Gesichtern, würde ich wohl einiges zur Entschuldigung des freien Stils sagen, worin dieses Werk gehalten ist, das ich unter den Schutz deines Namens stelle, Joko. Gewiß wird dieser Name ihm geradeso nützlich sein wie die Namen der großen Herren jenen Machwerken, die man schändlicherweise ihnen widmet unter Berufung auf Vergils ›Priapeia‹ oder auf die unzüchtigen Stellen in den Werken Ovids, Juvenals und Martials . . .« Die von ihm genannten Schilderer der Sittenlosigkeit und Animatoren der Geschlechtslust übertraf

Erotische Medaillons, Kupferstich des 18. Jahrhunderts nach Giulio Romanos Zeichnungen zu den »Positiones amoris« aus dem 16. Jahrhundert (Kupferstichkabinett der Ehemals Staatlichen Museen Berlin, Stiftung Preußischer Kulturbesitz).

Aretino durchaus: Er verkündete das Lob der Huren. In seiner Darstellung waren die Kurtisanen die verdienstvollsten Frauen: »Die Nonne verrät ihr heiliges Gelübde und die Ehefrau gibt dem Sakrament der Ehe den Todesstoß; aber die Hure tut weder dem Kloster noch dem Ehemann etwas zuleide. Sie macht's wie ein Soldat, der dafür bezahlt wird, daß er Unheil anrichtet. Und wegen des Übels, das sie tut, kann man ihr keinen Vorwurf machen, denn in ihrem Laden wird eben verkauft, was da ist.« Seiner Liebe für die Kurtisanen gibt Aretino auch in seiner Komödie »La cortigiana« Ausdruck. Er schildert die Unsitten, die er in den Bordellen und Palästen Roms angetroffen hatte, und verspottet die Höflinge, die schmeicheln und katzbuckeln müßten, um sich »bestenfalls im Arschloch ihrer Herren ein Quartier zu sichern«. Er schrieb Komödien, um Heuchler und Gauner bloßzustellen. Er plauderte auch aus seiner Schule, allerdings definierte er das Wort »verleumden« als: »die Wahrheit sagen«. Er schrieb »die Wahrheit«, aber auch »poetische Lügen«, wenn er sich um die Gunst einer Frommen bewarb, wie der von Michelangelo so demütig verehrten Vitoria Colonna, der er erklärte, warum er seine »Kurtisanengespräche« geschrieben habe: »Die Ursache ist die Sinnlichkeit der anderen und meine eigene Armut.« Aber er strafte sich selbst Lügen mit dem Ausspruch: »Heuchelei und äußere Frömmigkeit sind die Vergoldungen unserer Schlechtigkeit.« Die Huren jedenfalls waren für Aretino das »Heilmittel gegen die Liebe«, der er trotz allem Zynismus rettungslos ausgeliefert war – der Liebe, wie er sie einschätzte und ausübte und in seinen Sonetten zu seiner eigenen Freude und zur Aufmunterung aller Männer und Frauen pries. Seine »Sonetti lussuriosi«, die »Wollüstigen Sonette«, die er zur Erklärung der »Liebesstellungen« Giulio Romanos schrieb, erschienen in allen Sprachen. Die Übersetzer freilich hatten es schwer, sich mit dem Wortwert der Aufforderung »fottiamci« auseinanderzusetzen, aber auch mit den Bezeichnungen der männlichen und weiblichen Organe, deren natürliche Tätigkeit er höchst eindeutig schildert. »Fottiamci« bedeutet in der deutschen Sprache »ficken wir«, »vögeln wir«. Es beinhaltet bei Aretino eine Aufforderung, die, an eine Frau adressiert, sich an alle Frauen und Männer der Erde richtet: »Komm, laß uns vögeln, Liebste, und zwar gleich, denn zum Vögeln wurden wir geschaffen, und wenn du den Schwanz so liebst wie ich die Scheide, wirst du verstehen, wie sich die Welt befände ohne Schwanz. Und wenn man nach dem Tod auch vögeln könnte, dann würd' ich sagen: Vögeln wir uns zu Tod. Wir werden dann mit Eva und Adam weitervögeln, die den Tod so ehrlos fanden.« Solche Obszönität war durchaus nicht ordinär gemeint. Aretino bediente sich der Sprache seiner Zeit, in der muntere Reden zur erwünschten Begleiterscheinung des Geschlechtsgenusses gehörten. Am Ende seines Lebens hatte der »Göttliche« mit allerlei Schwierigkeiten zu kämpfen. Sie bewahrheiteten sein Lieblingssprichwort: »Tu nichts Gutes, kommt nichts Böses.« Er wollte im Alter respektabel werden, aber da wurde er, »der Schrecken der Fürsten«, von einem ganz gewöhnlichen Edelmann vor den venezianischen Gerichten der Gotteslästerung und Sodomie angeklagt. Vor dem peinlichen Prozeß hatte er Angst, obwohl er in diesem Fall nicht mehr getan hatte, als die Gattin des Anklägers zu verführen. Außerdem glaubte ihm ein venezianisches Mädchen, das er besinnungslos liebte, nicht, daß er so unschuldig sei. Es war Aretino nie an der Meinung eines Menschen gelegen gewesen. Jetzt aber, da die Geliebte ihn verstieß, um sich einem jüngeren Liebhaber zu geben, war er überzeugt, daß das Glück von ihm gewichen sei. Aretino kam nicht vor Gericht, aber er verlor den Lebensmut. Seine Einkünfte ließen nach. Sein Einfluß ließ nach. Papst Julius III., von dem er die Ernennung zum Kardinal erbat, speiste ihn mit dem »Orden des heiligen Petrus« ab. Welche Enttäuschung: Er hatte es nicht zum Purpur gebracht! Aretino erlag einem Schlagfluß. Auf dem Grabstein des »Apostels der Unzucht«, der die Letzte Ölung und ein christliches Begräbnis erhalten hatte, stand: »Hier ruht der Dichter Aretin, der Übles sprach von jedem außer von Gott, denn diesen – so entschuldigte er sich – diesen kenne ich nicht.«

Der große Kanal, der England vom europäischen Kontinent trennt, hätte den »göttlichen« Erpresser vom Canal Grande nicht gehindert, auch die »Eingeweide« Heinrichs VIII., des in Bann und Verruf geratenen Königs von England, »auszuschlachten«. Aber nicht nur die örtliche Entfernung, sondern auch die Berichte über das wunderliche Wesen der Engländer ließen dem gewiegten Menschenkenner jede Bemühung als unergiebig erscheinen. Die Inselbewohner waren anders geartet als die Männer und Frauen Europas, über die er sich durch persönliche Begegnungen und überprüfbare Anekdoten ein Bild machen konnte. Im Archiv der »Signoria«, der venezianischen Ratsversammlung, die mit kaufmännischer Genauigkeit Nachrichten und Meldungen aus aller Welt sammelte, gab es auch Angaben über den Charakter jenes kriegerischen Handelsvolkes, dessen Frachtschiffe immer wieder zwischen den Lagunen Anker warfen: Die englischen Kauf- und Seeleute waren »landscheu«. Sie schreckten vor der Heiterkeit der lebensfreudigen Venezianer und Venezianerinnen zurück. Sie blieben an Bord. Die Zurückhaltung der Engländer war Selbstschutz, Folge ihrer eigenen Unsicherheit, die durch die Unausgeglichenheit ihres Wesens herbeigeführt war, durch den inneren Kampf, den die aus verschiedenen Völkern zusammengesetzte Bevölkerung so lange mit sich selbst hatte ausfechten müssen. Die Inselbewohner hatten sich im Verlauf ihrer Geschichte wiederholt fremden Lebensgewohnheiten und Bräuchen und neuen Glaubensbekenntnissen, wenn auch widerstrebend, fügen müssen, so daß vielerlei Spaltungen

ihres Verhaltens unvermeidbar gewesen waren. Jede Besetzung und Beherrschung der Insel hatte unterschiedliche Sittlichkeitsbegriffe mit sich gebracht. Die Mischung von urwüchsiger Derbheit der ursprünglichen Bevölkerung, die durch den römischen Einfluß kaum gemildert worden war, und des sächsischen und dänischen Brauchtums mit den gezierten, aber doch gewalttätigen Manieren der normannischen Eroberer, kam in der Unebenheit der Charaktere zum Ausdruck. Immerhin: Die englischen Barone hatten als erste Adelige der westlichen Welt durch die »Magna Charta« ihren Königen Freiheitsrechte abgetrotzt. Erbetene oder erzwungene Bürgerrechte schützten die Einwohner der Städte vor Übergriffen der Machthaber. Und die katholische Kirche hatte als einzige geistliche und geistige Gewalt immerhin eine Glaubensgemeinschaft geschaffen. Aber die als besonders fromm gekennzeichneten englischen Ritter, die in Frankreich für ihre Könige gekämpft hatten, waren das Fluchen so gewohnt gewesen, daß Jeanne d'Arc, die Jungfrau von Orleans, von ihnen als von den »goddams«, den »Gottverdammern«, gesprochen hatte: Die Ritterlichkeit, die in den Sagen um die Tafelrunde des Königs Artus so idealisierten Ausdruck gefunden hatte, war doch nicht mehr als eine oberflächliche Kundgebung von Manieren, die die englischen Ritter während der Kreuzzüge angenommen hatten.
Während die Wissenschaft an den englischen Universitäten, besonders in Oxford, bedeutende Fortschritte hatte machen können, war die Lebenshaltung selbst bei den Adeligen rückständig geblieben. Was die Sitten anlangt, war vieles nicht anders als auf dem Kontinent: Einerseits galt die voreheliche Keuschheit im ganzen Land als unumstößliches Gebot, das den Zweck hatte, die Jungfräulichkeit vor den schier unbezähmbaren Begierden der Männer zu schützen, andererseits herrschte, wie ein Chronist berichtet, »allenthalben die häßliche Sünde der Wollust und Unzucht, beglei-

tet von verabscheuungswürdigen Ehebrüchen, besonders beim König«. Geld aber war der Maßstab der englischen Moral. Wie es zu ergattern war, konnte den Hohen wie den Niedrigen gleich sein. Die englischen Kaufleute galten im Ausland als so unehrlich, daß ihre Gepflogenheit, falsche Gewichte zu benutzen, »hafenbekannt« war. Mit Warenmustern verstanden sie Käufer anzulocken, aber die Lieferung entsprach nur selten dem Muster. Trotz der allgemeinen Geldgier, als deren Zweck man eine Verbesserung der Lebensformen hätte vermuten können, beschränkte eine an Geiz grenzende Sparsamkeit die Ausgaben des Großteils der Bevölkerung. Man sparte an allem, auch an der Beleuchtung. Das führte zu einer vom europäischen Kontinent verschiedenen Tageseinteilung: Schon am frühen Vormittag nahmen die Engländer das Mittagsmahl ein, das »dinner«, und am frühen Nachmittag die Abendmahlzeit, das »supper«. Dabei war es üblich, daß die Männer ihre Hüte aufbehielten, um zu verhindern, daß die langen Haare in die Suppe fielen. Man aß mit den Fingern; ein Messer machte die Runde, und es galt als »anständig«, wenn ein Gast sein eigenes Messer mitbrachte. Die Anstandsregeln schrieben vor, daß man sich nicht mit der Hand schneuzte, die das Messer hielt, und sich mit dem Tischtuch nicht während des Essens die Zähne säuberte. Taschentücher, wie sie in Italien und Frankreich zum Naseputzen gebräuchlich geworden waren, galten in England als Luxus. Auch das, was man im Speiseraum (der »parlour« genannt wurde, da er in vornehmen Häusern auch Ort der Gespräche war) an Kost bot, war einfach genug, vor allem Fleisch, gebraten und gekocht, zumeist ohne Zutaten. Bier war das beliebteste Getränk. Man schätzte, daß jeder, der es sich leisten konnte, viereinhalb Liter täglich zu sich nahm. Zur dörflichen, städtischen und höfischen Geselligkeit wurde nur zugelassen, wer dazugehörte und sich in körperlicher Geschicklichkeit hervortat.

Das Interesse für sportliche Spiele aller Art, für Fuß- und Handball, Kegeln und Scheibenschießen ersetzte die Gemeinsamkeiten, die in jeder anderen Hinsicht fehlten. Hetzjagden auf Füchse und Hirsche waren so populär wie Box- und Ringkämpfe, die beliebtesten Attraktionen der Vorfastenzeit, in der die während des ganzen Jahres gehemmte Freude an geselligen Tänzen hemmungslos ausbrach.
Die Lust zur ehelichen oder außerehelichen Liebe, wie eben die Gelegenheit es bot, leitete das Handeln der englischen Frauen und verleitete besonders die vornehmen Damen zu unziemlichem Tun, über das die Hofnarren und Spaßmacher am Hof der Könige und in den Hallen der hohen Lords Zoten rissen, die sich kaum von den Schlüpfrigkeiten unterschieden, wie man sie auf dem Festland kannte. Die Könige ernannten vor dem Karneval einen »Lord of Misrule«, einen »Betreuer des anstößigen Benehmens«, das während der fröhlichen Zeitspanne nicht nur erlaubt, sondern erwünscht war. Der Alltag war tumultuös. Die Machtkämpfe der Herrscher in England und Schottland gegen Usurpatoren, Rebellen und deren ungestüme Anhänger führten immer wieder zu blutigen Unruhen, die, kaum beendet, durch neuerliche Streitigkeiten angefacht wurden. Macht allein genügte nicht, die aufbegehrenden Ehrgeizigen und Widerspenstigen in Schach zu halten – es mußte Übermacht sein.
Diese außerordentliche Gewalt bewies der als brutaler Wüstling verschriene König Heinrich VIII. aus dem Hause Tudor, der als Achtzehnjähriger den Thron bestieg. Sein Aussehen war ungewöhnlich ansprechend: Er hatte einen golden glänzenden Bart, und der Berichterstatter der venezianischen Signoria schrieb: »Man kann sich nichts Schöneres vorstellen, als den Schimmer seiner hellen Haut unter dem durchsichtigen Hemd.« Schon als Prinz hatte sich Heinrich in allen sportlichen Spielen so ausgezeichnet, daß

es hieß, es komme ihm keiner im ganzen Königreich gleich. Er war sich der Wirkung seiner Erscheinung aber auch durchaus bewußt und unterließ nichts, sie durch die Pracht seiner farbenfreudigen Kleidung zu vervollkommnen. Und er war eitler als alle Frauen seines Hofes. Sich allein behielt er das Recht vor, Goldbrokat, seidenen und samtenen Purpur und Hermelin zum Verbrämen seines Wamses zu verwenden. Heinrich war so musikalisch, daß der Abgesandte des Heiligen Stuhles lobend berichtete: »Er spielt alle Arten von Instrumenten mit großer Virtuosität.« Und nicht nur musisch war er, sondern auch so gebildet, daß Thomas More, sein späterer Großkanzler und der weltberühmte Verfasser der »Utopia«, begeistert fragte: »Was läßt sich nicht alles von einem König erwarten, den die Neun Musen und die Philosophie genährt haben?« Thomas More hätte keinesfalls erwartet, daß Heinrich VIII. ihn dereinst wegen der Standhaftigkeit seiner Gesinnung werde hinrichten lassen. Völlig unvorstellbar wäre dies auch für Erasmus von Rotterdam gewesen, dem der König von England als Held in jeder Hinsicht so gepriesen wurde, daß er ihn von Angesicht zu Angesicht kennenlernen und sein Tun und Lassen kritisch beobachten wollte. Der große Humanist kam tatsächlich zu der Auffassung, daß dem glückverheißenden Herrscher die Gesellschaft von Männern wie Thomas More angenehmer war als die von dummen Jungen, Mädchen und Reichen. Weder Erasmus noch Thomas More konnten voraussehen, daß Heinrich VIII. sich durch eine früh erworbene Syphilis völlig wandeln und sich, statt den Wissenschaften und der Musik, einer unbändigen Freßlust und Sinnenlust ergeben sollte. Wo, wann und von wem der König von England mit der Lustseuche angesteckt wurde, ob von einer gelegentlichen Geliebten oder einer seiner vielen Frauen, konnte nie festgestellt werden. Es war zwar bekannt und Gegenstand höfischen Tratsches, daß er während

seiner ihm aufgezwungenen Ehe mit Katharina von Aragon, der Tochter der »Allerkatholischsten Könige« Ferdinand und Isabella, also der Tante Karls V., das Ehebett nur selten geteilt hatte. Seine Abscheu gegen Katharina, die als Sechzehnjährige mit seinem älteren, damals fünfzehnjährigen Bruder Arthur verheiratet gewesen war, blieb unüberwindlich. Nach Katharinas Brautnacht mit Arthur hatte der spanische Gesandte seinem Herrscher zwar die »Beweise« geschickt, das blutbefleckte Leintuch, aber Katharina war nach Arthurs Tod nicht davon abzubringen, daß ihre erste Ehe nicht vollzogen worden war, da sie das Beste in ihrer Ehe mit dem um sechs Jahre jüngeren Heinrich tun wollte. Katharina hatte eine Mitgift von zweihunderttausend Golddukaten erhalten. Die sollten im Lande bleiben, so wünschte es Heinrich VII., der Vater des achten Heinrich. Der Heilige Vater, Julius II., gab seinen päpstlichen Segen, obwohl es in der Heiligen Schrift hieß: »Wenn jemand eines Bruders Weib nimmt, das ist eine schändliche Tat, sie sollen ohne Kinder sein.« Aber noch als Prinz begehrte Heinrich die Annullierung der Ehe. Er war kaum fünfzehn Jahre alt und keineswegs gewillt, »zur Alten« ins Bett zu steigen. Schließlich gab er doch nach, unterzog sich der unleidlichen Pflicht und war entsetzt, als ihm Katharina nach siebenmonatiger Schwangerschaft ein totes Kind gebar.
Die Notwendigkeit, einen Stammhalter zu zeugen, veranlaßte Heinrich VIII., noch dreimal sein Glück bei Katharina zu versuchen. Sie brachte nacheinander drei Söhne zur Welt, die, einer nach dem andern, gleich nach der Geburt das Zeitliche segneten. Deshalb war Heinrich entschlossen, die Ehe für ungültig erklären zu lassen. Aber Katharinas Bitten und die Staatsraison überwanden seinen Widerwillen: Sie brachte eine Tochter zur Welt, Maria, die sogleich mit dem französischen Thronerben verlobt wurde. Das war eine

überstürzte Unvorsichtigkeit, denn es stand zu befürchten, daß, falls Heinrich ohne männlichen Erben stürbe, der künftige französische König durch seine Frau auch Herr Englands sein werde. Englische Patrioten, mächtige Herzöge, beschlossen insgeheim, Maria aus dem Weg zu räumen. Der Herzog von Buckingham, der diesen Plan nicht bei sich behalten konnte, wurde enthauptet. Heinrich war verzweifelt. Er wollte mit der ausgemergelten, durch Geburten und Fehlgeburten verbrauchten Katharina, die ihm noch einmal einen toten Knaben beschert hatte, das »stinkende Lager« nicht mehr teilen. Zudem hatte er eine reizende Geliebte gefunden, Elisabeth Blount, die ihm neun Monate nach der ersten Nacht einen gesunden, kräftigen Sohn schenkte, den Heinrich VIII. unverzüglich zum Herzog von Richmond und Somerset machte. Es lag also gewiß die Schuld nicht an ihm, wenn seine Söhne mit Katharina nicht lebensfähig gewesen waren. So erachtete er es als sein Recht und seine Pflicht, seine Zeugungsfähigkeit erneut zu erproben. Er fand williges Gehör bei Maria Boleyn, deren Mutter, die Tochter des Herzogs von Norfolk, ihm schon ihre Gunst gewährt hatte. Aber weder mit der Mutter Boleyn noch mit Maria Boleyn war es Liebe, kaum Spielerei der Lust, die ihm überdies von sittenstrengen Höflingen übelgenommen wurde, da er seine unerlaubten Beziehungen zu den Damen Boleyn nicht verheimlichte. Es ging bei Hof nun einmal so zu – und deshalb verargte es auch niemand Anna Boleyn, der reizenden kleinen Schwester Marias, die am Hof der Margarete von Navarra »Artigkeit« gelernt hatte und Hofdame der Königin Katharina geworden war, daß sie heftige Liebschaften mit zahlreichen Kavalieren Heinrichs VIII. unterhielt. Später hieß es, sie sei mit dem Grafen von Northumberland heimlich verheiratet gewesen. Aber weder Gerüchte noch der Augenschein vermochten Heinrich VIII. abzuhalten, sich so leidenschaftlich in Anna zu

verlieben, daß er entschlossen war, sie zu heiraten. Kein Preis erschien ihm zu hoch. Er wollte die Scheidung von Katharina und Anna zur Frau.
Wer ihn daran hinderte oder hindern wollte, den betrachtete Heinrich als seinen Feind – auch den Papst, der seine Zustimmung zur Ungültigkeitserklärung der Ehe um so umständlicher hinausschob, als Katharina doch die Tante des mächtigsten Monarchen der Erde, Karls V., war. Ein großer Teil der Bevölkerung war einig mit dem König, der die Autorität über die englische Kirche ablehnte, weil der Papst seinen Wunsch nicht erfüllte. Heinrich selbst sogar war vermutlich verantwortlich für ein Pamphlet, das ihm als »Bittschrift der Bettler« vorgelegt wurde und die Aufforderung enthielt, das Vermögen der katholischen Kirche zu beschlagnahmen.
Heinrich VIII. ließ sich nicht dadurch einschüchtern, daß der Papst ihn des Ehebruchs zieh. Er nahm Katharina die Kronjuwelen ab, schenkte sie seiner Anna, der er schrieb: »Ich wünsche mich in die Arme meiner Geliebten, deren hübsche Brüste ich bald zu küssen hoffe«, und erwirkte unter Androhung einer Beschlagnahme des Kirchenvermögens die Einberufung einer Bischofssynode, die ihm nahelegte, »durch das gegenwärtige Parlament proklamieren zu lassen, daß Eure Majestät und das Volk dem Heiligen Stuhl den Gehorsam aufkünden«. Der Papst mochte wettern, der Kaiser zetern – Katharina von Aragon wurde auf Schloß Kimbalton verbannt, ihre Tochter Maria in Gewahrsam gehalten. Der König aber heiratete Anna Boleyn, die von ihm schwanger war. Sie gebar eine Tochter, Elisabeth. Ihr zuliebe veranlaßte der König das Parlament, ein Thronfolgegesetz zu verabschieden, das seine Ehe mit Katharina für ungültig erklärte, Maria entrechtete und Elisabeth zur Thronerbin erhob. Das Parlament verkündete, daß, wer die Gültigkeit der Ehe des Königs mit Anna Boleyn oder die Legitimität

der daraus zu erwartenden Nachkommen bestreite, mit dem Tod zu bestrafen sei; die gesamte Bevölkerung Englands, Frauen wie Männer, hatte Heinrich VIII. den Eid der Treue zu leisten – wer sich weigerte, verfiel der Strafe. Überdies bestätige das Parlament die königliche Oberherrschaft über Staat und Kirche, übertrug alle Befugnisse des Stellvertreters Petri auf Heinrich VIII. und benannte die nunmehrige Nationalkirche Englands »Ecclesia anglicana«. Zum Hochverräter wurde erklärt, wer den König mündlich oder schriftlich als Usurpator, Tyrann oder »Kirchenspalter« bezeichnete. Das Henkerbeil, das Heinrich VIII. bedenkenlos einsetzte, um seinen Willen durchzusetzen, beseitigte jeden offenen Widerstand.

Das »englische Monstrum«, das »feiste, geile Ungeheuer auf dem Thron«, der »satanische König«, der seine Scharfrichter mit gezierter Handbewegung anwies, Köpfe wie Kugeln rollen zu lassen, bewirkte einen Wandel in den angelsächsischen Sitten nicht so sehr durch seine eigenwilligen und mutwilligen Handlungen als leidenschaftlicher Liebhaber und gehörnter Ehemann, sondern vor allem durch die Loslösung Englands von der katholischen Kirche und die reformatorische Gesetzgebung, die diese Trennung zur Folge hatte. Die Liebschaften Heinrichs VIII. unterschieden sich von den Passionen anderer geschlechtlich leicht erregbarer Herrscher dadurch, daß er seine Geliebten nicht nur im Bett genoß und zu Mätressen erhob, wie seine gekrönten Kollegen es taten, sondern sie heiratete. Er, der sich über die meisten Konventionen hinwegsetzte, war ein geradezu fanatischer Anhänger des legitimen Ehestandes. Daß er sich, um dies durchführen zu können, gegen Recht und Gesetz, gegen Anstand und Menschlichkeit gröblichst vergehen mußte, war ihm entweder einerlei oder unbewußt. Als er seiner zuerst so geliebten Anna Boleyn überdrüssig geworden war und sich in eine ihrer Hofdamen, Jane Seymour, verliebte, irritierte ihn Annas launenhafter Jähzorn und ihre scharfe Zunge. Er beauftragte den Kronrat, nachzuforschen, ob ihn Anna betrüge. Die ehrenwerten Lords, die es leid waren, einer Dame aus ihrem Geblüt königliche Ehren zu erweisen, warteten Heinrich VIII. mit fünf angeblichen Ehebrechern auf; darunter befand sich auch Annas hochmütiger Bruder, Lord Rochford, den sie beseitigen wollten. Anna und alle fünf Männer wurden des Ehebruchs schuldig erkannt. Einer von ihnen, ein Bürgerlicher, wurde gehenkt, die vier Adeligen sowie Anna kamen unter das Beil des Henkers. Vor der Hinrichtung rief Anna Boleyn, hysterisch lachend: »Der Scharfrichter ist, wie ich gehört habe, sehr gut. Und ich habe einen schlanken Hals.« Auf dem Schafott bat sie die Anwesenden, für den König zu beten: »Mir war er allezeit ein gnädiger, besorgter und erhabener Herr.«

Jane Seymour versöhnte unverzüglich nach ihrer Eheschließung mit Heinrich VIII. den König mit seiner Tochter Maria, die allerdings unterschreiben mußte, daß sie ihren Vater als Oberhaupt der Englischen Kirche anerkenne und die Autorität des »Bischofs von Rom« ablehne. Damit war Maria wieder Prinzessin. Ihre kleine Stiefschwester Elisabeth, bis dahin erklärte Thronerbin, wurde entrechtet und schien alle Aussichten auf die ihr zugedachte erlauchte Zukunft verloren zu haben, als Königin Jane einen Sohn gebar. Doch zwölf Tage nach der Geburt starb Heinrichs dritte Königin. Jetzt wollte er standesgemäß heiraten: Anna von Cleve. Diese Ehe, die das Bündnis mit den deutschen protestantischen Fürsten, den Feinden Karls V., verstärken sollte, wurde nie körperlich vollzogen. Die melancholische Prinzessin war Heinrich zu häßlich – sie stieß ihn ab, wie Katharina von Aragon ihn abgestoßen hatte. Er heiratete eine andere Katharina, die schöne adelige Katharina Howard. Es störte ihn durchaus nicht, daß sie katholisch war. Im Ge-

Stich von William Hogarth (1697 bis 1764): eine Truppe englischer Schauspieler in einer Scheune.

genteil – er benützte ihre Religion als Köder für Karl V., mit dem er nun Frieden schloß. Alles schien gut und schön. Aber da erfuhr er, daß seine fünfte Frau mindestens drei voreheliche Liebhaber gehabt hatte. Das nahm er sich so zu Herzen, daß er sie köpfen ließ, was ihn freilich nicht hinderte, bald darauf eine dritte Katharina zu heiraten, die schon zweimal verwitwete Katharina Parr. Ihr war es zuzuschreiben, daß er sich mit seiner Tochter Elisabeth versöhnte und die Erbfolge so festlegte, daß erst Eduard, sein Sohn aus der Ehe mit Jane Seymour, dann Maria und schließlich Elisabeth die Krone tragen sollten.

Die Reformen, die Heinrich VIII. als Oberhaupt der anglikanischen Kirche durchführte, hatten eine heftig um sich grei-

fende religiöse Unrast in England zur Folge. Hundertdreißig Abteien und fünfhundertachtundsiebzig Klöster hatte er geschlossen, ihren Besitz beschlagnahmt. Mehr als sechstausendfünfhundert Mönche und über fünfzehnhundert Nonnen waren um ihr Asyl gebracht. Der Glaube an Rom war erschüttert, der protestantische Glaube hatte noch nicht Fuß gefaßt. Dementsprechend unterschieden sich die Lebensgewohnheiten und Bräuche der englischen Männer und Frauen, die sich entweder der altüblichen Zuchtlosigkeit ergaben oder in übertriebener Form Zucht übten. Diese Spaltung des Volkes nach Glaube, Sitte und Moral fand ihren Niederschlag in der Reaktion unter der sich zu Rom bekennenden Tochter Katharinas von Aragon, der »Blutigen Maria«, die nach dem frühen Tod des jungen Eduard Königin wurde, die Protestanten verfolgte und sich mit dem Sohn Karls V., König Philipp II. von Spanien, verheiratete, wie in den protestantischen Neigungen der großen Elisabeth, die ihr auf den Thron folgte. Hie katholische Kirche – hie Reformation, ausgedrückt im Anglikanismus der Staatskirche oder in den mancherlei gegen Rom wie gegen die Kirche Heinrichs VIII. sich stellenden und von beiden bekämpften protestantischen Bewegungen der »Dissenters«: So war die Situation in England. Der geistige Kampf zog den Kampf mit den Waffen nach sich, unermeßliches Blutvergießen in vielerlei Scharmützeln und auf Schlachtfeldern – und all das hatte zur Folge jene Unausgeglichenheit der englischen Sitten, die sich der heiteren, leichtfertigen Lebensfreude des Rokokos nie ganz zu erschließen vermochten.
In Spanien hatte es die Inquisition erreicht, daß der »Ernst des Lebens im Glauben« nach außen hin mit allem Nachdruck demonstriert wurde. Aber hinter den von der Kirche errichteten düsteren Kulissen der Abkehr von der Lust pulsierte das Bedürfnis des südlichen Volkes nach Spiel und Freude – es ließ sich wohl unterdrücken, aber nicht ausmer-

zen. In den Höfen der Gasthäuser, in den »Corrales«, wurden von fahrenden, zumeist aus Italien und Frankreich stammenden Schauspielern freche Komödien aufgeführt. Auf improvisierten Bühnen brachte man Szenen zur Schau, die im Alltagsleben strengstens verboten waren: Szenen aus dem Liebesleben, Verführung, Ehebruch und Kuppelei. Frauen allerdings waren vom Besuch der Gasthäuser ausgeschlossen. Nur der Kirchgang war ihnen erlaubt, sonst keinerlei Art von Zusammenkunft, die sie mit Männern in Berührung hätte bringen können. Anfangs wurden die Frauenrollen auf den Bühnen der »Corrales« durch Knaben in entsprechenden Kostümen dargestellt. Aber bald gab es Schauspielerinnen genug, abenteuernde Kurtisanen, die im reichen Spanien, das so arm an freier Liebe war, ihr Glück zu machen hofften. Und so reservierten die Gasthöfe Räume für die Hidalgos, die Adeligen, die sich insgeheim mit den Actricen vergnügen wollten. Wenn aber die fahrenden Truppen abzogen, blieben oft genug so viele »jugendliche Naive« zurück, daß die Versorgung regelrechter Bordelle mit entsprechender Besetzung mühelos gesichert werden konnte. Der Theaterbetrieb florierte so, daß regelmäßig zahlreiche Schauspielertruppen, sogenannte »Compañias«, in Kutschen und Sänften, begleitet von Gepäckwagen, in denen oft die Kostüme für fünfzig Komödien verladen waren, auf Gastspiel von Stadt zu Stadt zogen. Keine Schauspielertruppe durfte länger als einen Monat in einer Stadt bleiben. Der sittenstrenge Philipp II., Karls V. Sohn, entschied schließlich, es sei sittlicher, wenn die Frauenrollen von Frauen gespielt würden, als wenn Knaben als Frauen verkleidet auf die Bühne kämen. Immerhin setzte die Kirche durch, daß Schauspielerinnen sich auf der Bühne in keiner Weise entblößen und nicht in Männerkleidung auftreten durften. Das Theater spiegelte in Spanien, wie schon vorher in Italien und wie nicht viel später in England, Frankreich und in den deutschsprachigen Ländern, nicht nur die geltenden Gebräuche wider, sondern wurde durch seine magische Auswirkung auf die Einbildungskraft des Publikums zugleich sittenbildend. Was in den »Comedias de Capa y Espada«, den Vermummungs- und Degenkomödien, auf der Bühne zu sehen und zu hören war, wurde zum Beispiel des Alltags und beeinflußte die allgemeine Vorstellung von Gut und Böse. Aber nicht die Wirklichkeit forderte zur Nachahmung heraus, sondern die Illusion, obwohl Miguel Cervantes, der durch seinen Roman »Don Quijote« weltberühmt wurde, in einem seiner Stücke naturalistische Szenen vom Sklavenmarkt und von Folterungen zeigte und am Schluß des Dramas erklärte: »Nicht aus der Einbildung wurde dieses Stück gestaltet – die Wahrheit hat es geschmiedet.« Doch Wahrheit und Wirklichkeit waren am Königshof nicht erwünscht. Derselbe Philipp II., der bei den fahrenden Truppen zwar Frauen zugelassen hatte, untersagte allen Laien jegliche Darstellung nichtreligiösen Inhalts. Lope de Vega, erzogen in der geistlichen und geistigen Pflanzschule der spanischen Kirche zur Zeit der Inquisition, bei den Jesuiten, fand den gefährlichen Mittelweg. Er verfaßte religiöse Stücke und – im Schutze der Kutte, nach zahllosen Abenteuern und sehr peinlichen Affären mit Schauspielerinnen und Bürgerfrauen, deren Liebhaber und Ehemänner dafür sorgten, daß er seine Stücke im Gefängnis schreiben mußte – Komödien, von denen er selbst sagte, daß er bemüht sei, die Handlungen der Menschen nachzuvollziehen und die Sitten seiner Zeit zu malen. Denn, so betonte er: »Alles Wissen ist Leben. Alles Leben ist Theater.« Lope de Vega schrieb alles in allem etwa fünfzehnhundert Komödien, sein Zeitgenosse Tirso de Molina »nur« dreihundert Stücke. Durch eines, das er »Der Verführer von Sevilla« betitelte, verewigte er seinen Namen als der erste, der den Don Juan gestaltete und dadurch den Typus des unersättlichen Verführers schuf: des liebesgierigen Mannes ohne Moral, des Liebenden um der Liebe willen, des Verliebten, der die Liebe sucht und nicht den geliebten Menschen.

Don Juan, der unermüdliche Jäger nach Liebesgenuß, der durch keine Frau die vollkommene Erfüllung seiner Sehnsucht zu erreichen vermag, weil er die Erfüllung nur in der geschlechtlichen Befriedigung sucht, wurde zum Sinnbild aller Triebbesessenen, die dem Geschlechtserlebnis um jeden Preis und unter Hinwegsetzung über alle Rücksichten huldigen. So aber waren die meisten spanischen Männer, die sich die Liebkosungen und den Besitz der nach den strengen Normen von Moral und Sitte abgesondert lebenden Frauen mit allen Mitteln erlisten und erkämpfen mußten. Der geistliche Herr Tirso de Molina, der in anderen Stücken zwar Frauen nicht durch Knaben spielen, aber Frauen in Männerkleidung auftreten ließ, scheint keineswegs überzeugt gewesen zu sein, daß sein Don Juan die Frauen wirklich liebte. Konnte dieser vom Geschlecht Besessene bei Frauen die Liebe finden, die er suchte, oder bedrängte ihn ein verbotener Trieb, der bei keiner Frau Erfüllung finden konnte, auch wenn sie Männerkleidung trug: der Trieb nach gleichgeschlechtlicher Liebe? Nur der Teufel, der im Schauspiel »Der Verführer von Sevilla« den Don Juan schließlich in die Hölle holen läßt, konnte seine Beichte hören. Die Symbolik, die der Dichter zum Ausdruck bringen wollte oder mußte, war jedenfalls das von der Kirche und der Inquisition gefordert böse Ende Don Juans, der, wie alle seinesgleichen, dem Teufel ausgeliefert werden mußte.

Die unerlaubte Liebe, der voreheliche, außereheliche und ehebrecherische Geschlechtsverkehr war nun einmal verdammt – und zwar in Ewigkeit. Das abschließende »Amen«, das »so sei es«, verkündeten die Priester der durch Ignatius von Loyola gegründeten »Gesellschaft Jesu«, der Jesuiten, die sich selbst auch als die »Soldaten der Legion Gottes« bezeichneten. Sie waren verpflichtet, »alles zu tun, was der jeweilige Papst befehlen werde, ohne Widerrede, ohne Bedin-

gung, ohne Lohn«. Ihr Ziel sollte sein, »ihre Mitmenschen durch Beispiel und Überredung, durch List und Gewalt, auf geraden und krummen Wegen, zur alleinseligmachenden Kirche zu bekehren und so zur ewigen Seligkeit reif und fähig zu machen«. Die Macht, die die Jesuiten gewannen und durch sie die katholische Kirche, beschränkte sich nicht auf das Beherrschen des Gemütes der Untertanen jener Herrscher, in deren Hoheitsgebieten sie tätig waren; sie bezogen in ihren Seelenfang auch die Herrscher selbst ein, insbesondere die Habsburger und die mit ihnen verbündeten katholischen deutschen Fürsten, die nach blutigen Kriegen den Augsburger Religionsfrieden mit den protestantischen Fürsten des Römischen Reiches Deutscher Nation geschlossen hatten. Karl V., der, zeitgenössischen Berichten zufolge, die Absicht gehabt haben sollte, sich die dreifache Krone des Papstes aufs Haupt zu setzen, um als weltlicher und zugleich geistlicher Oberherr der Christenheit auf Erden zu herrschen, hatte seinen maßlosen Ehrgeiz aufgeben müssen.
Sein Sohn Philipp II., dem er seine spanischen Besitzungen überantwortet hatte, war vergeblich bemüht gewesen, als Ehemann der »Blutigen Maria« für habsburgischen Nachwuchs in England zu sorgen. Als sich herausgestellt hatte, daß ihre von ihm stolz verkündete Schwangerschaft nur Wassersucht gewesen war, und die Ärzte erklärten, daß die Königin von England nie in der Lage sein werde, einen Erben zu gebären, hatte sich Philipp entschlossen, der Ehe mit Maria und England den Rücken zu kehren, und das um so mehr, als das englische Parlament sich von vornherein grundsätzlich geweigert hatte, ihn nach dem etwaigen erbenlosen Ableben Marias als König von England anzuerkennen. Kein Wunder also, daß Philipp das ketzerische England haßte – und daß er diesem Haß schließlich die stolze Flotte Spaniens, die Armada, in einem sinnlosen Angriff auf das Inselreich opferte. Der Bruder Karls V., Ferdinand I., der die österreichischen

habsburgischen Besitzungen erhalten hatte, war ausersehen, Kaiser des Römischen Reiches Deutscher Nation zu werden. Karl V. dankte feierlich ab. Er zog sich in das spanische Kloster San Yuste zurück, um seinen Lebensabend in gottgefälliger Abgeschiedenheit und Ruhe zu verbringen. Er war nicht mehr Herr der Welt, der Erdkreis lag ihm nicht mehr zu Füßen, aber er hatte von seinem Standpunkt aus den höchsten irdischen Sieg errungen: Er hatte sich selbst überwunden. Als Karl V., der die Ausführung seines Letzten Willens noch zu seinen Lebzeiten überwacht hatte, starb, waren weder sein Sohn Philipp II. noch sein Bruder Ferdinand I. und dessen Sohn Maximilian die wirklichen Erben seiner Macht. Die tatsächliche Herrschaft über die Königreiche Philipps übernahmen die bescheiden in schwarze Kutten gekleideten Priester der »Gesellschaft Jesu«. Aber auch Zepter und Reichsapfel, die Sinnbilder kaiserlicher Macht im Heiligen Römischen Reich Deutscher Nation, wurden immer weniger wert für den, der sie in Händen hielt. Den deutschen Landesherren, ob groß, ob klein, galt die mit kostbaren Edelsteinen geschmückte Kaiserkrone kaum mehr als ein Schein, und der Rektor des neuerrichteten Kollegiums der Jesuiten in Wien, der kaiserlichen Hauptstadt, konnte dem General seines Ordens nach Rom berichten, daß der Kaiser und seine Familie »alles mit größter Freude ausführten, was die Patres ihnen vorschlügen«. In Deutschland allerdings galten die Bestimmungen des Augsburger Religionsfriedens, die im wesentlichen den Rechtssatz beinhalteten »Cuius regio, eius religio«: Das Bekenntnis der Landesherren war für den Glauben in ihrem Gebiet maßgebend und damit auch für die Sitten – und nicht anders war es in den Freien Reichsstädten, deren Ratsherren für die Bürger das bedeuteten, was der Fürst für seine Untertanen war.

Die Verschiedenheit des Glaubens in den deutschen Ländern und Städten brachte unweigerlich eine Verschiedenheit der

Lebensgewohnheiten und Bräuche mit sich. Der Grad der Sittenstrenge hing von der Willkür der einzelnen Landesherren und Ratsversammlungen ab, die die Gebote nach ihrem Belieben auslegten. Diese Uneinheitlichkeit der Sitten innerhalb des gleichen Sprachraums wirkt sich noch bis in unsere Gegenwart aus, so sehr sich vieles auch im Laufe der Zeiten ausgeglichen hat. Damals aber war das einzig Verbindende und die Zucht Beeinflussende die Sorge um die Unzucht und die Angst vor ihren Folgen – die Angst insbesondere vor der Syphilis, die sich durch das eifrige Liebesleben der Landsknechte und Söldner während der Religionskriege in ganz Deutschland verbreitet hatte und nur die verschonte, die sich der außerehelichen Lust enthielten. Die Badehäuser, einst so beliebte Treffpunkte von Männern und Frauen, wurden entweder geschlossen oder ihr Besuch durch strenge Hausordnungen beschränkt. Und abermals lag es ganz im Sinne der zeitgenössischen Anschauung, daß nicht die Männer durch die Verbote getroffen wurden, denn sie galten ja als Opfer jener verderbten Verführerinnen, die den Keim der grauenhaften Krankheit in sich trugen und durch ihre Liebesbezeugungen oder ihr Gewähren vermittelten. Sie standen im Verdacht, sich dem »Teufel der Lust«, dem »Buhlteufel«, verschrieben zu haben. Der aber war eine der vielen Erscheinungen des Satans – und dieser hatte ja seine erste Beziehung zum Menschengeschlecht über Eva angeknüpft, über seine Frau. Das lateinische Wort für Frau, »femina«, wurde denn auch von einem Jesuiten einer »Untersuchung« unterzogen, die ergab, daß es aus den Silben »fe« – Glaube – und »minus« entstanden sei, also ein Wesen minderen Glaubens bezeichne. Und zudem hatte Papst Innozenz VIII. die Christenheit in einer Bulle vor dem Umgang mit dem Teufel gewarnt: »Nicht ohne ungeheuren Schmerz ist jüngst zu meiner Kenntnis gekommen, daß in einigen Teilen Deutschlands, besonders in der Mainzer, Trierer, Salzburger und Bremer Gegend, sehr viele Personen beiderlei Geschlechts, uneingedenk ihres eigenen Heils und abirrend vom katholischen Glauben, sich mit Teufeln in Manns- und Weibsgestalt geschlechtlich versündigen.« Der Heilige Vater hatte, im wahren Sinn des Wortes, den Teufel heraufbeschworen. Er hatte die Hindernisse beim Erfüllen der ehelichen Pflichten, das Impotentwerden der Männer und Frauen als Hexenwerk angeprangert und dadurch der theologischen und wissenschaftlichen Anerkennung des »Mallëus maleficarum«, der als »Hexenhammer« weltberüchtigt gewordenen Schrift, vorgearbeitet, die Rechts- und Gottesgelehrten reichlich Anregung gab, sich über die fleischliche Vermischung mit dem Teufel und ihre Folgen in ausführlichen Abhandlungen auszulassen. Durch Beobachten des männlichen wie des weiblichen Geschlechts und durch Befragen der Betroffenen galt es zu ergründen, welche Gefühle die vom Teufel Beschlafenen bewegt hätten, ob der Teufel kalten oder warmen Samen von sich gegeben und dadurch die häßliche Plage hervorgerufen habe. In jener Zeit, »da das Reich der Finsternis auf das Höchste gestiegen war«, glaubte man allen Ernstes, der Teufel sei überall tätig: Jede Frau konnte er zur Lust und dadurch zur Unzucht verführen, zum Geschlechtsverkehr in allen Formen und Arten – so wie er Eva verführt hatte. Wie immer eine Frau auch war, ob arm oder reich, fromm oder gleichgültig, gesund oder krank, klug oder einfältig, schön oder häßlich, ob sie einen guten oder schlechten Ruf hatte, die Spürhunde der Kirche, die ausgesandt wurden, Hexen zu erkennen und zu überführen, konnten jedes Wort und jede Gebärde der ihnen verdächtig erscheinenden Frauen als Zeichen dafür auslegen, daß sie mit dem Teufel Umgang hatten oder gehabt hatten. Keine Frau in Deutschland war sicher, nicht als Hexe angezeigt, angeklagt und »prozessiert« zu werden. Die als Hexen Verhafteten wurden in »Hexentürmen« festgehalten, hilflos den Peinigern ausgeliefert, deren Amt es war, den Grad ihrer

Sinnlichkeit und damit ihrer Empfänglichkeit für die »Teufelslust« mit allen Mitteln festzustellen. Die »Daumenschrauben«, die »Spanischen Stiefel«, der »Gespickte Hase« wurden angesetzt, zerquetschten die Knochen von Händen und Füßen, trieben in das »sündige Fleisch« Spieße oder Haken, bevor die offenen Wunden mit Säuren oder Schwefel ausgebrannt wurden. Auch die Unschuldigsten hielten solche Folter nicht aus. Die Gequälten gestanden, was die Peiniger ihnen vorsprachen. Viele Protokolle über die Vernehmung von Frauen, die man der Hexerei beschuldigt hatte, sind erhalten geblieben. Ihr Inhalt legt Zeugnis ab nicht nur von den gebräuchlichen geschlechtlichen Ausschweifungen, sondern auch von der bis zum Aberwitz erregten sexuellen Phantasie der Folterknechte und der Inquisitoren der geistlichen Gerichte.

Der Teufel konnte ein »Incubus« oder ein »Succubus« sein, er vermochte »Manns- oder Weibsgestalt« anzunehmen. Die Männer suchte er als »Succubus«, die Weiber als »Incubus« heim. »Es ist nun Sach, daß er sich bei einem Weibe verstellet und Mannen beywohnet, so blaset er sich auf, als sei er ein schwanger Frauw, und zur Zeit der Geburt legt er ein gestohlen Kind neben sich, als sey es von jm geboren. Ist er aber ein Incubus, so wohnet er Weybern bei und verblendet sie dermaßen, daß sie selbst meynen, sie gehen schwanger, und wenn die Geburtsstund da ist, legt er ein gestohlen Kind dahin.« Und wie sah der Teufel aus? In seiner wahren Erscheinung zeigte er sich nur am »Hexensabbat«. Sonst aber trat er als anständiger Mann auf, vorzüglich in der Maske eines Edelmanns, Jägers oder Reiters, und stellte sich unter Namen vor, die in den Protokollen festgehalten sind. Dort heißt er zum Beispiel »Federhans, Peterlein, Paperlen, Klaus, Grünhütl ...« – er führte alle Namen, die sich in der Einbildung der von der Folter Gequälten formten. Am Hexensabbat jedoch, bei der großen Hexenversammlung, die an einsamen

Trotz des Hexenwahns stellten nicht wenige Künstler, so Hans Baldung Grien und, wie hier, Albrecht Dürer, die Hexen als durchaus appetitliche Frauenzimmer dar.

Hexensabbat (Federzeichnung aus dem 17. Jh.): Oben bringen ein Teufel und eine Hexe dem Satan ein Kind als Opfer für die »Schwarze Messe« dar.

Orten in wilder Einöde abgehalten wurde, zumeist in der ersten Mainacht, der Walpurgisnacht, dem Frühlings-Opferfest der germanischen Heiden, erschien der Teufel als buntgekleideter Tänzer, und jetzt präsentierte er sich als halb Mensch, halb Bock, am Kinn einen Ziegenbart und am nackten Hintern einen mächtigen Schwanz. Seine Stirn schmückte ein langes Horn, an dessen Spitze ein Licht leuchtete, »heller als der Mond«. Seine Eulenaugen strahlten in erschreckendem Glanz. Die Hexen, denen der Teufel auch in gewöhnlichen Nächten, wenn auch nicht in so prächtiger Erscheinung, begegnete, kamen zum großen Sabbat auf Ziegenböcken, Schweinen, Strohbündeln und Besenstielen durch die Luft geritten. Das Fliegen wurde ihnen möglich durch Salben ihres Körpers mit dem Fett ungetaufter Kinder und einem Absud von Giftpflanzen sowie durch das Aussprechen einer Zauberformel. Wenn sie sich um den Teufel beim Glockenschlag der Mitternacht versammelten, warfen sie sich vor den »Gottseibeiuns« in den Staub, riefen ihn unter Verleugnung Gottes als den wahren »Herrn und Meister« an, küßten ihm erst die linke Hand, den linken Fuß, die linke Seite, dann die Genitalien und den Hintern. Durch das »Blasen von Rauch aus dem Arsch« bekannte der Teufel die günstige Aufnahme der Huldigung. Es mußte nach Schwefel stinken, die ungebührliche Ausatmung den Geruch allen Unrats ausströmen. Dann erst konnte die »Teufelsmesse« beginnen. Die höllische Hostie war schwarz, zäh wie eine Schuhsohle und schmeckte wie faules Holz. Im höllischen Kelch blubberte ein bitterer, widerlicher Trank. Die Kost, die der »Vater der Lüge« den Hexen verabreichte, war abstoßend. Das Geld, das er ihnen schenkte, verwandelte sich in Kohlen oder Kot. Aber das Paradies, das er ihnen bot, entschädigte für alles – es war das Paradies geschlechtlicher Lust in allen Formen und Abarten. Jeder Wunschtraum des Triebes ging in Erfüllung: gleichgeschlechtliche Liebe, Geschlechtsverkehr zu dritt, zwei Männer und eine Frau, zwei Frauen und ein Mann, Männer und Frauen in Gruppen. Jede empfindsame Leibesöffnung wurde zur Lust erweckt und in jeder nur möglichen Stellung befriedigt. Die steife Zunge des Teufels half nach, wenn die Männlichkeit erschlaffte, er zog an seinen Fingern die Krallen ein, um sie als männliche Glieder benutzen zu können. Und wenn er als »Succubus« den Samen von Männern in sich aufgenommen hatte, so flößte er ihn als »Incubus« den Frauen ein, damit kein Tröpfchen verlorengehe. Auch Jungfrauen konnten der Buhlschaft mit dem Teufel angeklagt werden, denn, so stellten Juristen und Theologen fest, es bedürfe nicht der Zerreißung des Hymens, um Unzucht treiben zu können. Die Teufelsorgien, wie sie von den Hexen in ihren Geständnissen

geschildert worden waren, bewiesen ja, daß die diabolische Lust auch anders zu genießen war.
Die Hexenprozesse, denen mehr als hunderttausend Frauen allein in Deutschland zum Opfer fielen, weil sie sowohl Unzucht getrieben als auch Liebestränke gebraut und Salben gemischt hätten, um Potenz oder Impotenz hervorzurufen, oder weil sie aus teuflischer Bosheit Vieh und Ernte verhext hätten, bedeuteten den absoluten Tiefpunkt in der Abwertung des Geschlechtlichen. Nicht nur jede Variation der geschlechtlichen Vereinigung, die zur Erhöhung der Lust angewandt wurde, galt als Werk des Teufels – schon die leiseste Regung der Lust war verwerflich und gefährlich. Die christliche Anschauung, daß der Geschlechtsverkehr ausschließlich zur Erzeugung von Nachwuchs dienen dürfe und keineswegs als Erlustigung, setzte sich in der verängstigten Bevölkerung durch. Die Freude am Baden schwand dahin, aus Angst vor der Lust und aus Furcht vor Ansteckung. Der Körper, das »sündige Gehäuse« der allein für das Jenseits bestimmten Seele, konnte getrost der Reinlichkeit entbehren, da ja jede Waschung eine Entblößung nötig machte und jede Entblößung eine Versuchung mit sich bringen konnte.
Eine Freiheit allerdings ließen sich die deutschen Bauern und Bürger weder durch den Glauben noch durch den Aberglauben nehmen: die Narrenfreiheit während der Kirchweihfeste und in der »tollen Zeit« vor der Fastnacht. Die Geistlichen schlossen die Augen oder sahen durch die Finger, um das schamlose Treiben, das nur während des Karnevals oder an den Gedenktagen der Erbauung ihrer Kirchen geduldet war, nicht zu sehen oder nachsichtig zu beobachten. Damit entsprachen sie einer in Jahrtausenden erprobten Erfahrung, daß die menschliche Natur wenigstens einige Tage und Nächte des Jahres zügelloser Freude bedarf, um die so straff gespannten Zügel des Alltags geduldig ertragen zu können. Wie bei den Frühlingsfesten des Zweistromlandes und den

Saturnalien im alten Rom die Ungebundenheit der Männer und Frauen zur Feier gehört hatte, so war es in den christlichen Ländern Sitte geblieben, die erlaubten Feste mit Tanz und Mummenschanz, mit Freß- und Saufgelagen zu feiern. Uralte Bräuche wurden wiederbelebt, Masken und Kostüme aus den Truhen hervorgeholt, um sich in gespielter Anonymität den Vergnügungen zu ergeben. Die Entpersönlichung der Lust, die alle Hemmungen in maßlosem Essen und Trinken, wilden Tänzen und sinnlichem Beisammensein löste, war so allgemein, daß sie im Volksmund als unschuldig galt. Hieß es doch: »Küssen ist keine Sünd'«, und was darüber hinausging, war ein harmloser »Seitensprung« – über die Hecke, die nicht verriet, was in ihrem verbergenden Schutze geschah. Während der Fastnacht ging es so munter zu, daß man Kinder, die im November geboren wurden, allgemein als »Fastnachtskinder« bezeichnete und aus einer alten Erfahrung das Sprichwort prägte: »Novemberkinder haben immer zwei Väter.« Die Fastnachtsspiele, die zur Aufführung kamen, waren ursprünglich derb und heiter dramatisierte Legenden gewesen, »Faseleien«, die zur Belustigung des lachfreudigen Publikums mit Vorliebe Stuhlgang und Harnentleerung in den Dialog einbezogen. Der Verfasser des »Fastnachtsspiels vom Dreck« entschuldigte sich mit der Erklärung, »ob wir das han zu grob gemacht, so trifft es doch keine Unzucht an ...« Auch die Fastnachtsspiele des Nürnberger Schusters Hans Sachs, volkstümliche Schwänke, die er in oft ungehobelten Versen dichtete, spielten nur auf Unzucht an, ohne die Schamhaftigkeit der Zuschauer und Zuschauerinnen allzu empfindlich zu verletzen. Seine Anprangerungen bauernfängerischer Mönche, die unschuldige Jungfrauen verführten, und sein Spiel, in dem er sich über die angebliche Päpstin Johanna lustig machte, den »Heiligen Vater im Weibskittel«, erregten den Unwillen der katholischen Priester so sehr, daß sie ihm zurufen ließen: »Schuster, bleib bei deinem Leisten.«

Doch er nahm weder ihren Tadel noch das Lob der protestantischen Pfarrer ernst. Er griff auch die Reformatoren an: »Mit dem Fleischessen, Rumoren, Pfaffenschänden, Hadern, Spotten, Verachten und allem Unzuchtswandel habt ihr Lutherische der evangelischen Lehre selber eine große Verachtung gebracht.« Hans Sachs war ein freier Bürger einer Freien Reichsstadt, der seine ehrliche Meinung nicht zurückhielt, um die Sittenlosigkeit aufzudecken. Er selbst war kein Frauenverächter: Als nahezu Siebzigjähriger heiratete er zum zweiten Mal eine achtundzwanzigjährige »g'schmackige« Jungfrau. Und er war kein bloßer Possenreißer: Neben Handwerk, Ehe und Dichten fand er noch genug Zeit, sich mit der Literatur der Antike bekannt zu machen. Er starb berühmt und geachtet, zufrieden mit seiner eigenen Leistung, nicht aber mit den Unverschämtheiten, die seine Nachahmer für die Fastnachtsbühnen schrieben. Sie fanden ihre Befriedigung darin, leibliche Gebrechen und Entstellungen, Entblößungen und Unanständigkeiten, Mißverständnisse durch die Abwandlung obszöner Worte auf die Bühne zu bringen, Späße über den vorehelichen Geschlechtsverkehr der Mädchen, wie »Sie hatt' doch lang nach Mannsfleisch gelüst', ich hab' sie oft selbst gehalst und geküßt, so gab sie mir einen Schmatz hinwider, daß wir beide fielen nieder, so hatt' sie mir dann soviel bekannt, daß sie mir gern hätt' gelöscht meinen Brand, unten in ihrem Löschtrog . . .« Sie spotteten über das Unvermögen der Ehemänner: »Das junge Weib hat einen alten Mann, der kann ir des nachts kain genug than, wenn sie ist gail, so ist er faul und ist ein alter, abgerittener Gaul, der weder traben mag, noch zelten, es muß ir stolzer Leib entgelten, wenn sie hat großen Mangel an Mannen, ain Junger trieb ihr die Kranckheit all von dannen.« Es wurden Gerichtsverhandlungen als Szenen dargestellt, in denen alle Arten von Klagen über Ehebruch zur Sprache kamen. Die Spottgerichte entschieden während des Karnevals zumeist zugunsten der Frau:

Wenn die Schuld auf seiten des Mannes lag, wurde sie angewiesen, sich anderweitig schadlos zu halten, denn was sollte eine Frau mit einem Mann, »der scheißt und hust', der schnarcht und rasselt, der eifert, meult sich, zaunt und greint? Sie wird ihm abhold, so ist er ir Feint, er ist reudig, kretzig, runzlet und grob, alt, krank, gerupft und nimmer froh. Helf ir sein ab, pit sie durch Gott, gebt ir ein Jungen, den sie gern hot.« Im »Alttyrolischen Fastnachtsspiel« wurde eine Ehescheidung unverblümt abgehandelt – nicht nur zugunsten der Frau. Der »Precursor« schlug vor: »So, frommer Herr Richter, scheidet diese Leut'. Er hat's zu klein und sie zu weit. Es ist ein Spott derer Jungfrauen, daß man nur die Männer soll beschauen, warum beschaut man nit die Weib? Es ist doch oft seltsam um ihren Leib, und könnt' einem oft die Fut verleiden, darum tut sie voneinander scheiden.« Der Richter fällte einen salomonischen Spruch – er schied das Ehepaar: ». . . Du Mann, nimm dir eine, die eine enge hab'. Frau, sucht euch euren Genossen, habt ihr zu weit, so nehmt einen großen.«

Die derben Ausgelassenheiten, die aufgeführt und ausgesprochen wurden, sollten Männer und Frauen anregen, ihrer Lust freien Lauf zu lassen. Oft wurde den Umzügen ein riesiger Phallus auf einer Stange vorangetragen. Die Fastnacht war nicht dazu da, um zu fasten, sondern um zu »faseln« – hemmungslos zu tollen. Die Enthaltsamkeit begann erst wieder am Aschermittwoch – bis dahin war das Absingen von »Schandliedern« keine Schande. Es hieß zwar im Volksmund: »Wer seine Frau läßt gehen zu jedem Fest, sein Pferd aus jeder Pfütze trinken läßt, hat bald eine Mähr' im Stall und eine Hur' im Nest.« Aber welcher gute Mann ließ seine liebe Frau nicht zu einem Fest gehen, wenn doch schon jede gute Ehe mit einem großen Fest begann, das oft Tage und Nächte dauerte? Hochzeitsmahl und Taufschmaus – das bot oft genug Anlaß zu schamlosen Zoten und unmäßigen Gelagen, bei denen das »Probieren« der männlichen und weiblichen Gäste gebräuchlich war. In Wien wetterte der Prediger Abraham a Santa Clara vergeblich gegen die Duldsamkeit der Ehemänner gegenüber ihren Frauen. Er schalt sie »Pantoffelhelden«, die »ihre Gesundheit aus dem zinnernen Nachttopf trinken, welcher unter ihrem Bette steht ... Oh, ihr wilden, garstigen Säu-Narren ... ist dieses denn eine so anständige und zulässige Liebe gegen eure Weiber? Dieses ist ja mehr als eine viehische Blindheit.« Doch weder die deftigen Kanzelpredigten, in denen auch manche lutherische Pfarrherren brillierten, noch die unerbittlichen Inquisitionsgerichte vermochten die Unsittlichkeit in den katholischen und protestantischen Ländern des Römischen Reiches Deutscher Nation auszurotten. Sie tobte sich im kurzen Rausch von Fastnacht und Kirmes aus – sonst aber schwelte sie im geheimen, trüb und lustlos sogar in der Lust, da die Schuldgefühle der harmlos Unzüchtigen keine unbefangene Lebensfreude aufkommen ließen. Das Geschlechtsleben der von Sittenrichtern bedrängten und bedrohten deutschen Männer und Frauen verkümmerte in Scheinheiligkeit und unwillkommener Entsagung. Sie sollten schwerblütige Zaungäste des leichtlebigen Rokokos werden ...

In Italien, besonders in Venedig, nützten die von Aretino so gepriesenen Kurtisanen ihre von ihm verkündete »Achtbarkeit der Unzucht« zu ihrem Vorteil aus. Sie waren zwar nicht die ungekrönten Königinnen der aristokratischen Städte, in denen man die Ehefrauen in Ehren hielt, aber die unumstrittene Zier aller Festlichkeiten, denen sie durch ihre gefällige Anwesenheit den Glanz der Elegance verliehen. Die Schönheit der Kurtisanen verglich man mit der Schönheit der Madonna. Die Mäntel, Kleider und Handschuhe, die sie trugen, bestimmten die Mode der großen Welt. Wenn sie Zobelhäublein aufhatten oder ihre Röcke mit Affenhaar oder Marderpelz verbrämten, dann ahmten die hohen Damen an den Königs- und Fürstenhöfen ihre modischen Einfälle nach. So hielt es auch die »große Frau« ihrer Zeit, Elisabeth I., Königin von England, der es gelungen war, sich nicht nur gegen ihren Erzfeind Philipp II. von Spanien zu behaupten, sondern ihm durch die von ihr begünstigten kühnen Seefahrer auch böse Schläge versetzen zu lassen.

Elisabeth I. galt den europäischen Männern auf dem Thron, in den Schlössern und in den Räten der Städte als ein Phänomen. Denn sie bewies, daß eine Frau, »nur eine Frau und nicht mehr«, ein Königreich zu beherrschen und sich aller Angriffe zu erwehren vermochte. Sie hatte keinen Ehemann, aber sie nahm sich die Freiheit, Liebhaber nach Belieben zu nehmen und fallenzulassen. Sie war in den Augen der Welt mehr als eine Frau. Aber, so fragten sich manche Zeitgenossen, konnte eine Frau tatsächlich mehr sein als ein Mann? Elisabeth war die Tochter eines Wüstlings, der seine Macht durch das Henkersbeil gefestigt hatte. Sie jedoch zögerte jedes Todesurteil hinaus, selbst das gegen ihre unerbittliche Feindin, die liebeslustige Königin von Schottland, Maria Stuart, die ihr die Krone streitig machte und die sie wider Willen und gegen ihr besseres Gewissen hinrichten ließ. England erlebte eine glorreiche Zeit unter Elisabeth, die zwar die Protestanten förderte, es aber doch nicht auf sich nahm, die Katholiken, die sie anfeindeten, zu unterdrücken. Peinlich aber war sie berührt, als Papst Pius V. sie exkommunizierte. Jetzt mußte sie Stellung beziehen und erreichte dadurch, daß ihr Königreich, wenn auch nur vorübergehend, zum »Hort und Haupt des Protestantismus in der Welt« wurde. Auf ihrem Sterbebett deutete Elisabeth durch Zeichen an, daß Jakob VI. von Schottland, Maria Stuarts Sohn, ihr Nachfolger sein solle.

Aus England wanderte nach dem Tod der »jungfräulichen« Elisabeth eine Gruppe von Puritanern auf dem Schiff »Mayflower« nach Nordamerika aus. Diese frommen Pioniere in der Wildnis Neuenglands, die sie mit hartnäckiger Ausdauer urbar machten und besiedelten, haben mit ihren an die Gesetze und Gebote der Heiligen Schrift sich haltenden, unerbittlich strengen Lebensgewohnheiten und Bräuchen die Entwicklung der Sitten in Nordamerika entscheidend und bis heute fortwirkend beeinflußt: Mit den Puritanern begann sich die Neue Welt von der verachteten und geschmähten Alten Welt, dem »Sodom und Gomorrha der Neuzeit«, zu distanzieren.*

* In der Zeit, als die Puritaner Nordamerika erreichten, begann in Europa immer deutlicher sich ein Unterschied zwischen katholischen und protestantischen Ländern herauszubilden. Während in Italien und Frankreich vor allem die Sitten freizügiger wurden, verhärtete sich die »Prüderie« in den calvinistischen, in schwächerem Maß auch in den lutherischen Ländern. Die Puritaner zogen härene Gewänder an, die nur kleine Öffnungen für die Geschlechtsorgane hatten, wenn sie ihrer Pflicht zum Kinderzeugen nachkamen. Die Sitten in den katholischen Gegenden hat Frischauer anschaulich dargestellt. Die Forschung hat sich die Frage gestellt, woher diese Differenz rührt. Warum war z. B. lange Zeit in Frankreich die Homosexualität nicht strafbar, interessierte sich die öffentliche Moral in keiner Weise für die Details des Liebesvollzuges? In den USA hingegen gibt es heute noch ein Sexualstrafrecht, das Prostituierte schärfstens verfolgt – übrigens auch die Freier, die oft Opfer charmanter Polizeiagentinnen werden. In manchen Teilstaaten wird Analverkehr in der Ehe mit fünf Jahren Gefängnis bestraft. Und das Verfassungsgericht erklärt das alles für verfassungsgemäß, da es tief in der Tradition des Volkes verwurzelt sei. An den Geboten der Religion liegt es nicht, denn auch im katholischen Beichtspiegel ist jede libidinöse Regung außerhalb von Ehe und Kinderzeugen verdammt. Max Weber, der große Soziologe, sah die Ursache in der »innerweltlichen Askese« der Calvinisten, die durch Anhäufung von Reichtum beweisen müßten, daß sie von Gott zur ewigen Seligkeit »prädestiniert« seien. Dem »Geist des Kapitalismus« hafte Sinnenfeindlichkeit an, da alle Kräfte auf die Akkumulation von Kapital gerichtet seien. In der Tat wurden die protestantischen Nationen (vor allem England und die Niederlande, später die USA) zu Hochburgen des modernen Kapitalismus, während der katholische Süden Europas zurückfiel. Auch die marxistische Analyse vermutet einen Zusammenhang zwischen Arbeitsmoral

Der verzagte Protest der europäischen Männer gegen die mit der Renaissance immer mehr sich steigernde Macht der Frauen, die sich schon vor dem Anbruch des galanten Zeitalters, vor der Vollblüte des Rokoko, besonders in Frankreich ankündigte, kam in der gezierten Männermode zum Ausdruck, die in einen eigentümlichen Wettbewerb mit der Mode der Frauen trat. Das von den italienischen Kurtisanen aus beruflichen Gründen zur Schau getragene Decolleté, das die durch Mieder hochgedrängten Brüste fast nackt zeigte, fand ein Gegenstück in jenem Hosenlatz der Männer, den zuerst die Landsknechte so prahlerisch vorgewiesen hatten. Zwischen den eng anliegenden Hosenbeinen aus schmucken, farbigen Stoffen aufgesetzt und prall gefüttert, war er alles andere denn ein »schamverhüllendes Feigenblatt«. Und alles Wettern sowohl der katholischen als auch der protestantischen Geistlichkeit nützte um so weniger, als sich auch Könige und Fürsten dem »Satan in der Hose« verschworen. Die großen Herren und ihre adeligen und bürgerlichen Nachahmer wünschten aber auch sonst reizvoll und begehrenswert zu erscheinen. Sie brüsteten sich damit, sowohl weiblich als auch männlich zu wirken. Diese Doppelrolle, in der sich die französischen Kavaliere gefielen, wurde nicht zuletzt durch die königlichen Söhne der Katharina von Medici gefördert, die in der Tat doppelgeschlechtliche Neigungen hatten. Die

und Sexualunterdrückung, die in der Neuzeit auch die Arbeiterklasse erfaßt. Diese Theorien sind allerdings in jüngster Zeit wieder in Frage gestellt worden. Wie dem auch sei, noch heute ist die Häufigkeit des Geschlechtsverkehrs in Frankreich am größten, und während in den USA unaufgeklärte Teenager schwanger werden, sinkt in Europa, vor allem in Frankreich und Italien, das Alter des ersten Liebesgenusses ständig – ohne Folgen für die Beteiligten. (Dies sind Ergebnisse einer großangelegten wissenschaftlichen Studie. Aus den USA natürlich. Denn während das Liebesleben der Amerikaner im Vergleich zum französischen eher bescheiden ist – in der Sexual*wissenschaft* liegen die USA unschlagbar vorn!) [G. L.]

mit »allen Wassern gewaschene und mit allen Salben geschmierte« Königinmutter, die sich ihrer Feinde, wenn es nicht anders ging, durch freundliches Verabreichen von »florentinischen Giften« entledigte, blieb auch im Alter keinem Genuß abhold. In ihrer unverwüstlichen Sinnenfreude war sie gegen die Hugenotten, die französischen Protestanten, die drohend Ehrbarkeit und Anstand im ganzen Land verlangten, so eingenommen, daß sie ihren Sohn Karl IX. zur Ausrottung dieses »Gezüchts« überredete und ihn bewog, die »Nacht der langen Messer« zu veranstalten, jene grausame Bartholomäusnacht, in der die meisten führenden Hugenotten hingemetzelt wurden. Weder der Lebenswandel Karls IX. noch der seines Bruders und Nachfolgers Heinrich III. waren »katholisch« im Sinn der Kirche. Die beiden Brüder waren nur »allumfassend« in ihrem Geschlechtsleben. Heinrich III. liebte seine »Mignons«, seine süßen Lustknaben, gleichgesinnte und der gleichgeschlechtlichen Liebe frönende Edelleute, über alle Maßen. Und er haßte seinen Schwager, Heinrich von Navarra, den Enkel der Königin Margarete, die das »Heptameron« verfaßt hatte.

Heinrich III. war der letzte Valois, sein Schwager Heinrich der erste Bourbon auf dem Thron Frankreichs. Er war als Protestant erzogen worden und blieb so lange das Haupt der französischen Hugenotten, die der Bartholomäusnacht und den Verfolgungen entgangen waren, bis ihm – nach der Ermordung Heinrichs III. – die Nachfolge zustand. Heinrich IV., ein Meister des Kompromisses, hatte seine erste Frau, Margarete, die Tochter der Katharina von Medici, nur geheiratet, um königlicher Schwiegersohn zu werden und als solcher nicht wegen seines ererbten protestantischen Glaubens zu Schaden zu kommen. In zweiter Ehe vermählte er sich mit Maria von Medici, der reichsten Erbin seiner Zeit, die überdies unter dem Schutze des Heiligen Stuhles stand. Der König, der wünschte, daß jeder seiner Untertanen »am Sonntag

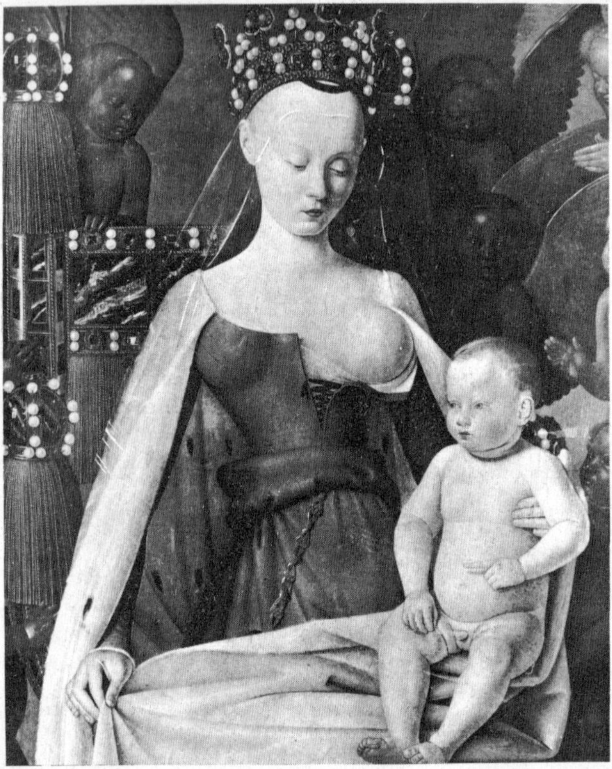

sein Huhn im Topfe« habe, vergaß über dem Wohlleben seine königlichen Pflichten nie, seine ehelichen Pflichten immer. Er liebte die Frauen beinahe so sehr wie die Macht. Schon seine Vorgänger auf dem französischen Thron hatten sich nicht gescheut, mit ihren Liebschaften öffentlich zu prahlen. Der Zeitgenosse der Jungfrau von Orleans, Karl VII., hatte seine Agnes Sorel mit nackten Brüsten malen lassen, und Heinrich II., der Sohn des großnasigen Königs Franz I., dessen »Amusements« sprichwörtlich geworden waren,

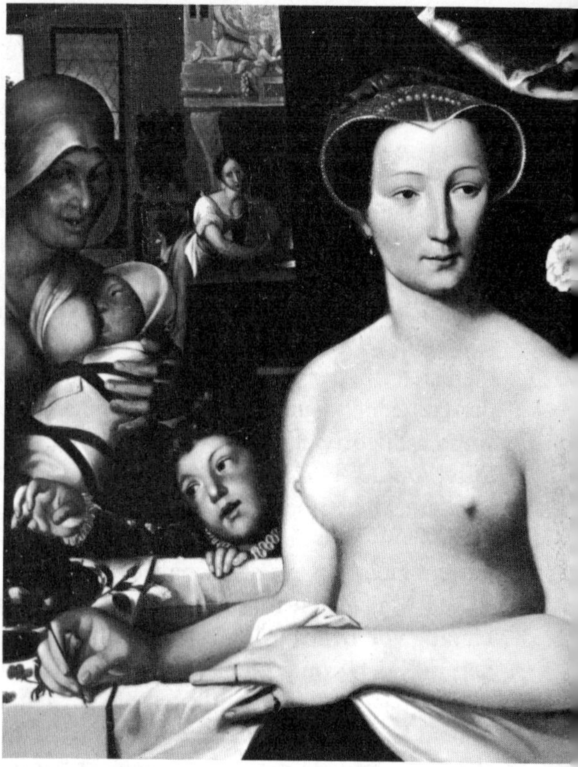

Agnes Sorel (1422 bis 1450) war die Geliebte des von Jeanne d'Arc gekrönten Königs Karl VII. und die erste »maîtresse en titre« der Geschichte Frankreichs. Ihr Bild als Madonna mit der nackten Brust (links, von Jean Fouquet) befindet sich im Königlichen Museum der Schönen Künste, Antwerpen. – Besonders gern ließ sich Diana von Poitiers (1499 bis 1566) nackt malen. (Musée National, Versailles).

unterhielt eine offizielle Liebesbeziehung mit der hochgeborenen Diana von Poitiers, die ihm eine Tochter gebar, in ihrem fürstlichen Schloß oft dem Kronrat vorsaß und durch Heinrichs II. Geschenke so reich geworden war wie Katharina von Medici. Diese seine Gemahlin aber vernachlässigte König Heinrich um der geliebten Diana willen geradezu sträflich; geschlafen hatte er mit Katharina nur, wenn Diana ihn angespornt hatte, für legitime Erben der Krone zu sorgen. Und um ganz sicherzugehen, daß die Kinder, die er der Königin machte, auch seine eigenen seien, hatte er gewünscht, daß Katharina einen Keuschheitsgürtel trage, zu dem nur er den Schlüssel zu haben glaubte. Katharina allerdings hatte einen Kunstschlosser aus dem heimischen Florenz kommen lassen, der sie, wann immer sie es befohlen hatte, von dem »coffre« befreit hatte. Es hieß über sie: »Die Königin Katharina war ein böses Weib. Ihr Onkel, der Papst, hatte wohl recht, als er sagte, daß er sie als ein schlimmes Präsent an Frankreich gegeben habe. Sie soll ihren jüngsten Sohn vergiftet haben, weil er sie einmal in einem Bordell gefunden, wo sie sich incognito belustigte ...«

Heinrich IV., der weder seiner ersten noch seiner zweiten Frau die Treue hielt – und das um so weniger, als er um ihre unentwegten Ehebrüche wußte –, war toleranter. So schrieb Lieselotte von der Pfalz, die Frau eines seiner Enkel, die sich den Spaß machte, über Skandalgeschichten aus der bourbonischen Familie zu berichten, in die sie unglücklich eingeheiratet hatte: »Heinrich IV. ist einmal gewarnt worden, daß eine von seinen Maîtressen ihm untreu wäre. Diese habe einmal den Herzog von Bellegarde zu sich kommen lassen, wie sie gemeinet, daß der König nicht zu ihr kommen würde. Der König ließ aufpassen, wann sein Rival' bei ihr sein würde. Wie man es dem König sagte, ging er zu ihr. Sie lag im Bett (unter dem sich Bellegarde voller Angst versteckt hatte) und klagte über große Hauptschmerzen. Der König sagte, sie solle ihm zu Nacht zu essen geben, er hätte großen Hunger. Sie sagte, sie hätte nicht gedacht, zu Nacht zu essen, man hätte ihr nur ein paar Feldhühner verwahret. Der König antwortete, es wäre gut, man solle sie bringen, er wolle sie mit ihr essen. Man brachte aber noch mehr, denn sie hatte ein Nachtessen für Bel-

Nach wie vor war der Keuschheitsgürtel bei eifersüchtigen Eheherren sehr beliebt. Erotischer Kupferstich aus »Le Meursius Français« (1782).

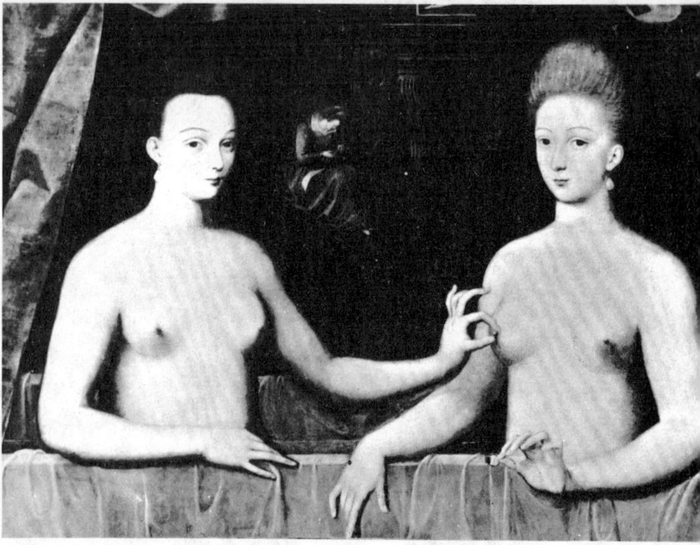

Auch Gabrielle d'Estrées (1571–1599), als Marquise de Monceau und Herzogin von Beaufort die »Maîtresse en titre« des »guten Königs« Heinrich IV., dem sie nicht weniger als sieben Kinder gebar, ließ sich gern nackt malen. Das Bild eines unbekannten Malers der Schule von Fontainebleau zeigt die schöne Gabrielle (links) mit ihrer Schwester.

legarde präparieret. Wie die Feldhühner kamen, nimmt der König ein Stück Broth, spaltet es entzwei und tut ein ganzes Feldhuhn hinein, hält es zusammen und wirft es unter das Bett. Die Maîtresse erschrak und sagte: ›Sire, was machen Sie denn?‹ Der König lachte und sagte: ›Madame, muß nicht alle Welt leben?‹ Er stand auf und vergnügte sich, ihr Angst gemacht zu haben.« Ob diese Mätresse die schöne Gabrielle d'Estrées war oder die noch schönere Marquise de Verneuil, berichtet die geschwätzige Chronistin nicht. Gewiß ist, daß Heinrich IV. beiden die Ehe versprochen hatte und vermutlich Gabrielle, die Mutter des von ihm anerkannten Herzogs von Vendôme, geheiratet hätte, wenn sie nicht zu seinem ehrlichen

Schmerz plötzlich gestorben wäre. Und er hätte der von ihm geliebten Gabrielle gewiß auch den Seitensprung verziehen, falls sie ihm mit dem Herzog von Bellegarde Hörner aufgesetzt hätte. Er war in der Liebe großzügig. Eifersucht war überhaupt unmodern. Sie galt als Verstoß gegen höfischen Anstand und gutes Benehmen, und so war es ein französischer Brauch geworden, Seitensprünge der Ehefrauen oder Mätressen gar nicht erst zur Kenntnis zu nehmen. In einem Flugblatt, das die zeitgenössischen Sitten schildert, findet sich ein charakteristisches Beispiel: »Kehrt der gefällige Ehemann vor der angegebenen Zeit zurück, so macht er einen solchen Lärm, daß seine Frau und ihr Liebhaber genügend unterrichtet sind und ihre galanten Spiele rechtzeitig abbrechen können, so daß sie durch seine Rückkehr nicht jäh überrascht werden und in unnötige Verlegenheit geraten.« Es galt auch keineswegs als schändlich oder unehrenhaft, wenn ein vornehmer Adliger seine Frau als Kaufpreis für die Gewährung einer königlichen Huld oder als Bestechung für ein günstiges Urteil in einem aussichtslosen Prozeß anbot. Auf die Warnung, die einem hohen Herrn zuging, er werde einen bedeutsamen Prozeß verlieren, denn sein Recht stehe doch auf recht schwachen Füßen, erwiderte der Herr von Stand und Rang lachend: »Gewiß, gewiß, aber es ruht dafür auf den um so stattlicheren Schenkeln meiner Frau.«

Man hatte nur äußerst wenig Schamgefühl in der großen Welt der Höfe und des Adels, und das französische Beispiel machte noch beim kleinsten Duodezfürsten Deutschlands Schule. Aber nicht nur dort, sondern sogar im bigotten Spanien. Auch in Madrid führten die Damen hinter ihren Fächern gern unzüchtige Gespräche. Eine Anekdote machte die Runde: »Der Anbeter einer Dame sagte ihr zum Gruß: ›Ich küsse Ihre Hände und Füße, Madame‹. Sie erwiderte: ›Mein Herr, in der Mitte finden Sie das Beste. Warum nicht dort?‹« Um die »goldene Mitte« der schönen Frauen ging das Spiel der Liebeslust, der zärtliche Kampf der Geschlechter, dessen Ziel der Schuß ins »unverhüllte Schwarze« blieb, so sehr auch die Schwermut des Glaubens die Lust zu leben am königlichen Hof in Aranjuez und Madrid belastete. Die Könige waren durch die Etikette, den Formenzwang der Zeremonie, der noch die leiseste Handbewegung der Majestäten und ihrer Familie regelte und jedes ihrer Worte vorschrieb, wie durch unübersteigbare Mauern vom alltäglichen Leben abgeschieden. Wie Marionetten lebten sie in einer Oase des prunkvollen Glanzes, so daß ihnen alles Menschliche fremd blieb. Die Erfüllung ihrer Triebe wurde vermittelt: Mannbar gewordene Prinzen wurden devoten, liebebeflissenen Frauen zugeführt, die sie im Geschlechtsverkehr unterrichteten, der dann seinerseits lediglich den »höheren Zwecken« des Staates dienen sollte, zur Herstellung von Familienbeziehungen, die dem erlauchten Haus von Nutzen sein könnten. Prinzen wurden wie Zuchtstiere bewertet: Das königliche Blut sollte sich mit königlichem Blut vermischen, um königliche Erben zu zeugen. Waren sie einmal verheiratet und ihrer Zeugungspflicht nachgekommen, dann konnten sie ihren Trieben freien Lauf lassen, sofern sie dadurch nicht öffentliches Ärgernis erregten. Die Prinzessinnen wurden wie Zuchtstuten behütet, damit kein unstandesgemäßer Same die blaublütige Rasse verderbe. Solange sie im erlauchten Elternhaus waren, mußten sie unschuldig sein. Königliche Brautnächte wurden vor Zeugen vollzogen, um die Unbeflecktheit der Braut und die erfolgte Kopulation zu bestätigen. Eigens dazu bestellte Hofwürdenträger versahen das hehre Amt des Zuschauens beim ersten Koitus der Habsburger und Bourbonen, die sich – um der »brüderlichen« Beziehungen der Monarchen willen – in bunter Reihe miteinander vermählten. Die Prinzessinnen behielten auch nach der Eheschließung ihre Familiennamen bei. So wurde der Bourbone Ludwig XIII. von Frankreich nach der Ermordung seines Vaters Heinrich IV. von seinem allmächtigen Minister Kardinal Richelieu mit Anna von Österreich verheiratet, einer Tochter des Königs Philipp III. von Spanien. Auch die spanischen Prinzessinnen aus dem Hause Habsburg trugen den Familiennamen »Österreich« zu Ehren ihrer Abstammung von dem »Erzhaus«. Diese Namengebung sollte eine Konzession gegenüber den kaiserlichen Nachkommen Ferdinands I., des Bruders Karls V., sein, die ihre verschleierte Abhängigkeit vom reichen und mächtigen Spanien auch durch die Annahme des spanischen Hofzeremoniells und der steifen spanischen Etikette bekundeten.

Das Hofzeremoniell Madrids paßte nicht in das lockere Wien. Die österreichischen Hochadeligen fügten sich nur unwillig in die ihnen aufgezwungene Würde. Aber es geschah ja nur nach außen hin, zum »Augenauswischen«, wie man in Wien sagte. Die Fürsten, Grafen und Barone, die, wie ihre spanischen Standesgenossen, neue prunkvolle Fassaden vor ihre Paläste bauten, trieben es wie zuvor. Ihre Hauskaplane erteilten ihnen die Absolution, wenn sie beichteten, und wenn sie nicht beichteten, ihren Segen. Kaiser Rudolf II. zog es vor, im Prager Hradschin zu residieren. Er war einer der wenigen Habsburger, die sich wissenschaftlich betätigten und ernsthaft für Kunst interessierten. Die alte Universitätsstadt Prag wurde von freiheitsliebenden und freigeistigen Adeligen und Bürgern bewohnt, die, kultiviert und reformationsfreudig, zum großen Teil für die Reformation waren. Den Jesuiten, die die österreichischen Erzherzöge erzogen und berieten, erschien der Besitz der böhmischen Wenzelskrone, des »Juwels der Habsburger«, um so mehr gefährdet, als der inzwischen verstorbene Kaiser Rudolf II. den böhmischen Protestanten in einem Majestätsbrief die Glaubensfreiheit gewährleistet hatte. In Österreich und in der Steiermark aber war bereits der Befehl erteilt worden, »Bürger und Bauern mit Prügeln zur Messe zu

schlagen«. Der Grundsatz der Erzherzöge war: »Grausamkeit gegen Andersgläubige ist der höchste Grad der Frömmigkeit.« Diesem Grundsatz wurde allerdings in beiden Lagern des Glaubenskrieges entsprochen, der volle dreißig Jahre dauerte und als politischer europäischer Krieg geführt wurde. In diesen dreißig Jahren waren die Länder des Heiligen Römischen Reiches Deutscher Nation ein einziger Kriegsschauplatz. Die einander bekämpfenden Heere wüteten mit Mord, Brand und Schändung, ließen ganze Landschaften zu Einöden werden, verminderten die Bevölkerung um zwei Drittel, brachten alles Recht außer Geltung und setzten sich über alle Zucht und Sitte hinweg.
Die grausame Zeit verschonte weder Frankreich noch England. In Frankreich brach Kardinal Richelieu mit Gewalt und Geschick die Selbständigkeit des französischen Adels, machte die Krone unabhängig von den Reichsständen und kämpfte den hugenottischen »Staat im Staate« nieder, um die einheitliche Macht eines »absoluten, eines unbedingten Königtums« zu schaffen. In England pochte Karl I. auf den Ausspruch seines Vaters, Jakobs I.: »Wie es Gotteslästerung ist zu erörtern, was Gott tun darf, so ist es Aufruhr, wenn Untertanen erörtern, was ein König tun darf.« Karl I. verlor seine Macht, seine Krone und seinen Kopf im Kampf gegen Oliver Cromwell, der mit der Erklärung: »Die Urquelle aller rechtmäßigen Gewalt ist beim Volk« die Macht in England mit seinen »Rundköpfen« ergriff, den Puritanern und Independenten, die sich zur Unterscheidung von den »Kavalieren«, den Anhängern Karls I., das Haar geschoren hatten. »Wenn du nur wüßtest, mein Sohn, mit wie wenig Verstand der Erdkreis regiert wird«, seufzte der schwedische Staatsmann Axel Oxenstjerna angesichts der Wirren und wilden Zustände. Er spielte nicht unmittelbar auf Ludwig XIII. an, den Kardinal Richelieu zum absoluten Herrscher gemacht hatte und der doch nicht in der Lage war, die leidenschaftliche Beziehung seiner Frau, Anna

von Österreich, zu dem englischen Herzog von Buckingham zu verhindern. Er hätte es ohnehin nur aus gekränkter Eitelkeit und nicht aus Liebe getan, denn er war, wie Heinrich III., der letzte Valois, der gleichgeschlechtlichen Liebe ergeben. Auch zog er es vor, in seinem Ehebett mit Hunden zu kosen, statt seine ehelichen Pflichten mit der stolzen Anna allzuoft zu vollziehen. Sie gebar drei Kinder, zwei Söhne und eine Tochter. Ihr ältester Sohn wurde als Ludwig XIV. der »Sonnenkönig«.

Anna, die in voller Jugendkraft Witwe geworden war und ihren geliebten Buckingham durch Meuchelmord verloren hatte, verliebte sich in einen geistlichen Herrn, der Buckingham ähnlich sah. Dieser Priester, als Kardinal Mazarin ebenso berühmt wie berüchtigt geworden, war, wie seine Feinde verbreiteten, der Enkel eines pleite gegangenen Hutmachers aus Sizilien. Richelieu war es gewesen, der Mazarin der Königinwitwe Anna vorgestellt hatte. Sie war dem Charme und der Männlichkeit des hartgesottenen Spielers und Kartenkünstlers im geistlichen Gewand erlegen, der sich zudem als unvergleichlicher Liebhaber erwies, wenn er den priesterlichen Langrock ablegte. Mazarin wurde als Richelieus Nachfolger Staatsminister. Seine Liebesbeziehung zur Königin, die durch eine geheime Ehe besiegelt worden sein soll, verhalf ihm zu unermeßlichen Reichtümern. Und dadurch, daß er die Zuneigung des von ihm erzogenen Thronerben, Ludwigs XIV., gewonnen hatte, vermochte er seine Macht zu sichern und sogar seine durchaus nichtadeligen italienischen Nichten mit den vornehmsten Adeligen Frankreichs zu verheiraten. Eine dieser Nichten, Olympia Mancini, die den Grafen von Soissons aus dem Hause Savoyen heiratete und Mutter des berühmten Prinzen Eugen wurde, war die erste Geliebte des heranwachsenden Sonnenkönigs, der nach dem Tod seines Erziehers die feierliche Erklärung abgab: »l'état c'est moi – der Staat, das bin ich!«

Ludwig XIV. war so erfüllt von der Großartigkeit seiner Person und seiner königlichen Würde von Gottes Gnaden, daß er seine Hofhaltung und Lebensführung dem Glanz anpaßte, den er ausstrahlte und von dem er bestrahlt zu werden wünschte. Er erbaute Versailles, das gewaltige Vorbild aller königlichen und fürstlichen Residenzen Europas. Er stattete seine Jagdschlösser mit jeder nur erdenklichen Pracht aus, er vermehrte die Zahl seiner Höflinge und der Hofangestellten so, daß im Palast von Versailles zehntausend Frauen und Männer bereit waren, ihm in jeder Hinsicht zu Diensten zu sein. Er brauchte nur sein parfümiertes Taschentuch vor die Füße einer schönen Frau fallen zu lassen – und schon genügte dieses Signal seines sinnlichen Interesses, die so nachlässig Erwählte in Liebesbereitschaft zu versetzen. Ob sie verheiratet war oder nicht, was zählte das? Sie erwartete den König, nachdem sie in Essenzen gebadet hatte und mit duftenden Ölen gesalbt worden war, in ihrem für den Beischlaf mit Seiner Majestät gebührend geschmückten Bett. Der Ehemann wurde spazieren geschickt.
Ludwig XIV. war mit der spanisch-habsburgischen Prinzessin Maria Theresia vermählt. Da er auch ihr gegenüber seinen Mann stellte, beklagte sie sich nicht, daß er das sanfte und bescheidene Fräulein de Lavallière zu seiner offiziellen Geliebten machte und vier Kinder mit ihr zeugte. Aber daß er sich in die freche Marquise de Montespan verliebte und auch sie zur Mätresse erhob, während er den Herrn Marquis, der dagegen aufbegehrte, in die Bastille schickte, das verstimmte die Königin. Sie jammerte: »Diese Hure ist noch mein Tod.« Maria Theresia lebte nicht lange. Sie ersparte sich die Peinlichkeit, die Augen schließen zu müssen, als sich Ludwig XIV. in die Erzieherin der Kinder, die ihm die Marquise de Montespan geboren hatte, vergaffte. Dieser unsinnlichen Witwe des gelähmten, witzigen Dichters Scarron gelang es, den König, der sie nicht zum Orgasmus bringen konnte, in

Karikatur von Félicien Rops (1833 bis 1898) auf Ludwig XIV.: »Alles an dem König ist groß.«

ihren Bann zu ziehen. Ihre Frigidität war stärker als die Heißblütigkeit ihres Liebhabers, der mit ihr eine heimliche Ehe schloß und ihr den Titel Marquise de Maintenon gab. Sie verstand es, dem König die Freude an den heiteren Lustbarkeiten, die sein Dasein so angenehm verschönt hatten, zu nehmen. Sie drohte ihm mit der Hölle. Hatte sich der Teufel nicht schon in den »Schwarzen Messen« gezeigt, in den Geschlechtsorgien, die die Marquise de Montespan nach Hexenart veranstaltet hatte? Der König, der dem Teufel der »Schwarzen Messen« die satanische Potenz geneidet und der Marquise ihre Willfährigkeit dem Teufel gegenüber verübelt hatte, begann mit den zunehmenden Jahren zu frömmeln. Er fühlte sich nicht mehr für die Liebe geschaffen, wie seine Untertanen, die er durch sein so glorreiches Beispiel verführt hatte, der Liebe zu leben. Er hatte auch Schwierigkeiten mit der Verdauung. Der »Vater des Rokoko«, der Vater zahlreicher ehelicher und natürlicher, von ihm legitimierter unehelicher Kinder, die später die Daseinsfreude des Rokoko auf die höchste Höhe hoben – er, der königliche Lehrmeister des Lebensgenusses, hatte für alle Bequemlichkeiten in seinen Palästen gesorgt, nur nicht für Aborte. Weder in Versailles noch in Fontainebleau, seinem Lieblingsjagdschloß, gab es »Örtchen«. Über diesen Mangel an »guten Gelegenheiten« beklagte sich die Schwägerin des »Sonnenkönigs«, Liselotte von der Pfalz, die als Gattin des der gleichgeschlechtlichen Liebe ergebenen Herzogs von Orléans nur selten ihren Humor verlor, in einem Brief an die Kurfürstin von Hannover. Sie schrieb wörtlich: »Ich liebe es, gemütlich zu scheißen, und ich scheiße nicht gemütlich, wenn mein Cul auf nichts ruht. Alle Welt sieht uns scheißen, Männer und Frauen gehen vorbei, Mädchen und Burschen, Abbés und Schweizergarden. Es gibt eben kein Vergnügen ohne Peinlichkeit, und wenn man überhaupt nicht mehr scheißen müßte, würde ich mich in Fontainebleau fühlen wie ein Fisch im Wasser ...« Sie ver-

»Nécessité n'a point de loi – Not kennt kein Gebot«: eine amüsante Illustration zu den bewegten Klagen der resoluten Liselotte von der Pfalz, daß man in den Schlössern Seiner Majestät des »Roi Soleil« keinerlei passende Gelegenheit habe, sich »zu erleichtern« (Kupferstich nach Delorme).

Trinkglas des achtzehnten Jahrhunderts mit derb erotisch-witziger Darstellung in Mattschnitt-Technik

damme das Scheißen, schrieb sie, sie wisse keine häßlichere Sache. Da sehe man eine schöne Person, sehr lieblich, sehr sauber – was tut sie? Scheißen! War die ganze Welt ein Scheißhaufen oder ein Haufen von Scheißern?
In ihrer deutschen Heimat nahmen Damen und Herren ebenfalls kein Blatt vor den Mund. Auch deutsche Adelige schrieben sinnliche »Sinngedichte«, wie die Herren von Lohenstein, von Hofmannswaldau und Friedrich von Logau, der seinen Lesern »die gute Diät« verschrieb: »Charlotte hat

ihrem Arzt gesagt, daß ihr das Liebeswerk des Morgens sehr behagt, allein gesünder sei's, des Abends sich zu pflegen. Nun will sie aber mit Bedacht es täglich zweimal tun: des Morgens, weil's Vergnügen macht, des Abends der Gesundheit wegen.« Und Herr von Grimmelshausen beschrieb in seinem »Simplicius Simplicissimus« ohne Scheu und Scham die Abenteuer eines jungen Mannes, der »seiner adelichen Geburt gemäß auch adelich tat und lebte«. Er hurte bei jeder Gelegenheit, er soff, spielte und schlug sich den Bauch voll, wann immer sich ihm die Möglichkeit zum Trinken, Essen und zu »vornehmer Gaunerei« eröffnete. Seine vielfältigen Erlebnisse mit Damen und Dirnen, mit Herren und Hurentreibern sind typisch für die liederlichen Beziehungen der deutschen Frauen mit den Männern, die vom »Hosenteufel« besessen waren.

Grimmelshausen sprach sich unverblümter aus als sein großer französischer Zeitgenosse Jean Baptiste Molière, der das Ziel seiner Kunst als Dichter und Schauspieler in dem Wunsch zusammenfaßte, »sich mit der Lächerlichkeit der Menschen zu befassen und die Gebrechen aller Art auf dem Theater angenehm zur Schau zu stellen«. Molière kannte die Laster und Schwächen der Gesellschaft, in der er lebte: die Lüge und die Heuchelei, den Geiz und die Kurpfuscherei, die Erbschleicherei mit allen Methoden, mit schönen Worten und bösen Taten, das pompöse Protzentum der Neureichen und die selbstgefällige Beschränktheit der großen Herren, auch die Ludwigs XIV., der ihn zum Hofdichter erhob. Molière verschwieg allerdings seine unrühmliche Vergangenheit als Zuhälter einer Schauspielerin, mit der er in wilder Ehe gelebt und die mehr Liebhaber gehabt hatte als Finger an den Händen.

Ludwig XIV. war ein glorreicher König. Er hatte sein Land durch Raubkriege erweitert. Mit seiner Hilfe hatte sein Vetter Karl II. die Krone Englands, die dessen Vater Karl I.

gleichzeitig mit seinem Kopf verloren hatte, wiedergewonnen und die Ausschweifungen, die er in Versailles gelernt hatte, an seinem Hof in London gebräuchlich gemacht. Allerdings gefiel es Ludwig nicht, daß Karl seiner Mätresse, der katholischen Herzogin von Portsmouth, ein »pretty witty« vorgezogen hatte, ein hübsches, witziges, leichtes Mädchen aus dem Volk, und es zu seiner offiziellen Mätresse gemacht hatte, und schon gar nicht gefiel ihm, daß diese Nell Gwynn Protestantin war und daraus kein Hehl machte. Der Protestantismus war Ludwig XIV. bis zu seinem Lebensende ein Dorn im Auge. Aber noch mehr haßte er die Habsburger, die ihm, in Spanien und im Römischen Reich Deutscher Nation verschanzt, die Oberherrschaft über Europa streitig machten. Um sie zu bekämpfen, verbündete er sich insgeheim mit den Türken und ermunterte sie zum Angriff auf die österreichischen Habsburger. Die Türken marschierten gegen Wien, aber sie belagerten die Kaiserstadt vergeblich; ein Reichsheer schlug sie zurück. In den türkischen Zelten, die von den Siegern erobert wurden, fanden sich Säcke mit grünen Bohnen, die, wenn sie über Feuer geröstet und dann gemahlen und aufgebrüht wurden, ein köstlich belebendes Getränk ergaben: In Wien wurde nach dem Abzug der Türken das erste europäische Kaffeehaus eröffnet. Den Wienern und den Fremden schmeckte das Gebräu. Die Franzosen, die den Brauch, Kaffee in öffentlichen Gaststätten auszuschenken, in Paris einführten, schufen dadurch die beliebtesten Zusammenkunftsorte und Rendezvousplätze der Pariser Bevölkerung. Die großen Damen und Herren tranken kostbare Schokolade aus zierlichen Tassen; sie trafen einander in den Spiegelsälen von Versailles und den Salons ihrer Paläste; sie verfügten über Boten, die ihre

»Herkules und Omphale«, Gemälde von Jean François Fragonard (1752 bis 1806), einem Meisterschüler des großen Rokoko-Malers François Boucher.

»billetdoux« austrugen, und Kammerfrauen und Lakaien, die die Rendezvous ihrer Herrschaften vermittelten. Das Kaffeehaus aber wurde das Stelldichein der kleinen Leute, die die Freuden des Lebens und der Liebe ebenso genießen wollten wie die leichtlebige Hofgesellschaft, die sich ihre Vergnügungssucht durch die Schicksalsschläge, die das Alter des »Sonnenkönigs« verdüsterten, nicht beeinträchtigen ließ. Obwohl er es nun durch seine überlegene Diplomatie erreicht hatte, daß ein Bourbone zum Erben der Königskronen des letzten spanischen Habsburgers geworden war, konnte er den frühen Tod seines Lieblingssohnes nicht verwinden. Er wurde schwermütig, während seine Untertanen im ausklingenden Barock zu heiteren Rokoko-Menschen geworden waren.

Das »Zeitalter der Frauen« hatte schon längst begonnen, als der älteste Sohn Liselottes von der Pfalz, der Herzog von Orléans, nach dem wenig betrauerten Tod Ludwigs XIV. die Regentschaft für den jungen Ludwig XV. übernahm. Seine Mutter schrieb über ihn, kurz nachdem er sein hohes Amt angetreten hatte: »Mein Sohn ist nicht delikat. Wenn die Damen nur von gutem Humor sein, brav fressen, saufen und auch frech sein, weiter bedürfen sie keiner Schönheit. Ich habe ihm oft vorgeworfen, daß er so viele Häßliche liebt ... Was man Verliebtsein heißt, kann er nicht begreifen, meint, es stehe nur in Romanen, finde sich aber nicht in der Tat.« Der Herzog von Orléans unterschied sich von den Edelleuten und Damen, die ihm den Hof machten, sehr wohl. Denn Schönheit war gefragt, und Verliebtheit wurde zum geliebten Sinnbild des Rokoko.

Editorische Notiz zur Neuausgabe 1995

Die Stärke der Darstellung Frischauers liegt in der prallen Schilderung des Lebens, wie es nun einmal war und wie es sich in der realistischen Literatur spiegelte. Daß dabei das Laster sich ins Bild drängt, es in seiner Farbigkeit bestimmt, ist die notwendige Folge. Laster sowohl, die schon den Zeitgenossen anstößig vorkamen, aber vor allem auch Laster, die uns heute als abwegig erscheinen mögen, von den damals Handelnden aber als ganz alltäglich und ohne Makel angesehen wurden – die sexuelle Ausbeutung von Sklavinnen und Sklaven zum Beispiel.
Mit dem zweiten Band dieser *Weltgeschichte der Erotik* treten wir in ein neues Zeitalter; eine neue Betrachtungsweise des Erotischen wird in Europa bestimmend. Sicher, an den Sorgen und Nöten, den Liebesfreuden und -leiden der Menschen ändert sich für die nächsten 1500 Jahre nur graduell etwas. Die Hochschätzung der Päderastie verschwindet, die Jungfräulichkeit wird zum Ideal – aber statt sich mit Sklavinnen zu verlustieren, vergreift sich der Mann von Ehre und Stand an den Mägden. Die Frau wird weiter abgewertet, ihre Sexualität gilt als etwas Gefährliches. Das Patriarchat bleibt im wesentlichen ungebrochen. Eingeschüchtert aber sind sie im großen und ganzen alle nicht, die Adligen, die kleinen Leute, nicht einmal die Kleriker. Das gibt bunten Stoff für den Erzählteppich Frischauers. Skandale und Frivolitäten – der Kaiser hat seinen Harem, später der Papst ebenso. Und manche Frau nimmt sich Freiheiten wie Messalina heraus – aller Ideologie zum Trotz, sei es in merowingischen oder in den Zeiten der Plantagenet.
Aber da gibt es die andere Seite, die Seite der Ideologie.

Frischauer erzählt vor allem, was die Menschen getan haben – er steht hier in der Tradition Burckhardts und Huizingas. Er berichtet ebenfalls ausführlich über die kulturelle Überhöhung des Erotischen. Aber die philosophischen Diskurse, die Deutungsversuche der Zeitalter beschäftigen ihn wenig. Hier ist in der Historischen Psychologie in letzter Zeit eine gewisse Akzentverschiebung im Gefolge der »Mentalitätenforschung« zu beobachten – in der französischen und immer stärker auch in der angelsächsischen Historiographie interessiert man sich nun auch für das, was die Menschen sich ausdenken, und was oft nicht sehr viel mit dem realen Leben gemein hat. Die Zusammenhänge sind vertrackt, selbst marxistisch orientierte Wissenschaftler gehen heute nicht mehr umstandslos davon aus, daß das Sein das Bewußtsein determiniere. Die Ideologien spiegeln reale Wirtschafts- und Machtverhältnisse, aber oft verändern sie, als wären sie eigenständige Kräfte, das gelebte Leben. Die alte Kirche, Augustin vor allem, sieht in der Sexualität den Eingang zur Hölle. Manche sind verängstigt, aber wie wenig sich die Mehrzahl an der Lust hindern läßt, können wir bei Frischauer nachlesen. Und dann, über tausend Jahre später, beginnen diese Ideale doch das tatsächliche Leben zu durchdringen – bei Puritanern und anderswo.

Im folgenden soll in drei Punkten dieser anderen Seite gedacht werden. Dabei geht es nicht um Theologie und Philosophie in erster Linie, dafür waren immer schon die Systematiker dieser Disziplinen zuständig – und natürlich mangelte es nie an ausführlichen Gesamtdarstellungen der Lehren von Theologen und Philosophen. Die drei Aspekte sollen Schnittpunkte zwischen Geist und Leben markieren, Selbstdeutungsangebote der Zeiten.

1. Gott ist die Liebe

Mit dem Christentum dringt ein Liebesdiskurs in die antike Welt, der sich zuerst einmal grundlegend von dem der Griechen und Römer unterscheidet, um dann allerdings – in den Zeiten der Kirchenväter und der großen Konzilien – sich doch auf vielen Ebenen mit diesem zu verbinden. Nichts ist in der Geschichte völlig neu – die Vorläufer der in Athen und Rom geradezu revolutionären Ideen finden sich in der hebräischen Bibel, den Propheten zumal. Für die Athener aber, die ja stets hungrig auf Neues waren – wie uns Paulus berichtet –, für diese Intellektuellen des Areopag war das, was da aus dem Osten als Licht erschien, doch erst einmal nichts als eine Torheit.

Schon um sprachlich eine klare Abgrenzung zum Diskurs der Antike herzustellen, verwenden die Autoren des Neuen Testaments nicht den Begriff »Eros«, sondern sprechen von »Agape«, wenn sie Liebe meinen – als ob sie sich abgesprochen hätten; doch das war gar nicht möglich, da der Kanon viel später erst zusammengestellt wurde und zum Beispiel Johannes Paulus nicht gekannt haben kann. Das Wort »Agape« wird im klassischen Griechisch kaum verwendet, es meint eine unbedeutende, gewiß nicht göttliche Gefühlsregung.

Glaube und Hoffnung sind wichtig, aber das Wichtigste ist die Liebe. Wer ihrer nicht hat, ist ein tönend Erz und eine klingende Schelle. »Die Liebe ist langmütig und freundlich, die Liebe eifert nicht, die Liebe treibt nicht Mutwillen, sie bläht sich nicht, sie stellt sich nicht ungebärdig, sie sucht nicht das Ihre.« Wir dürfen nie vergessen, es heißt im Urtext »Agape«! Denn »Eros« eifert sehr wohl, sucht sehr wohl das Seine – das Schöne, das Wahre. »Liebet einander, wie ich euch geliebt habe« (Johannes) und »Liebe deinen Nächsten wie dich selbst« (Matthäus) – das sind die Kernstücke der neuen Lehre. Und die Menschen vermögen einander so zu lieben, weil Gott, der sich durch Jesus offenbart hat, den Menschen so liebt, sich zu ihm herabläßt, mit ihm geht, bis zum Tod am Kreuz. Das ist eine Glaubensfigur, die der Antike fremd war. Der von Gott erfüllte »Erotiker« muß die Himmelsleiter emporklettern, er liebt das höchste Wesen, das in sich ruht. Die irdische, erotische Liebe läßt Platon zufolge die Seele aufsteigen, die mystische Liebe führt Plotin zufolge zur Verschmelzung mit Gott. Aber immer ist der Mensch der aktive Teil. Ganz anders der christlich-jüdische Gott. Er verschenkt seine Liebe. Noch der Schwächste, Verworfenste kann ihrer teilhaftig werden. Und man merkte es den Christen im Alltag an, daß sie einen besonderen Liebesbegriff hatten. Sie waren zwar keineswegs immer einträchtig eines Sinnes und teilten auch nicht immer ihre Güter untereinander auf, ja manche hatten sogar Sklaven und ihre Frauen sollten schweigen, aber immerhin, Julian »Apostata«, der letzte heidnische Kaiser, rät den Vertretern der alten Religion dringend, sich ein Vorbild an der Mildtätigkeit der Christen zu nehmen, denn die »Liebe« mache den neuen Kult so attraktiv!

Gott liebt den Menschen spontan, »unbedingt«, und der Mensch soll Gott über alles lieben. Wir verstehen die christliche Sexualethik nur halb, wenn wir lediglich ihre repressiven Züge konstatieren und ihre Wurzeln in lebensverneinender spätantiker Philosophie orten. Im Christentum gab es stets verschiedene Anschauungen zu der Frage, wie die erotische Liebe einzuordnen sei. Eine Richtung sah in ihr ein Abbild der Liebe Gottes zu den Menschen – so finden wir es beim sonst so sittenstrengen Pelagius im 5. Jahrhundert, so bei Victor von St. Hugo im 12. Auch Clemens von Alexandrien und Albertus Magnus hingen zumindest zeitweilig an solchen Ideen. Die Ehe wird von diesen Autoren positiv gesehen: sie ist, gerade weil die Ehegatten einander lieben, Symbol der »unbedingten« Liebe Gottes. Die andere, die »orthodoxe«

Richtung allerdings baut ein Konkurrenzverhältnis auf. Die Liebe gebührt nur Gott.

Kurz soll der christlichen Paradoxien gedacht werden, die uns heute so verwirren. So sind die ersten Jahrhunderte des Christentums voll von sexualfeindlichen mönchischen Diskursen. Die Idee der Jungfräulichkeit (siehe Punkt 2) beherrscht alles. Und dennoch, selbst ein so sinnenfeindlicher Autor wie Origenes benutzt in seinen Gebeten Bilder erotischer Liebesglut, um seine Liebe zu Gott auszudrücken. Viel später dann, im Mittelalter, erreicht im Denken des Thomas von Aquin, dem »Lehrer der Kirche«, die Philosophie der »Caritas-Synthese« ihren Höhepunkt. Was Augustin vorgedacht hatte, wird nun zum monumentalen Lobpreis der Liebe Gottes – Gott liebt den Menschen ohne Vorbedingung, und der Mensch kann auf »erotische Weise« die Himmelsleiter zu Gott erklimmen. Antikes Denken und christliche Theologie vereinen sich zu einer Gesamtschau, die dann von Mystikern wie Meister Eckhart weiter vertieft wird. Christliche Paradoxien aber auch hier: Der gleiche Thomas von Aquin, der als Schöpfer einer umfassenden Liebestheologie gelten kann, spricht Heiden und Häretikern das Lebensrecht ab, wird zum Ideologen der späten Kreuzzüge, vor allem des Vernichtungskrieges gegen die Ketzer. Er begründet die Dämonologie neu und steht so am Anfang des Hexenwahns – und die Frau erfährt durch ihn eine verschärfte Abwertung. Und die Reformation? Luther sprengt die katholische Caritas-Synthese auf, der Mensch ist so verderbt, daß er Gott gar nicht lieben kann, nur Gott in seiner Gnade liebt den Menschen – allein die »Agape« Gottes ist gültig. Was bleibt davon in der Praxis des alltäglichen Lebens? Der verderbte Mensch braucht nun keine Gewissensqualen ob seiner mangelnden Liebe zum Nächsten mehr zu haben – und so verschwinden in den reformierten Gebieten die Opferstöcke in den Kirchen, in denen für die Armen gesammelt wurde.

Die Theologie und das Leben: Am Schnittpunkt von Alltag und Ideal entstehen Gewissensnöte, und manchmal durchdringt die göttliche Liebe alle Trägheit wie bei Franziskus von Assisi – aber viel praktischer ist das Sündigen in der Jugend und das Beichten am Totenbett, das Raffen in der Zeit und das Verschenken in Form generöser Testamente an der Schwelle zur Ewigkeit. Auf die Sünden der anderen zu deuten und selbst zu genießen, daran hat sich auch in den Jahrhunderten von »Rom bis zum Rokoko« wenig geändert, womit wir wieder beim Text von Frischauer wären.

2. *Die Jungfräulichkeit*

Französische Historiker, vor allem Michel Foucault, Georges Duby, Phillipe Ariès, Marie O. Métral und Alerine Rousselle, die alle in der Tradition der »Mentalitätengeschichte« stehen, haben etwa seit 1970 das Augenmerk verstärkt auf die »Jungfräulichkeit« gerichtet, wenn es darum geht, die christliche Sexualmoral zu verstehen. Da die Geschichte der Sitten einem trägen Kahn gleiche, der sich im Gegensatz zum schnellen Boot der Wirtschafts- und der politischen Geschichte nur zögernd durch die Jahrhunderte schleppt, täten wir gut daran, wenn wir uns auch so abseitig scheinenden Themen wie der »Jungfräulichkeit« zuwendeten, um unsere eigenen erotischen Impulse zu verstehen. Als Phillipe Ariès diesen Gedanken ausdrückte, konnte dieser Meister der »Historischen Psychologie« noch nicht ahnen, daß 1994 in den USA Jugendliche wieder schwören würden, »keusch« zu bleiben. Die »Jungfräulichkeit« als Ideal begleitet das Christentum von seinen Uranfängen bis zum heutigen Tag, da wir eine Renaissance des Mönchtums erleben und in französischen Trappistenklöstern und auf dem Berge Athos junge Amerikaner finden, die ihr Leben nach den

Maximen des Pachomius oder Benedikt von Nursia gestalten wollen.

In vielen Religionen ist die sexuelle Enthaltsamkeit ein Weg zum Göttlichen. Die Leidenschaft der Gottesliebe duldet keine andere Leidenschaft. Oder die Keuschheit markiert den Ausstieg aus dem Leid des Lebendigen wie im mönchischen Buddhismus. Was auch in anderen Glaubenssystemen gilt, läßt sich am Buddhismus besonders deutlich studieren: Die Enthaltsamkeit liegt nahe an der rituellen Orgiastik. Wenn das »kleine Fahrzeug« der Vielheit durch Entsagung entgeht, so das »diamantene« durch eine hochstilisierte, äußerst raffinierte Erotik. Viel ließe sich noch über Pythagoreer, eleusische Mysterien und andere Kulte erzählen, bemerkenswert bleibt, daß die »Mutterreligion« des Christentums, das Judentum, weder Jungfräulichkeit noch rituelle Sexualität kannte, wenn man den Hauptstrom des Glaubens betrachtet und von Synkretismen und den Essenern absieht.

Scheinbar gibt es im Christentum nur die Jungfräulichkeit, die sakramentale Erotik scheint zu fehlen. Aber das Christentum ist zu tief in antiker Religiosität verwurzelt, als daß sich beim genaueren Hinsehen nicht doch dergleichen finden ließe: zum einen in der schon erwähnten Sprache der Liebesleidenschaft zu Gott auch in der Orthodoxie und zum anderen in vielen »Häresien«. So praktizierten gnostische Christen wie die Karpokratianer und Valentinianer sowohl sakrale Jungfräulichkeit wie hoch ritualisierte sexuelle Kulthandlungen, bei denen es allerdings darauf ankam, keine Kinder zu zeugen, sondern den Samen anzuhalten oder durch Verspritzen in die Hände der Partnerinnen zu opfern.

Dergleichen findet sich am Ausgang des Mittelalters bei Adamiten und Täufern wieder. Und selbst im Hauptstrom der alten Kirche wird die Jungfräulichkeit mit offen sexuellen Metaphern gepriesen. Ja es ist sogar so, daß in der Himmelserotik, in der Liebe der Seele zu Christus all die Leidenschaftlichkeit geboten ist, die das Christentum der Ehe versagt. Métral, die französische Historikerin, spricht von der christlichen Jungfräulichkeit als dem »monströsen Doppel der Ehe«. Wer meint, dieses mystisch komplexe Amalgam aus Entsagung und Sinnlichkeit gehörte fernen asiatischen Kulturen oder der Antike, allenfalls dem Mittelalter an, der besuche die wunderschöne barocke Kirche von Reutberg nahe München. Dort wird er eine kleine Schrift ausgelegt finden »Schwester Fidelis von Reutberg«, in der das Leben einer Nonne in *unserem* Jahrhundert geschildert wird. Ihr Seligsprechungsprozeß steht an. Sie war eine Jungfrau, die sich ganz der Liebe zu Christus geweiht hatte. Ihr »Seelenführer«, ein Pater, schildert ihre Leidenschaft für Jesus in den glühendsten Farben, erzählt die dämonischen Anfechtungen, wie sie Antonius einst nicht schlimmer erfahren hatte, und scheut sich nicht, ganz offen ihre sexuellen Visionen darzulegen, so zum Beispiel wie sie den nackten Jesus sieht, wie er gegeißelt wird. Schwester Fidelis lebte von 1882–1922, in einer Zeit, als die Sexualität der meisten Frauen eher dürftig war. Aber wie bei den Eremiten der Wüste im 3. Jh. n. Chr. wird der Leib der Jungfrau von teuflischen und himmlischen Wollüsten geschüttelt, erlebt sie, wenn auch oft schwer darunter leidend, eine Orgiastik, die den normalen Sterblichen einst und heute verschlossen bleibt. Hält man dieses Büchlein in Händen, so muß man sich schütteln und sich deutlich machen, daß man nicht etwa ein kostbares Papyrusdokument aus dem Jahre 300 n. Chr. ausgegraben hat. Es belegt besser als alle psychohistorischen Abhandlungen die geradezu archetypische Verschmelzung von Entsagung und Sinnlichkeit – und ihre Bedeutung bis auf den heutigen Tag.

Von Anfang an war die Jungfräulichkeit ein christliches Anliegen. Wahrscheinlich zwar nicht für den historischen Jesus von Nazareth; seine Lehre und sein Lebensstil sprechen dagegen, und außer einer mißverständlichen Sentenz bei Matthäus steht in den Evangelien nichts darüber. Aber bei Paulus! »Über die Jungfrauen habe ich kein Gebot des Herrn; ich sage aber meine Meinung ... es sei dem Menschen gut, ledig zu sein ... wenn eine Jungfrau freit, sündigt sie nicht, doch werden sie leibliche Trübsal haben. Ich aber schonte euch gerne.« Paulus schon schlägt einen Ton an, der in bezug auf die weibliche Jungfräulichkeit seine Gültigkeit bewahren wird: Die Frau, die nicht heiratet, wird frei bleiben von den Sorgen der Ehe, den Sorgen um Mann und Kinder, frei vom Schmerz des Gebärens und dem Schmerz der Trennung bei so häufigem frühem Tod der Angehörigen. Später kommt eine andere Nuance hinzu: Sie wird auch frei sein von der Herrschaft des Mannes. Die Braut Christi erhebt ihre Seele zum Himmel, das Gefängnis des Fleisches ist zerstört. Sie ist frei, so frei, als hätte sie die Unsterblichkeit bereits erlangt. Ehegatten sind Werkzeuge für die Folge sterblicher Geschlechter, die Jungfräulichkeit durchbricht die Zirkelbewegung des sterblichen Lebens. Indem sich die Jungfrau von der Ekelhaftigkeit und der Schmach des Gebärens frei hält, nicht mehr dem Imperativ der Fortpflanzung unterliegt, ist sie frei für den höchsten Eros, der von Sexualität losgekommen ist. Sie verwirklicht ihn in der leidenschaftlichen Liebe zu Christus. Die Jungfrau feiert ihre Liebeshochzeit mit Gott, dem Logos, dem Vater. Der »Charme des Inzests« liegt auf dieser Beziehung, ob nun Gottvater oder Bruder Jesus der Bräutigam sei. Damit steht die Erotik der Jungfräulichkeit weit über der Lustlosigkeit der alltäglichen Eheplackerei. Hier beginnt bei den Kirchenvätern die schon erwähnte »Caritas-Synthese«. Plato und Plotin geraten ins Christentum. Eros und Agape durchdringen sich. Die Jungfräulichkeit tritt das Erbe der Päderastie als Weg zum Göttlichen an. Was dem Philosophen der Antike, der aus Klugheit nicht heiraten sollte, die Knabenliebe war, wird dem Christen die Jungfräulichkeit.

Das Konzept lag ausformuliert bereits im 3. Jahrhundert vor.

Aber in der Realität gab es erst tastende Versuche. Noch kann die Meinung vertreten werden, daß die Jungfrauen für die Kleriker doch waschen könnten, ihnen die Betten machen, die Glut in der Feuerstelle bewahren, ganz so, wie noch heute in manchen Gegenden Nonnen für die Priester da sind. Aber die Kirchenväter erkennen, daß die weibliche Askese ihre spirituelle Kraft nur erlangen kann, wenn die Frau nicht noch als Jungfrau wieder unter das Joch des Mannes gebeugt wird. Selbständige Konvente entstehen. Ende des 4. Jahrhunderts wird die (weibliche und männliche) Jungfräulichkeit zum Massenphänomen. Manche Historiker meinen sogar, die rapide Abnahme der Bevölkerungszahlen in der Spätantike lasse sich dadurch erklären. Das stimmt wohl nicht ganz. Tatsache aber ist eine allgemeine Ehemüdigkeit. Was treibt vor allem Frauen in die Einsamkeit? Ein Grund mag gewesen sein, daß seit der schrittweisen Erhöhung des Christentums zur Staatsreligion der alte Enthusiasmus der Märtyrerzeit wegfiel und die Jungfräulichkeit nun zur interessanten religiösen Lebensform wurde. Handgreiflichere Ursachen liegen in der Verschlechterung der Lebensverhältnisse, der Bindung an den Beruf des Vaters (bei Männern), der Omnipotenz des Staates und damit verbunden das Verschwinden alter Bürgerrechte, der zunehmenden Unsicherheit der Lebensführung durch Kriege. Bei Frauen kam hinzu, daß die Jungfräulichkeit die einzige gesellschaftlich akzeptierte Form der Selbständigkeit wurde. Die Lockerung der Augusteischen Ehegesetze erleichterte den Schritt weg von der Ehe.

Allmählich erlangte das Ideal der Jungfräulichkeit solche Hochschätzung, daß es »Jungfrauen in der Ehe« gab. Zwangsverheiratete Frauen konnten »spirituell« rein bleiben, der gewalttätig herbeigeführte Koitus befleckte sie nicht. Überhaupt sorgen sich die Texte nicht um die sexuellen Probleme der Enthaltsamkeit der Frau: Wenn sie nur nie vorher das Feuer der leiblichen Leidenschaft verspürt habe, könne nichts sie vom rechten Weg abbringen – nicht einmal ein erzwungener Verkehr. Witwen galten als anfälliger für die Libido, da sie die Begehrlichkeit schon erlebt hatten. Bei Männern ist dies anders, wie wir gleich sehen werden. Beide Geschlechter können aber lernen, die Lüsternheit zu überwinden – sogar in der Ehe, wie die Geschichte der heiligen Melania belegt. Sie wurde gezwungen, einen Konsul zu heiraten. Es ging um Familienehre und legitime Nachkommen. Der Mann besteht darauf, zwei Kinder zu zeugen. Sie läßt es geschehen. Die ältere Tochter wird von Anfang an der Jungfräulichkeit geweiht, der jüngere Sohn stirbt gleich nach der Geburt, die Mutter erkrankt schwer. Sie und ihr Mann schwören einander ewige Keuschheit. Sie verschenken der Weisung Jesu gemäß ihr Vermögen an die Armen und leben fortan asketisch. Die Vita der Melania erzählt von vielen Wundern, welche sie durch ihre Keuschheit vollbringen konnte – sie wurde damit, wenngleich formal verheiratet, zum Vorbild der mittelalterlichen Nonnen.

Im Gegensatz zu den Frauen hatten es die Männer nicht so leicht, von ihren Trieben Abstand zu nehmen und ein engelgleiches Leben durchzuhalten. Die Vita des heiligen Antonius erzählt davon, ebenso viele andere Berichte und vor allem die Anweisungen Cassians, der den Eremiten Hilfestellung gab, wie sie der Begierde entgehen könnten.

Schon im 2. Jahrhundert, verstärkt im 3., zogen viele Männer in die Wüste, in Ägypten, etwas später in Syrien, um in Abgeschiedenheit und Keuschheit Gott zu dienen. Das Leben in der Wüste war äußerst hart. Die Mönche nahmen Brot für sechs Monate mit, lebten von gesammelten Pflanzen und arbeiteten zudem, beispielsweise stellten sie Körbe her, um Arme unterstützen zu können. Von Frauen sollten sie sich völlig fernhalten. Ein Mönch, der einem Zug Nonnen auswich, um sie nicht zu sehen, wurde getadelt: hätte er es schon weiter zur Vollkommenheit gebracht, er hätte die Menschen

gar nicht als Frauen erkannt und wäre weitergegangen! Nachts quälten Träume die Einsamen. Verlockende Gestalten erschienen ihnen. Es kam zu unwillkürlichen Ejakulationen. Mit strengstem Fasten gingen sie dagegen an, schliefen nur noch im Stehen. Und dennoch: Der Schwachpunkt war die Wasserversorgung. Ging ein Mönch mit seiner Amphore zum Brunnen, konnte er dort einer Frau begegnen – und was folgte, war eine Verführung oder Vergewaltigung. Heute versuchen Männer mit Kraftpillen ihre Potenz zu verbessern, damals überkam ein unbeherrschbarer Trieb die völlig ausgemergelten Gestalten. Oft beschuldigten Beduinen die Anachoreten, sie hätten eines ihrer Mädchen geschwängert. Meist war das zwar eine billige Lüge, aber gelegentlich stimmte es auch.
Noch schärfer mußte ein Eremit gegen sein Fleisch kämpfen. Einer hatte eine junge, sehr schöne Frau geliebt, die gestorben war. Er legte seine Kutte in den faulenden Leichnam, damit der Totengestank ihn immer an sein Keuschheitsgelübde erinnere.
Zu allem Unglück machten sich Prostituierte einen Spaß daraus, die Mönche zu verführen – und hatten meist Erfolg. Es ist erstaunlich, wie offen die Schriften gerade die Mißerfolge im Kampf um die sexuelle Abstinenz schildern. Die Bischöfe hielten damals noch gar nichts von Strafen oder Denunzianten. Der Mann auf dem Weg zur Heiligkeit sollte allein aus innerer, eigener Kraft zur Abtötung des Fleisches kommen. Einmal erwischten Gläubige einen Eremiten mit einer Frau in seiner Höhle. Sie holten den Bischof, damit dieser den Unkeuschen strafe. Der Mönch aber hatte die Frau in einem Faß versteckt. Der Bischof setzte sich auf das Faß, denn er hatte gleich alles durchschaut. Dann sagte er zu den Umstehenden, sie sollten doch die Frau suchen. Sie aber fanden sie nicht. Als alle gegangen waren, segnete er den schwach gewordenen Mönch und wünschte ihm künftig mehr Kraft zur Keuschheit.
Ein besonderes Problem stellte die Homosexualität dar. Wir

erfahren aus den Schriften, den »Apophthegmata Patrum« so nebenbei, daß noch im 4. Jahrhundert offensichtlich fast jeder Knabe von älteren Männern verführt worden war. So auch die Eremiten. Sie sollten das alles vergessen und niemals einen Bruder unkeusch ansehen. Vor allem sollten sie Vorsicht im Umgang mit den Kindern üben, die ihnen zur Erziehung übergeben wurden.

Cassian, der wie Pelagius davon überzeugt war, daß der Mensch aus freiem Willen gut sein könne – und so in scharfen Gegensatz zur Erbsündenlehre des Augustin geriet –, formulierte zwölf Stufen der Keuschheit. Diese Stufen sind sozusagen ein verhaltenstherapeutisches Programm zur Abtötung sexueller Impulse. Erst wird das Verhalten, dann die Gedanken kontrolliert. Auf Stufe zwölf kann sich der Heilige eine Frau gar nicht mehr vorstellen.

Die Anarchie der Anachoreten nahm im Westen ein Ende, als Benedikt von Nursia die Klostergemeinschaft einführte. Ein strenges Regiment sorgte nun für Keuschheit. Durch das ganze Mittelalter zieht sich der Wechsel von Verlotterung, wie ihn Frischauer so anschaulich schildert, und Reformen, welche die alte Reinheit wieder herzustellen suchen. Die »Jungfräulichkeit« sowohl der Frauen wie der Männer war auch sozial ein äußerst wichtiger Faktor. Die Klöster waren Avantgarde im Ackerbau und anderen Wirtschaftstechniken und jahrhundertelang die einzigen Bildungsstätten.

Wie großartig die Idee einer ausschließlichen Gottesliebe, einer unbedingten Hingabe an Christus gewesen sein mag, das Leben spielte nach seinen eigenen Regeln. Kompromisse und Mißbräuche wurden allgemein und so normal, daß wirklich keusch Lebende, wie die Perfecti der Katharer oder die Beginen, schnell im Ruch der Häresie oder Hexerei waren. Die Reformation schließlich zerstörte mit der »Caritas-Synthese« und der Beschränkung auf die reine »Agape« Gottes das Ideal der Jungfräulichkeit. Nicht daß sie an deren Stelle eine humane Sexualität setzte. Calvin brachte das Triebleben unter die Kuratel des Wirtschaftens, und Luther dachte wenigstens an die Lüste der Männer, wenn er ihnen anbefahl: »Wenn die Frau nicht will, greife er nach der Magd!«

3. Heroische Leidenschaft, neue Leiblichkeit und entsexualisierte Liebe – Die Renaissance

Entsagung und Sinnlichkeit – um diese beiden Pole dreht sich alle Erotik. Auch in der auf den ersten Blick so sinnenfreundlichen Renaissance finden wir beide Seiten. Der Band *Von Rom zum Rokoko* hat vor uns ausgebreitet die neue Leiblichkeit, wie sie sich in der bildenden Kunst und der Literatur dokumentierte. Aber auch in dieser Zeit der Wiederentdeckung antiker Lebensfreude waren die vorangegangenen Jahrhunderte christlicher Lustfeindlichkeit nicht einfach verschwunden. Ja es kam sogar zu Ausbrüchen bußfertiger Zerstörungswut wie im Florenz des Savonarola. Und neuartige Kompromisse zwischen Entsagung und Sinnlichkeit, neue Kultivierungen des Erotischen entstanden. Nehmen wir als ein Beispiel das Badewesen.

Noch nie seit der Antike hatten die Menschen eine solche Lust am Baden wie in der Renaissance, vor allem nördlich der Alpen. Frischauer hat uns vorgeführt, wie es in den öffentlichen Badestuben, vor allem an den Orten heißer Quellen wie in Hall in Tirol oder Teinach im Schwarzwald zuging. Aber da gab es andererseits strenge Reglementierungen, wie das Verbot zum gemeinsamen Baden der Geschlechter und ähnliches, was wir schon in einer Anmerkung erwähnten (siehe S. 231). Und es gab etwas drittes. Der Humanist Poggio schildert uns ausführlich das Badevergnügen in Baden bei Zürich. Alte und Junge, Männer und Frauen vergnügten sich miteinander. Man war freundlich, spielte auf der Zither im

Wasser sitzend, aß von kleinen Tischchen und erging sich in einem großen Garten nahebei. Das erstaunliche aber, was den überraschten Beobachter denken läßt, Platons »Staat« habe sich hier verwirklicht: Es gab *keine* lüsternen Blicke, keiner nutzte die Nacktheit zu sexuellen Spielen aus! Poggio kommen die Begriffe durcheinander. Nacktheit bedeutet für ihn Anlaß zur Begehrlichkeit – nur waren hier alle mit harmlosen Plaudereien und netten Gefälligkeiten beschäftigt: die Alten, ohne lächerlich zu wirken, die prallen jungen Mädchen, ohne aufzureizen. Man merkt, er wünschte einerseits, unbefangen unter den Badenden ohne Kleider zu sitzen, und war andererseits froh, angezogen am Geländer zu lehnen. Ähnliches berichtet Michel de Montaigne über 150 Jahre später aus Baden in seinem *Tagebuch einer Badereise*. Allerdings gab es jetzt, den strengen Sitten der Zeit gemäß, abgesonderte »Badekabinette« für »Damen«. Nur das einfache Volk vergnügte sich noch wie früher. Die Schilderung Poggios läßt an moderne Freikörperkulturareale denken – entsinnlichte Nacktheit. Vorher wäre dies unmöglich gewesen und später, nach 1600 bis zum 20. Jahrhundert auch.
Nehmen wir ein anderes Beispiel für die Amalgamierung von Entsagung und Sinnlichkeit: die »heroische Leidenschaft«. Stärker noch als im Hochmittelalter delektierte sich das Publikum an tragischen Liebesgeschichten, in denen das sinnliche Element durch das Wirken der widerständigen Umwelt nicht zur Geltung kommen konnte. Shakespeare hat in seinem Trauerspiel *Romeo und Julia* auf italienische Vorbilder zurückgegriffen und dieser renaissancetypischen Verquikkung von Leidenschaft und Unheil zeitlosen Ausdruck verliehen.
Trotz der neuen Leiblichkeit finden wir ebenso neue Wege der »Sublimierung«, wie die Psychoanalyse die Transformierung des Erotischen ins Geistige genannt hat. Während zum Beispiel im Hochmittelalter die Trobadors eine reale Geliebte

verehrten, gerät Petrarcas *Laura* zum Sternenwesen, das Objekt der Begierde ist zwar in der Kunst präsent, aber nicht mehr in der Realität. Einen ähnlichen Prozeß finden wir in der Homoerotik. Die Maler, die Bildhauer der Renaissance stellen männliche Schönheit wie zu Zeiten des Phidias in Athen dar. Michelangelos »David« oder seine »Entführung des Ganymed« sind phantastische Beispiele dafür. Sinnliche Erfüllung aber findet die Homoerotik nur selten, die Todesstrafe wird in diesem Fall recht oft vollzogen. Selbst die »Mignons« am französischen Königshof müssen ihre Neigung nach außen etwas kaschieren, zeitweise überkommen sogar den König Angst oder schlechtes Gewissen ob seiner Vorlieben.
Renaissance heißt zwar »Wiedergeburt«, aber eine Wiederkehr der antiken Verehrung der Libido kann nicht umstandslos konstatiert werden. Als ein geistiger Antipode zu Aretinos Lasterhaftigkeit sei Marsilio Ficino, der am Hofe der Medici zu Florenz wirkte, genannt. Er wird zum Verkünder des neuen Ideals der entsexualisierten Erotik, die sich dennoch grundlegend von der Theorie der sündenbehafteten Sexualität im Christentum unterscheidet. Sein Kommentar zu Platons »Gastmahl« hat bis heute das Bild der »platonischen Liebe« geprägt, das gar nicht auf Platon selbst zurückgeht. Er preist die Liebe – als Weg zu Gott –, lehrt aber zugleich, wie man sich aus den Banden der gemeinen Liebe befreit und deren Schädlichkeit erkennt. Das Werk weist einige christliche Versatzstücke auf, ist aber im Grund eine heidnische Anleitung zur Himmelserotik, die den Gedanken der »Agape« völlig vergessen hat.

Mit den geschichtlich wirksamen Ideen »Gott ist die Liebe«, »Jungfräulichkeit« und »entsexualisierte Liebe in der Renaissance« versuchten wir beispielhaft zu zeigen, daß Menschen oft anders über sich nachdenken, als sie sich manchmal verhalten. Auf dem Weg zur Gegenwart hat es dann noch verschiedene andere solcher Versuche gegeben. Und auch heute ist eine umstandslose Bejahung der Begehrlichkeit keineswegs angesagt – doch davon später.

Gottfried Lischke

Bildnachweis

Archiv für Kunst und Geschichte, Berlin: 225, 294, 322, 350
Archiv Gerstenberg, Frankfurt/Main: 88, 175
Bavaria Verlag, Gauting: 101, 105, 283
Bayerische Staatsbibliothek, München: 56, 154, 161, 245, 255, 260, 266, 323
Bildarchiv der Österreichischen Nationalbibliothek, Wien: 13, 22, 27, 30, 39, 170, 181, 184, 213, 251, 263, 337
Bildarchiv Foto Marburg, Marburg: 102, 103, 234, 249
Deutsche Fotothek, Dresden: 198
Erich Diller, München: sämtliche Strichzeichnungen
Germanisches Nationalmuseum, Nürnberg: 262, 267, 291, 348
Abraham Guillén, Lima: 271, 272
Wilhelm Heyne Verlag, München: 128, 130, 143
Hoffmann und Campe Verlag, Hamburg; aus Curt Riess »Erotica, Erotica«: 133
Insel Verlag, Frankfurt/Main; aus Boccaccio, Das Dekameron, 1967: 239
Interfoto Friedrich Rauch, München: 173
Gemeindeamt Isle-Adam: 188
Kunstarchiv Arntz, Haag: 279
Landesmuseum Trier: 33, 36
Musée Archéologique de Nimes: 58
H. Roger-Viollet, Paris: 335
Schleswig-Holsteinisches Landesmuseum für Vor- und Frühgeschichte, Schleswig: 82, 83, 85
Staatliche Antikensammlungen, München: 24
Staatsbibliothek Berlin, Bildarchiv und Kupferstichkabinett: 115, 135, 164, 195, 253, 294, 299, 312

Dietrich Hans Teuffen, Neufahrn: 59, 69, 75, 269
Thames & Hudson, London: 338
Ullstein-Bilderdienst, Berlin: 112, 140
Verlag Karl Schustek, Hanau; aus »Der Duftende Garten des Scheich Nefzaui«: 138
Verlag Kurt Desch, München; aus Hancarville »Bilder aus dem Privatleben der römischen Cäsaren«: 10, 18, 41, 53. Aus »Denkmäler des Geheimkults der römischen Damen«: 66
Zeit-Bild Maiwald, München: 50, 151, 187, 192, 218, 282, 288, 289, 345

Register

Alle Zahlen beziehen sich auf Seiten. Zahlen mit * weisen auf Bildunterschriften der entsprechenden Seite hin.

Knaur®

Geheimnis Sexualität

(3994)

(4817)

(84025)

(77046)

(7791)

(4852)